国家重点研发计划课题(2018YFF0215005)

江苏沿江沿海港口高桩码头加固改造技术与实践

陈秀瑛　古　浩　王承强　陈忠华　著

东南大学出版社
SOUTHEAST UNIVERSITY PRESS
·南京·

图书在版编目(CIP)数据

江苏沿江沿海港口高桩码头加固改造技术与实践／陈秀瑛等著. —南京：东南大学出版社，2020.10
ISBN 978-7-5641-9182-5

Ⅰ.①江… Ⅱ.①陈… Ⅲ.①高桩码头-加固-研究-江苏 Ⅳ.①U656.1

中国版本图书馆 CIP 数据核字(2020)第 208173 号

江苏沿江沿海港口高桩码头加固改造技术与实践
Jiangsu Yanjiang Yanhai Gangkou Gaozhuang Matou Jiagu Gaizao Jishu Yu Shijian

著　　者：	陈秀瑛　古　浩　王承强　陈忠华
出版发行：	东南大学出版社
社　　址：	南京市四牌楼 2 号　　邮编：210096
出 版 人：	江建中
责任编辑：	魏晓平
网　　址：	http://www.seupress.com
经　　销：	全国各地新华书店
印　　刷：	江苏凤凰数码印务有限公司
版　　次：	2020 年 10 月第 1 版
印　　次：	2020 年 10 月第 1 次印刷
开　　本：	787 mm×1092 mm　1/16
印　　张：	14.25
字　　数：	421 千字
书　　号：	ISBN 978-7-5641-9182-5
定　　价：	68.00 元

本社图书若有印装质量问题，请直接与营销部联系。电话(传真):025-83791830

自 序

江苏省是水运和港口大省,濒江临海,河湖众多,水网密布,拥有 1 163 km 长江岸线、1 011 km 海岸线和 690 km 的京杭运河、2 万多 km 的内河航道。目前沿江、沿海港口已形成以连云港、南京、镇江、苏州、南通为国家主要港口,江阴、扬州、常州、泰州、盐城为地区性重要港口的分层次港口布局。江苏沿江、沿海码头数量大、种类多,投入生产时间跨度大,存在现状大量港口码头的靠泊等级相对较低,不能满足大型船舶的靠泊要求。通过码头加固改造,可以大幅提高码头靠泊等级和码头通过能力,将强有力地促进沿江沿海经济尤其是苏沪经济的发展,对江苏加快构建现代综合交通运输体系、打造交通强国建设先行区将产生有力的推动作用。

我国港口工程建设已经开始进入新建与加固改造并举的阶段,可以预见,在今后很长一段时间内,国家用于在役老码头结构加固改造的费用将逐年增加,码头结构加固改造将是今后我国港口工程研究和建设的重点。

国内外的工程设计人员及研究人员对码头的加固改造进行了大量的研究与实践,同时无论是从方案设计到结构维护等方面都取得了丰富的成果与经验。然而码头的加固改造工作是一个涉及码头检测、承载力评估、码头的使用功能、码头的结构安全、施工难易、工程的经济性等众多因素的复杂问题,因此有必要对码头加固改造中设计、施工难点及关键技术进行深入的研究与总结。

高桩码头是我国港口建设 60 多年来采用最早、应用最广泛的码头形式,也是江苏沿江沿海码头主要采用的结构形式,且完成的沿江沿海码头加固改造工程均为高桩码头。本书针对江苏沿江沿海高桩码头的加固改造进行分析研究,结合江苏省已实施的沿江沿海码头结构加固改造统计资料,重点从码头加固改造检测评估技术、码头加固改造设计技术以及施工技术等方面进行分析介绍;并针对高桩码头加固改造主要采用的结合式改造法、分离式改造法、仅配套设施改造等三种典型方案,选取相应已完成的实践案例进行了大量的分析。

南京瑞迪建设科技有限公司的陈晴晴、徐亚哲等为本书的出版提供了很多支持!本书撰写过程中参考了国内外许多参考文献,并得到不少国内同行的帮助。在此对提供帮助的专家学者们一并表示由衷的感谢!

同时衷心感谢东南大学出版社和本书的编辑老师!

码头结构加固改造是落实科学发展观,实现可持续发展战略的需要,符合资源节约型和环境友好型港口发展的要求,是转变港口发展方式的重要途径。希望本书出版能有助于促进码头加固改造技术水平的提高,有助于推动我国现有码头靠泊能力的提升!由于作者水平有限,书中错误在所难免,恳请读者批评指正!

目 录

第一章 绪 论 ·· 1
  1.1 研究背景及相关工作开展 ·· 1
    1.1.1 研究背景 ·· 1
    1.1.2 工作开展情况 ·· 2
  1.2 码头结构加固研究现状 ·· 3
    1.2.1 国外研究现状 ·· 3
    1.2.2 国内研究现状 ·· 5
    1.2.3 国内外研究发展趋势 ·· 12
  1.3 码头加固改造技术主要内容 ·· 15
    1.3.1 江苏沿江沿海码头加固改造工程统计分析 ······························ 16
    1.3.2 码头加固改造检测评估技术 ·· 16
    1.3.3 码头加固改造设计技术 ·· 16
    1.3.4 码头加固改造施工技术 ·· 17
    1.3.5 码头加固改造技术的后续关注研究 ···································· 17

第二章 江苏沿江沿海码头加固改造情况 ·· 18
  2.1 江苏沿江沿海码头概况 ·· 18
  2.2 江苏沿江沿海码头加固改造统计 ·· 19
  2.3 江苏沿江沿海码头加固改造样本分析 ·· 28
    2.3.1 加固改造普遍样本分析 ·· 28
    2.3.2 加固改造重点样本分析 ·· 41

第三章 码头加固改造检测评估技术 ·· 49
  3.1 高桩码头破坏原因分析 ·· 49
  3.2 高桩码头资料收集分析 ·· 50
  3.3 高桩码头结构检测研究 ·· 51
    3.3.1 高桩码头结构检测的主要项目 ·· 51
    3.3.2 主要检测内容的研究 ·· 52
    3.3.3 桩基完整性检测研究 ·· 56
  3.4 高桩码头结构评估研究 ·· 59
    3.4.1 高桩码头结构评估分级 ·· 59
    3.4.2 高桩码头结构评估程序 ·· 60

  3.4.3 高桩码头结构安全性评估 ·· 61
  3.4.4 高桩码头结构加固改造安全性评估 ···································· 61
  3.4.5 高桩码头结构适用性评估 ·· 61
  3.4.6 高桩码头结构耐久性评估 ·· 62

第四章 码头加固改造设计技术 ··· 63
 4.1 高桩码头结构复核计算 ··· 63
  4.1.1 作用与作用效应组合 ·· 63
  4.1.2 承载能力极限状态作用 ·· 64
  4.1.3 正常使用极限状态作用 ·· 65
  4.1.4 计算水位取值 ··· 66
  4.1.5 结构内力分析 ··· 67
 4.2 高桩码头结构加固改造方案 ·· 70
  4.2.1 改造设计原则 ··· 70
  4.2.2 改造难点分析 ··· 70
  4.2.3 改造方案基本要求 ·· 71
  4.2.4 主体结构加固改造方案 ·· 73
  4.2.5 构件等加固改造方案 ··· 82
  4.2.6 加固改造方案设计要点分析 ··· 82
 4.3 高桩码头结构加固改造的构造要求 ··· 89
  4.3.1 构造一般要求 ··· 89
  4.3.2 不同改造方式的具体要求 ·· 90
  4.3.3 码头加固改造注意事项 ·· 91
 4.4 高桩码头结构加固耐久性设计 ·· 91
  4.4.1 结构加固耐久性设计内容 ·· 91
  4.4.2 结构所处环境类别划分 ·· 92
  4.4.3 耐久性措施 ··· 93
 4.5 高桩码头结构修复方法 ··· 94
  4.5.1 上部结构的修复及补强 ·· 95
  4.5.2 桩基的修复及补强 ·· 97

第五章 码头结构加固改造施工技术 ·· 101
 5.1 码头结构拆除施工技术 ··· 101
  5.1.1 码头上部结构拆除方法 ·· 101
  5.1.2 码头桩基拆除方法 ·· 105
 5.2 码头清淤施工技术 ·· 110
  5.2.1 小型绞吸式挖泥船 ·· 110
  5.2.2 水陆两栖挖泥船 ·· 110
  5.2.3 气力清淤技术 ··· 110

5.3 码头沉桩施工技术 ··· 111
5.3.1 水上打桩船沉桩施工 ··· 112
5.3.2 陆上沉桩施工 ··· 113
5.4 码头新、老结构结合施工技术 ··· 117
5.4.1 植筋施工 ··· 117
5.4.2 新、老结构连接处理施工 ··· 121
5.5 码头破损结构加固修复施工技术 ··· 122
5.5.1 修复措施 ··· 122
5.5.2 加固措施 ··· 123

第六章 码头加固改造工程实践案例 ··· 130
6.1 实践案例一 ··· 130
6.1.1 码头现状 ··· 130
6.1.2 码头结构检测评估 ··· 132
6.1.3 加固改造方案 ··· 132
6.1.4 结构计算 ··· 139
6.2 实践案例二 ··· 146
6.2.1 码头现状 ··· 146
6.2.2 码头结构检测评估 ··· 147
6.2.3 加固改造方案 ··· 148
6.2.4 结构计算 ··· 149
6.3 实践案例三 ··· 152
6.3.1 码头现状 ··· 152
6.3.2 码头结构检测评估 ··· 152
6.3.3 加固改造方案 ··· 154
6.3.4 结构计算 ··· 156
6.4 实践案例四 ··· 158
6.4.1 码头现状 ··· 158
6.4.2 码头结构检测评估 ··· 160
6.4.3 加固改造方案 ··· 160
6.4.4 结构计算 ··· 163
6.5 实践案例五 ··· 167
6.5.1 码头现状 ··· 167
6.5.2 码头结构检测评估 ··· 168
6.5.3 加固改造方案 ··· 169
6.5.4 结构计算 ··· 171
6.6 实践案例六 ··· 172
6.6.1 码头现状 ··· 172
6.6.2 码头结构检测评估 ··· 174

  6.6.3 加固改造方案 ·· 174
  6.6.4 结构计算 ··· 177
6.7 实践案例七 ··· 180
  6.7.1 码头现状 ··· 180
  6.7.2 码头结构检测评估 ·· 181
  6.7.3 加固改造方案 ·· 182
  6.7.4 结构计算 ··· 185
6.8 实践案例八 ··· 187
  6.8.1 码头现状 ··· 187
  6.8.2 码头结构检测评估 ·· 189
  6.8.3 加固改造方案 ·· 189
  6.8.4 结构计算 ··· 191
6.9 实践案例九 ··· 192
  6.9.1 码头现状 ··· 192
  6.9.2 码头结构检测评估 ·· 195
  6.9.3 加固改造方案 ·· 195
  6.9.4 结构计算 ··· 197
6.10 实践案例十 ··· 199
  6.10.1 码头现状 ·· 199
  6.10.2 码头结构检测评估 ··· 201
  6.10.3 加固改造方案 ··· 202
  6.10.4 结构计算 ·· 203
6.11 实践案例十一 ·· 204
  6.11.1 码头现状 ·· 204
  6.11.2 码头结构检测评估 ··· 206
  6.11.3 加固改造方案 ··· 206
  6.11.4 结构计算 ·· 208
6.12 实践案例十二 ·· 210
  6.12.1 码头现状 ·· 210
  6.12.2 码头结构检测评估 ··· 210
  6.12.3 加固改造方案 ··· 212
  6.12.4 结构计算 ·· 214

参考文献 ·· 216

第一章 绪 论

1.1 研究背景及相关工作开展

1.1.1 研究背景

近年来,转型升级是中国经济面临的新常态和基本要求。在这种新形势下需要港口等重大交通基础设施提供有力的支撑。进行码头加固改造,推动沿江沿海港口转型升级,是交通运输行业加快转变经济发展方式、建设资源节约型和环境友好型社会的必然要求,是各级交通运输行政主管部门加强安全管理、保障港口运行安全的重要举措,是港口企业实现内涵式可持续发展的必然选择。对于推动我国港口的科学发展,优化港口的运输结构,实现港口可持续发展,深化交通运输供给侧结构性改革,充分挖掘存量潜力,具有十分重要的意义。

江苏省是一个水运和港口大省,濒江临海,河湖众多,水网密布,拥有1 163 km长江岸线、1 011 km海岸线和690 km京杭运河、2万多km内河航道,有5个国家级沿江、沿海主要港口和2个内河主要港口。目前沿江、沿海港口已形成以连云港、南京、镇江、苏州、南通为国家主要港口,江阴、扬州、常州、泰州、盐城为地区性重要港口的分层次港口布局。

江苏沿江、沿海码头数量大、种类多,投入生产时间跨度大,老码头结构存在以下主要问题。一是港口发展需求与靠泊能力之间的矛盾:经济的发展对于沿江、沿海港口的规模与运输能力的需求逐渐增大,但是码头的靠泊能力有限。二是船舶发展大型化与港口码头靠泊等级之间的矛盾:目前船舶的载重能力要求逐渐变大,船舶趋向大型化发展,但是现状港口码头的靠泊等级相对较低,不能满足大型船舶的靠泊要求。三是港口码头建设与资源环境之间的矛盾:随着沿江、沿海岸线的不断开发建设,岸线资源也愈发稀缺,不利于沿江、沿海码头的可持续发展。四是港口码头靠泊存在安全隐患:随着沿江、沿海到港船舶大型化,有部分港口针对超过原设计船型的船舶采取减载靠离泊码头的方式进行作业,虽然在一定程度上缓解了港口码头靠泊等级不足与港口生产需求之间的矛盾,但给码头设施、船舶和生产运营均带来不同程度的安全隐患。

通过码头加固改造,可以大幅提升现有码头的靠泊能力,有助于提高江苏沿江、沿海水路运输能力,降低物流成本。2011年长江口12.5 m深水航道向上延伸到太仓,2012年8月,长江南京以下12.5 m深水航道工程正式开工建设,2018年5月进入试运行,2019年5月顺利通过竣工验收。长江南京以下12.5 m深水航道工程建设有效改善了长江南京以下航道通航条件,提高了通航运输能力,据测算可将长江江苏段货运通过能力提高1倍以上。江苏沿江码头改造升级是适应到港船舶大型化的需要,可以显著降低沿江、沿海水路运输的物流成本。2018年,5万吨级、10万吨级、20万吨级及以上船舶到港艘数分别是2011年的2.9倍、3.4倍、4.9倍,实际承运量分别是2011年的4.0倍、7.6倍和7.4倍;江苏沿江港口完成货物吞吐量17.8亿t,是2011年的1.5倍。经江苏统计局测算,长江南京以下12.5m深水航道工程建成后,平均每年可递增沿江港口吞吐量约1.3亿t,直接拉动沿江地区国内生产总值GDP约238亿元,直接增加沿江地区经济收入111亿元。同时,随着船舶大型化和船舶实载率的提高,沿江、沿海运输的物流运输成本大幅降低。因此,江苏沿江沿海码头改造升级,提高码头靠泊等级和码头通过能力,将强有力地促进沿江沿海经济,尤其是苏沪经济的发展,对江苏加快构建现代综合交通运输体系、打造交通强国建设先行区将产生有力的推动作用。

码头结构加固改造能够适应船舶大型化发展的需要,有利于保障港口的生产运营安全。随着造船技术的不断革新以及新材料的应用,为适应世界经济发展对船舶运输的要求,近年来船舶向专业化、大型化、高度自动化及节能方向发展的趋势愈发明显,船舶总载重吨记录不断被刷新。出于国际海运的经济性,国际海运采用的实船也朝着大型化的趋势发展。特别是长江南京以下12.5m深水航道工程建成后,5万吨级海轮可直达南京,10万吨级及以上海轮也可减载乘潮直达南京。一方面,为适应沿江沿海船舶大型化的需要,江苏曾批准了一批码头泊位在限定条件下"大船靠小码头",也包括进入缓冲期采取"一船一议"的方式靠泊码头,但这种方式只是短期行为,对码头结构而言存在一定的安全隐患。另一方面,码头拆除重建成本大、周期长,通过对码头进行加固改造,可以使码头结构真正具备靠泊更大等级船型的能力,满足船舶大型化的发展要求,保障港口运营的安全。

码头结构加固改造有利于转变经济发展方式,促进经济社会发展。江苏省人口密度全国最大、物质性资源全国最少、人均环境容量全国最小的特殊省情,决定了江苏必须走资源节约型、环境友好型的可持续发展道路。水路运输具有的运量大、能耗省、占地少、运价低、对环境影响小等独特优势,正好契合了"资源节约"和"环境友好"的要求。随着江苏省经济社会持续快速发展,港口规模和运输需求也在不断扩大,港口发展面临的土地、水域和岸线等资源约束问题逐步显现,但港口发展不可能无限制地依靠扩大岸线、新建码头的粗放式发展方式来解决。码头结构加固改造不占用新岸线、土地和水域,却可以大幅提升码头的靠泊能力,提高岸线利用率,减少能源消耗,降低运输成本,防治环境污染。码头结构加固改造是落实科学发展观、实现可持续发展战略的需要,符合资源节约型和环境友好型港口发展的要求,是转变港口发展方式的重要途径,有助于加快经济发展方式的转型。

1.1.2 工作开展情况

2005年10月至2006年12月,交通部和各省级港口行政主管部门对需要靠泊原设计船型的沿海港口码头泊位进行了靠泊能力核查,同时根据码头靠泊能力核查的情况,在2007年4月开始开展沿海港口结构加固改造工作。

2007年4月,交通部水运司在广州召开了港口码头改造试点工作研讨会,会议确定了码头改造试点研究的范围,确定将秦皇岛港、天津港、宁波港、广州港和湛江港作为码头改造试点港,改造试点泊位17个。会议建议在试点工作取得阶段性成果后,及时在全国沿海港口进行推广。

2007年7月,交通部水运司在秦皇岛组织召开了沿海港口码头结构改造试点检测方案研讨会,会议对老旧码头检测方案进行了讨论,按不同结构类型对码头分类别规范检测内容,确定检测执行标准,对检测成果提出了要求。

2009年4月,交通运输部水运局在广州组织召开了沿海港口码头改造试点工作总结研讨会。经过2007年4月—2009年3月为期两年的改造试点,17个泊位中已有8个试点工程完工,其余试点泊位的改造工作也在按程序开展,试点工作开展取得了阶段性的成果,并积累了管理、设计、建设、监理工作经验。

2009年10月,交通运输部办公厅下发了《关于沿海港口码头结构加固改造有关事宜的通知》(2009年第4号),明确了码头结构加固改造工作管理程序。2010年10月,交通运输部颁布《关于沿海港口码头加固改造有关通告》,通告对码头加固改造的工作范围、时间要求、审批权限、改造标准、工作程序和工作要求等五个方面做出了规定。

江苏沿江沿海码头加固工作的开展是根据交通运输部的相关规定进行的。江苏省交通运输厅先后下发了《关于转发交通运输部〈关于沿海港口码头结构加固改造有关事宜的通告〉的通知》(苏港务〔2009〕16号)、《关于江苏省沿海沿江港口码头加固改造工程的实施意见》(苏交港〔2010〕77号)、《关于进一步明确沿海沿江港口码头结构加固改造有关事项的通知》(苏交港〔2011〕2号)、《关于转发交通运输部〈关于印发《沿海码头结构加固改造工作座谈会会议纪要的通知》的通知》》(苏交港〔2012〕14号),对江苏省沿江沿海码头加固改造工作提出了规范和指导。

江苏省在规定期限内共受理了133个码头泊位的加固改造,主要分布于南京、镇江、扬州、泰州、常州、无锡、苏州、南通、连云港等沿江沿海地区,其中24个泊位转报交通运输部审批,其余109个码头泊位由省级港口行政管理部门审批。

1.2 码头结构加固研究现状

1.2.1 国外研究现状

当工程建设进行到一定阶段后,工程结构的加固改造将成为主要的建设方式之一。综合国内外相关文献可以看出,世界上经济发达国家的工程建设大体上经历了3个阶段,即大规模新建、新建与加固改造并举、重点转向既有建筑物的加固改造。例如,英国在1975—1980年期间新建工程数量和费用减少,加固改造的项目却逐年增加,1978年用于加固改造的费用是1965年的3.76倍,1980年建筑物维修改造工程占英国建筑工程总量的2/3;瑞典建筑1980年代首要的任务是对已有建筑物进行更新改造;日本建设省从1981年至1984年用了四年时间组织进行了提高建筑物使用寿命的技术研发项目,以防为主,从建筑立法、设计、施工和改造四个方面入手,提高建筑物的使用寿命。

随着全球气候变化,极端天气、地质灾害等现象频繁发生,对世界各个国家的码头结构本身或多或少、或严重或轻度地产生影响。另外,在码头使用过程中,会出现荷载受力条件、水文等条件的变化,可能引起码头结构的受力情况发生变化,从而对码头结构产生影响甚至造成破坏。

对已建码头结构进行加固改造,可以充分利用现有岸线资源,扩大泊位规模,提高作业效率,完善码头功能。第二次世界大战结束后,国际上的大型港口水深为10.7 m,而如今已普遍在 12 m 以上。对已建港口码头的加固改造是世界各国港口解决泊位资源紧张及装卸能力不足的有效方法之一,日本、美国、英国、加拿大等国家均有成功先例。

(1) 日本神户港

1995 年 1 月 17 日,阪神大地震(里氏 7.2 级强烈地震)对神户港码头造成严重破坏。①重力式码头:码头整体滑动,岸壁下沉、倾斜,墙后土体下陷,码头面严重破坏。②桩基码头:桩倾斜、断裂,混凝土梁开裂,后方护岸滑动。③防波堤:堤身倾斜,下沉 1~2 m,堤轴线偏离。④护岸:墙体滑动、倾斜、下沉,墙后路面破坏,发生下陷。神户港典型的码头结构在地震前后的位置见图 1-1。

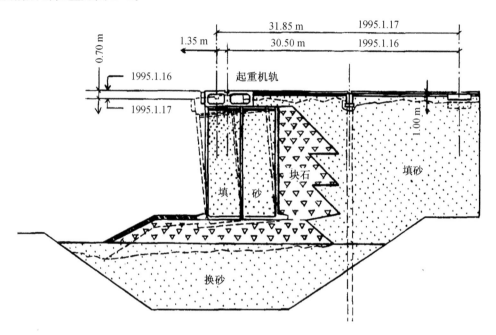

图 1-1 神户港典型的码头结构在地震前后的位置

加固修复方案:

① 对于水域受到严格限制而不能向外扩展且损坏较为严重的建筑物、构筑物,采用拆除新建的方案,并加固原地基,震实基床砂土,施打桩基。

② 对损坏较小、前沿线相对保持直线的建筑物、构筑物,改变墙后填料以减少墙后土压力。在水域允许的情况下,多采用前方延伸处理,即在原建筑物前沿增设沉箱、桩基框架、板桩、格形钢板桩等埋设原建筑物。也有利用原建筑物作为挡土结构,新旧建筑物之间适当抛填块石,上部用钢筋混凝土梁板进行连接,以满足建筑物地震时的安全。

(2) 美国洛杉矶港

2009 年 1 月—2011 年 2 月,美国洛杉矶港的 145#~147# 泊位进行了升级改造。其中原 145#~146# 泊位建于 1986 年,前沿设计标高 -13.7 m,码头桩基为直径 610 mm 的八角形预应力混凝土桩,147# 泊位原为木桩码头。为了提高 145#~147# 泊位的集装箱装卸作业效率的能力,最终确定升级 145#~146# 泊位,拆除 147# 泊位并重新建设。主要的升级改造工作包括以下几点。

① 洛杉矶港 145#~146# 泊位升级改造时,在码头前沿增设一排水下桩基挡墙,码头

前沿泥面高程由－13.7 m浚深至－16.2 m,解决了码头前沿浚深后的挡土问题(图1-2)。

② 在145♯～146♯泊位陆侧G轴线新建桩基和上部梁板以支撑新的岸桥后,与原有码头相连接。

③ 在145♯～146♯泊位海侧A轴拆除原有桩基后,更换更长的新桩,拆除码头前沿的一列面板并重新铺设。

④ 彻底拆除147♯泊位并新建前沿底高程－16.2 m的高桩码头。

⑤ 安装轨距30.5 m的岸桥,以取代原有轨距15.2 m的岸桥。

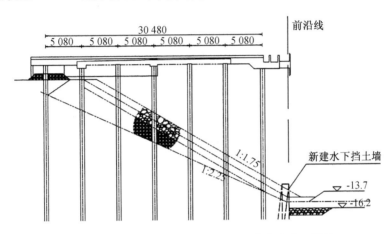

图1-2 洛杉矶145♯～146♯泊位坡脚新建水下挡墙

(3) 比利时安特卫普港

比利时安特卫普港现有港区主要分布在斯海尔德河右岸,水域面积1 315 hm²,有大小港池20多个,比利时全国海上贸易的70%通过该港完成。该港在2003年曾改造两座码头,一座是在原重力式方块码头外增设一排钢筋混凝土板桩墙,水深由8 m改造为14.5 m;另一座为混凝土实体方块结构,通过在方块内钻孔,在其下设搅拌桩基础,方块上部设拉杆,水深由6.5 m改造为14.5 m。

1.2.2 国内研究现状

对已建码头结构进行加固改造,充分利用现有岸线资源,扩大泊位规模,提高作业效率,完善码头功能,是港口部门解决泊位资源紧张及装卸能力不足的有效方法。在我国港口中,码头结构加固改造已有几十年历史。以上海港为例,自1980年代以来,该港口根据实际情况先后对军工路、张华浜、煤炭、民生等码头进行结构加固改造。"八五"和"九五"期间码头建设共投入资金98.4亿元,其中用于加固改造的资金占41.4亿元。

当前国内发展趋势清楚地表明,我国港口工程建设已经开始进入新建与加固改造并举的阶段。据统计,2008年6月—2009年12月期间,广州地区开工建设的港口工程项目中,加固改造项目占30%以上。通过对我国港口工程现状的分析可以预见,在今后很长一段时间内,国家用于在役老码头结构加固改造的费用将逐年增加,码头结构加固改造将是今后我国港口工程研究和建设的重点。

目前,我国码头结构加固改造研究主要集中在高桩式码头、板桩式码头和重力式码头这三种结构形式。其中,高桩式码头结构加固改造的研究最多。

1.2.2.1 重力式码头结构加固改造

已有的重力式码头结构加固改造工程中,大多针对护舷进行更换改造。对于重力式码头的结构升级改造,最大的难点在于码头建成后,由于前沿水深的限制,其靠泊能力的可扩展性较差。因此码头前沿水深是重力式码头结构升级改造的关键因素。

目前重力式码头在实际工程中采用的改造方法主要有以下几种。

(1)基床改造法

将重力式码头下的抛石基床形式由暗基床变为明基床,码头前沿设计底高程可相应浚深,从而达到码头升级的目的。

该方法适用条件为地基条件好、水深浚深在 2 m 以内。为保证基床稳定,还需要对升级改造后的明基床外侧进行加固,同时需要将原护舷向海侧前移。如大连矿石专用码头加固改造工程中采用了这种加固改造方法(图 1-3)。

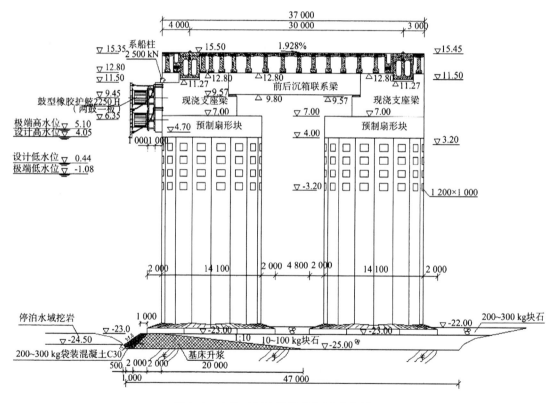

图 1-3　大连矿石专用码头加固改造断面

(2)基础前增加独立结构

在码头基础前增加桩基等独立结构,并考虑在独立结构与码头基础间进行高压灌浆等加固处理,从而达到码头升级的目的。

该方法适用条件为地基下有一定厚度的非岩性土,土质条件较好。为了保证码头前沿浚深到设计高程,船舶靠泊时新增独立结构与船体有足够的安全距离,需要将原护舷适当外推。如广东虎门港加固改造工程中采用了这种加固改造方法(图 1-4)。

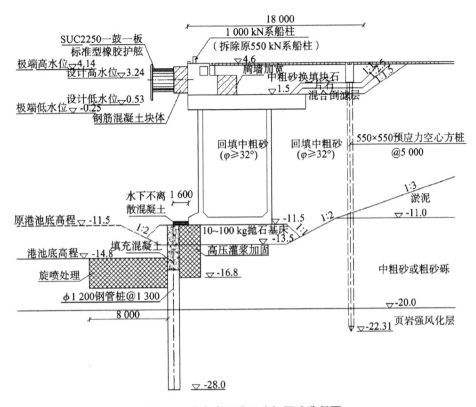

图 1-4　广东虎门港码头加固改造断面

（3）新老结构结合式

在码头前沿新设桩基梁板等结构，并将新设结构与原结构共同构成一个新的结构，从而达到码头升级的目的。

该方法适用条件为前沿有足够水域，可以满足前沿线前移新增结构的要求。如烟台地方港务局 1♯～2♯泊位加固改造工程中采用了这种加固改造方法（图 1-5）。

（4）新增独立结构

在码头前沿新设独立高桩梁板承台，原有重力式码头作为改造后的码头后方挡土结构，从而达到码头升级的目的。

该方法适用条件为前沿有足够水域，可以满足前沿线前移新增结构的要求，同时后方还有重力式码头可以作为堆场使用。如天津港东突堤北侧 35♯～36♯泊位加固改造工程采用了这种加固改造方法（图 1-6）。

（5）以附属设施为主的综合改造

在码头前沿改造护舷，采用特大护舷外推船舶，距码头一定距离，从而达到码头升级的目的。

该方法需要有条件作业，通过安装特大护舷将前沿线前移；同时为解决前沿浚深要求，需要适当对前沿基床进行处理。如青岛港前湾港区 66♯～68♯泊位加固改造工程采用了这种加固改造方法（图 1-7）。

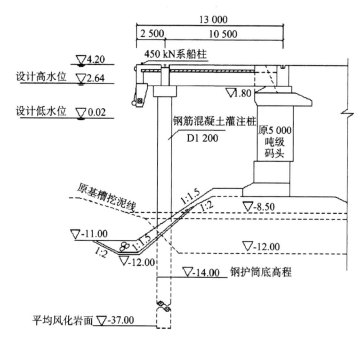

图 1-5 烟台地方港务局 1#～2# 泊位加固改造断面

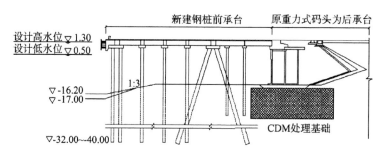

图 1-6 天津港东突堤北侧 35#～36# 泊位加固改造断面

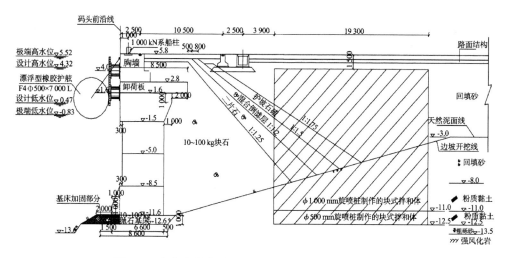

图 1-7 青岛港前湾港区 66#～68# 泊位加固改造断面

1.2.2.2 板桩式码头结构加固改造

板桩式码头是由连续的、打入地基一定深度的板形桩构成直立墙体,墙体上部一般用锚碇结构加以锚碇,依靠板桩入土部分的侧向土抗力和锚碇结构来维持其整体稳定。板桩式码头对复杂地质条件的适应性强,除了过于坚硬或软弱的地基外,一般均可采用。但是板桩属于薄壁结构,抗弯能力有限,其承载力和稳定性受水深变化的影响较大,因此常规板桩码头多用于中小型码头的建设。

目前,板桩式码头结构加固改造普遍采用的方法是在前板桩和锚碇墙之间增设一排靠近前板桩且与其保持一定距离的遮帘桩,将既有的传统板桩码头加固改造成遮帘式板桩码头。设置遮帘桩的作用是让其承担一部分挡土荷载,以减小前板桩所承受的土压力,从而创造了板桩码头前沿浚深的条件,并且码头前沿线不必向外推移,避免了水域的影响。此外,为限制浚深后板桩端部向外侧的水平位移,可以对板桩底部土体进行加固,从而使整个板桩的水平位移较小。

遮帘式板桩码头分为半遮帘式板桩码头和全遮帘式板桩码头两种类型。当码头前沿浚深幅度不大时,半遮帘式板桩码头是传统板桩码头加固改造的最佳结构形式。由于不需设锚碇拉杆,此种改造形式可以避免拆除已建码头面层以上结构,从而能够节省投资、缩短工期以及减小对生产的影响。

唐山港京唐港区 2 万吨级板桩码头加固改造工程通过增设半遮帘桩减小作用于前板桩下半部分的土压力,将码头前沿底高程由原来的 -11.0 m 浚深至 -13.5 m,成功将原泊位加固改造为 5 万吨级泊位(图 1-8)。

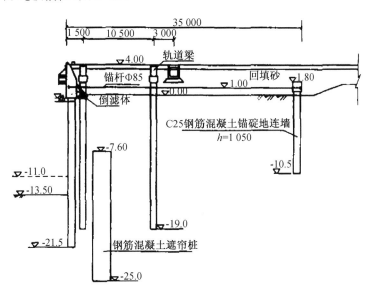

图 1-8 唐山港京唐港区 2 万吨级板桩码头加固改造断面

1.2.2.3 高桩式码头结构加固改造

高桩码头由桩基、上部结构、接岸结构等组成,其中上部结构构成码头地面,并把桩基连成整体。上部结构直接承受作用在码头上的荷载,并通过桩基传递给地基。

高桩码头的承载力是利用深层地基承载力及桩身与土体的侧摩阻力来实现的。与重力式码头相比,高桩码头对前沿超挖浚深的适应性较强,但结构承载能力有一定限度,结构变位相对较大,构件容易损坏,码头上部荷载的增加使构件内力以等倍数增大,因此高桩码头对超设计船型的船舶荷载、码头上部荷载的适应性差。

(1) 结合式改造法

该方法结合原有码头结构,在局部新增结构。主要是在码头范围内增加桩基(可能涉及拆除原码头上部的部分结构),新设桩基与既有桩基整体受力,并结合上部结构的改造提高码头的承载能力,从而实现改变码头使用功能的效果或达到码头升级的目的。

宁波—舟山港北仑港区1#～2#煤码头由4万吨级升级改造为5万吨级多用途泊位(水工按12万吨级集装箱船设计),拆除部分上部结构,在轨道梁下新设桩基与既有结构形成共同受力的结构(图1-9)。

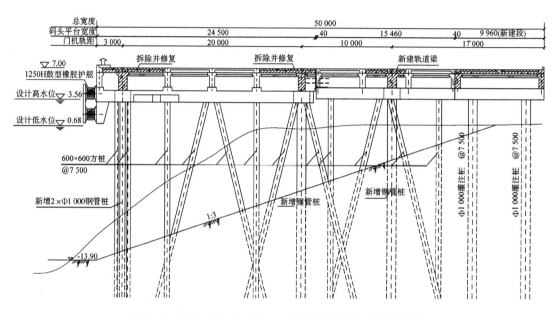

图1-9 宁波港北仑港1#～2#煤码头升级加固改造断面

(2) 分离式改造法

分离式改造法是将码头前沿部分原有结构拆除,在原码头排架间或码头前沿新建大型系靠船墩台结构,并新增大型船舶系船设施和靠船设施,以单独承担泊位等级提升后的船舶力,新建结构与原有结构分开受力。这种改造方法主要针对码头原有结构薄弱的情况。

南通港狼山港区南通港务集团405#泊位由2.5万吨级升级改造为7万吨级。在原码头排架间新建系靠船墩结构,并与原结构分开,单独承担码头升级后的船舶荷载(图1-10)。

(3) 仅配套设施改造

码头改造过程中如果水工结构(如桩基、纵横梁、面板等主要构件)均能满足改造后设计船舶的靠泊作业,则只需要对系靠泊附属设施,如系船柱、橡胶护舷等设施进行改造即可。这种方法简单快捷、造价低廉,前提条件是原有码头结构良好,且复核受力满足船舶靠泊作业要求。这种方式也是最理想的改造方式(表1-1)。

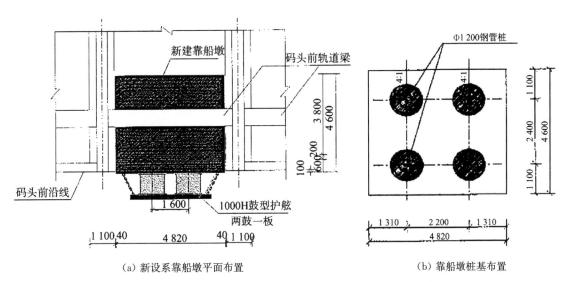

(a) 新设系靠船墩平面布置　　　　　(b) 靠船墩桩基布置

图 1-10　南通港狼山港区南通港务集团 405♯泊位改造升级

这种改造方式提示我们在今后码头建设过程中需要前瞻性地考虑码头建设问题,新建码头要结合港口、航道长远发展的需要,在码头结构设计上进行适当预留,为今后码头使用打下坚实基础。特别是对于潮汐河段的沿江沿海港口码头建设项目(如江苏南京以下长江港口码头建设项目),可根据规划航道等级、航道通航能力及今后船型发展变化等情况进行适当的结构预留。

表 1-1　高桩码头结构加固改造基本方法特征

方法	定义	适用范围	技术特点
结合式改造法	在连片式码头前沿线不变的情况下,对原有码头结构通过增加桩基、扩大码头主要受力梁板构件尺度的方法提高码头结构的整体承载能力	既有连片式码头工作性能相对较差,结构整体刚度和承载能力不足,不能适应使用荷载的要求,须增设桩基、重建节点轨道梁的情况	可充分利用原结构体系,发挥原有基桩承载力,减少新增基桩的数量或基桩规格,改造位置相对灵活;但受码头空间约束,沉桩限制较多,新老结构间结合技术要求高
分离式改造法	结合到港船舶吨级,将码头前方桩台部分结构拆除,或直接在既有码头结构前方新建与原结构分离的系靠墩结构,用于独立承受船舶荷载	既有码头结构基本完好,码头结构竖向承载能力较强,但水平刚度不足,结构性能不满足船舶荷载作用,须新增独立结构承受船舶荷载	前沿线保持不变时,施工干扰小、改造面小、速度快、造价低,但桩基施工受限制;前沿线外移时,桩基施工较方便,但减少了码头设备外伸臂幅,且需要考虑相邻泊位关系
仅配套设施改造	在码头主体水工结构(桩基、纵横梁、面板等主要构件)等维持现状的情况下,对系靠泊设施进行改造	既有码头结构良好,码头结构留有适当余量,结构整体满足使用荷载的要求	提升了码头等级,工程改造简单快捷、造价较低,工程实施周期短

(4) 维修加固方法

指码头局部构件有损坏或出现安全隐患的地方进行修缮和采取牢固措施,这种改造在码头的日常维护和各种改造方法中均有用到。

构件加强的主要方式有以下几种。

① 加大截面法:以同种材料增大构件的截面面积,提高结构承载能力,满足正常使用要求。

② 外包钢(粘钢)加固法:在构件混凝土四周外包型钢(粘贴钢板),以提高承载力,截面尺寸增加不多,外观影响小。

③ 外粘纤维增强复合材料加固法:外部粘贴碳纤维布等,可以较大提高承载力,外观影响小,同时可增加抗腐蚀性能。

构件维修主要是对破损或裂缝进行修补。目前混凝土构件出现裂缝常用的修补方法有混凝土置换法、表面封闭、压力灌浆、嵌缝等封堵法。

针对高桩码头不同构件,相应的维修加固方式常采用以下类型。

① 码头基桩区或岸坡结构局部出现冲刷影响结构安全时,宜采用抛石或袋装混凝土等保护措施。

② 混凝土桩顶破损时,可采用局部补强的方法,将横梁或桩帽局部降低高程包覆破损桩顶。桩身破损时,可采用包覆修补、加固等方式。

③ 影响混凝土结构耐久性的裂缝可采用裂缝灌浆补强、外包混凝土、贴钢板、贴钢板结合外包混凝土、贴碳纤维布等方式。

④ 护舷老化、变形、损坏、脱落以及螺栓、垫板、吊环、锚链锈蚀等须进行维修或更换,维修或更换后的护舷变形-反力曲线等性能须满足设计要求。

国内的工程设计人员及研究人员对码头的加固改造进行了大量的研究与实践,从方案设计到结构维护等方面都取得了丰富的成果与经验。然而码头的加固改造工作是一个涉及码头检测、承载力评估、码头的使用功能、码头的结构安全、施工难易、工程的经济性等众多因素的复杂问题,因此有必要对码头加固改造中的设计、施工难点及关键技术进行深入的研究与总结。

1.2.3 国内外研究发展趋势

(1) 建立全寿命设计方法

港口工程结构全寿命周期分为4个阶段:规划设计阶段、施工阶段、运营阶段和退役阶段。港口工程结构实施全寿命周期设计的实质就是从结构全寿命周期的角度寻求恰当的方法和措施,使港口工程结构的全寿命性能(安全、适用、耐久、经济、生态等)达到最优。通过全寿命设计使结构设计与维护设计合理匹配,变"被动维护"为"主动维护",延长结构使用寿命,降低工程结构的全寿命周期成本。

对于码头结构加固改造工作,建筑物耐久性评估对加固改造方法的选择是非常重要的。码头加固改造后,码头新老结构将共同使用,这样就面临着新老结构耐久性不同的问题。在码头加固改造设计中充分考虑新老结构的耐久性对于经济、合理的选择加固改造方案有着重要的意义。

天津港东突堤北侧35#～40#泊位改造工程在原重力式码头前新建高桩梁板码头平

台,将原沉箱结构作为后方陆域的挡土墙。该方案充分考虑了重力式结构耐久性较好的优点,使得前后结构耐久性相似,具有相近的使用年限。

(2) 加固改造方式多样化

各个码头自然条件、受损原因、受损程度、结构布置、功能需求、升级潜力、施工条件等因素是不相同的,相应的码头加固改造方式也各有不同。为实现码头加固改造工程的安全性、合理性、经济性,需要结合码头的实际情况,开发及采用适合的加固改造方式。

例如杨荣君以宁波港某5万吨级集装箱码头为对象,针对码头升级后水平承载不足的问题,同时结合码头具备前、后平台的特点,提出了采用铰接传力杆连接前、后平台的新型改造方案,增加了码头整体刚度,提高了码头水平承载能力,为类似码头结构升级改造提供了一种新思路(图1-11)。

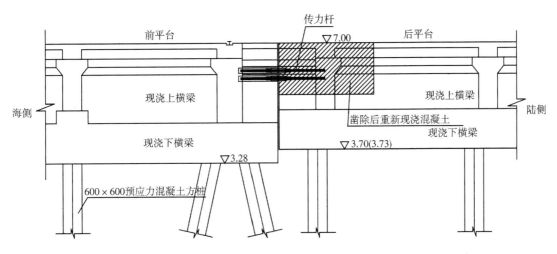

图1-11 传力杆连接前、后平台断面图

(3) 码头结构及构件加固或改造技术创新

随着加固改造方式多样化,新材料、新工艺、新技术等不断涌现,包括纤维增强复合材料、电化学沉积技术、体外预应力技术等。

纤维增强复合材料(简称FRP)是由纤维材料与基体材料按一定比例混合并经过一定工艺复合形成的高性能新型材料。1980年代,美国、日本等发达国家开始研究将纤维材料用于混凝土结构的加固修补。其常用的工艺原理是先用环氧树脂将抗拉强度极高的碳纤维预浸成复合增强材料,再沿受拉方向或垂直于裂缝方向,用黏结剂将复合增强材料粘贴在需要补强的结构物上形成新的复合体,使粘贴材料与原有钢筋混凝土结构共同受力,以增强结构物的抗裂或抗剪能力,提高结构物的强度、刚度、抗裂性和延伸性。目前,该技术已大量应用在陆上土建结构中,2003年国内推出了《碳纤维片材加固混凝土结构技术规程》(CECS 146:2003)。在港口码头结构物所处的潮湿、水位频繁变动、水中氯离子含量较高的环境中,FRP材料加固主要限于结构物非主要受力部位的补强。近年来在码头梁系等主要受力构件中也逐渐采用FRP材料加固,这为今后码头水工建筑物的加固修复提供了实践参考价值。

体外预应力加固方法是一种人为的主动的加固改造和修复技术,其通过对体外筋材或布材的横向支撑或纵向张拉,从而对结构或构件施加体外预应力,并借助此体外预加力产生的反向偏心附加弯矩抵消部分外部作用产生的内力,实现提高结构或构件承载力并改善使用性能的目的。体外预应力加固混凝土结构技术自被引入我国,就受到工程界的关注,并成为研究和工程应用的热点,其中对钢筋混凝土受弯构件加固的研究和应用最多。对于码头结构的面板、梁系的加固改造,体外预应力技术有着良好的应用前景。

电沉积法是一种电化学混凝土裂缝修复技术,特别适用于传统修复技术难以奏效或价格昂贵的混凝土结构。电沉积修复混凝土裂缝技术的原理是以混凝土中的钢筋为阴极,以置于混凝土表面电解质溶液中的电极为阳极,在电场作用下,正、负离子发生迁移,并发生电化学反应,于混凝土裂缝或缺陷处生成难溶性无机盐类产物,从而达到修复裂缝或缺陷的效果。该技术最早始于1980年代后期的日本,我国在这方面的研究起步较晚。近年来,国内开展了一系列研究并取得了一定成果,为在役水工混凝土结构的裂缝修复提供了新的选择。

(4) 钢结构加固技术更加趋于安全可靠和经济

在役钢结构因在设计、制造、施工过程中可能产生各种缺陷,在使用中因超载、锈蚀、疲劳等原因会引起结构的损伤累积,从而影响结构的安全。

对于钢结构,通常采用的加固方法分为加大构件截面法(在不改变结构计算简图的前提下,对原结构的构件截面和连接进行补强)和改变结构计算简图法(采用改变荷载分布状况、传力途径、节点性质和边界条件,增设附件杆件和支撑,考虑空间协同作用等措施对结构进行加固的方法)。传统的钢结构加固方法是将钢板焊接、螺栓连接、铆接或者黏结到原结构的损伤部位,这些方法虽在一定程度上改善了原结构缺陷部位受力情况,但同时又给结构带来一些新的问题,如产生新的损伤和焊接残余应力等。

近年来预应力加固钢结构及FRP加固钢结构技术日趋成熟。预应力加固钢结构的方法就是通过施加预应力,使结构或构件产生与设计荷载作用下的应力符号相反的应力,从而调整结构的受力状态,降低内力峰值,提高构件或结构的承载力;同时可有效改善结构的变形性能,减少其跨中挠度,提高结构的刚度和稳定性。该方法不需大量加固零配件及其连接固定工作,省工省料,同时可充分利用高强钢材,不增加结构的截面尺寸和自重,具有较大的经济优势。FRP加固修复钢结构是采用FRP板(或布)粘贴到钢结构构件损伤部位,提高或改善其受力性能。FRP加固构件截面和节点能够有效避免焊接残余应力对结构的损伤,有效提高结构的疲劳寿命。

(5) 码头结构的整体检测

对现有码头进行检测、评估是挖掘老码头潜力的前提和必要准备,也是码头维修、加固、改建、扩建的依据。码头检测可分为单个钢筋混凝土构件的检测和整体结构检测。目前,码头检测只停留在对单个钢筋混凝土构件的检测阶段,码头整体结构检测的应用才刚刚起步。码头整体结构检测主要利用振动测试技术,通过模态分析及结构有限元计算对结构进行诊伤,是近年来随着结构动测技术及计算机技术的应用而发展起来的,其理论、方法尚不完善。码头整体结构检测将会成为码头检测的发展方向之一。

以往的结构损伤检测主要采用经验法,结合一些试验检测,如回弹仪检测混凝土强度、超声波法测量混凝土缺陷等。目前结构检测正向智能化方向发展,出现了结构健康智能监测诊断系统。虽然该系统尚未完全成型,许多问题有待研究,但向智能化方向发展的趋势是可取的。

(6) 码头结构动态监测

现阶段,社会各界越来越关注重大工程结构的健康监测与诊断问题,其中包括对可能发生灾害的提前预警和在灾害发生后对结构进行损伤程度的评估及对结构剩余寿命的估计。另外,结构的智能化控制目前也成为防灾减灾的一个新兴学科,它能够把人复杂的感知、响应机能和信息处理外推映射到工程结构中,从而使结构能够对外部环境的刺激和内部状态的变化做出适当的响应。

码头健康监测是通过对结构的物理力学性质进行无损监测,实时监控结构的整体行为,对结构的损伤位置和程度进行诊断,对结构的服役情况、可靠性、耐久性和承载能力进行评估,当在突发事件下或结构使用状况严重异常时触发预警信号,为结构的维修、养护与管理决策提供依据和指导。整个系统主要分为四个子系统:传感器系统、数据采集与处理系统、数据通信与传输系统、数据分析与监控系统。

将码头结构健康监测技术与信息处理技术进行融合,可更加有效地解决待加固码头健康监测系统中的数据处理与信息应用问题,为开展码头结构安全隐患排查和后续结构加固改造提供可靠全面的支撑数据,必将成为今后码头加固改造的趋势。

1.3 码头加固改造技术主要内容

高桩码头是我国港口建设60多年来采用最早、应用最广泛的码头形式。尤其近20年来,我国港口工程建设和建港技术迅速发展,沿海码头向离岸、开敞、深水化发展,靠泊船舶吨位日趋大型化,内河码头亦不断向大水位差地区延伸。高桩码头不仅适应我国沿海地区和大江两岸软土地基,而且在可以沉桩的黏性土、粉土、砂土和风化岩等地基,以及在岩基上使用嵌岩桩时,均可采用。高桩码头主要分布在渤海湾西侧、长江三角洲和珠江三角洲地区,现有万吨级以上的高桩码头泊位数量占全国万吨级以上深水泊位的85%以上。

高桩码头也是江苏沿江沿海码头主要采用的结构形式,且完成的沿江江海码头加固改造工程均为高桩码头。因此,本书将针对江苏沿江沿海码头的加固改造进行分析研究。

高桩码头主要由上部结构、桩基、接岸挡土结构三部分组成。高桩码头的上部结构构成码头地面,并将桩基连成整体,上部结构直接承受作用在码头上的荷载,并通过桩基传递给地基。

(1) 上部结构:高桩码头上部结构一般由面板、横梁和纵向梁系构成,其前沿设置护舷,后沿平台或引桥与接岸挡土结构相连。上部结构直接承受作用期的各种使用荷载,并将船舶荷载及其他水平荷载传给桩基。

(2) 桩基:桩基支撑上部结构,并将上部结构的各种外力和自重传给地基。桩基主要分为钢管桩、预应力或者非预应力混凝土桩、大管桩、灌注或嵌岩桩等,叉桩和直桩混合布置是水工建筑物常见的结构方式。桩基施工多数使用柴油打桩锤沉桩,少数工程使用液压锤沉桩,灌注或嵌岩桩采用冲击钻冲孔后现浇水下混凝土成桩。

(3) 接岸挡土结构:前连码头平台或引桥结构,后与驳岸土体相连。具体结构形式须根据工程土质条件决定,要充分考虑不均匀沉降,并尽可能减少后方侧向土推力传给码头。通常后方平台与挡土墙之间设一简支板连接,对接岸结构下部软土地基应采取必要的加固措施。

高桩码头具有许多优点,例如高桩码头为透空式结构,结构自重小,对波浪的反射率小,船舶较易靠泊码头,装卸作业时,泊稳条件较好。高桩码头可较大程度采用预应力构件,增大预制安装的比例,有利于组织机械化施工,建设速度快,材料消耗低,造价较低。

但高桩码头也有不足之处,例如,若船舶荷载、工艺荷载变大或超载装卸时,其结构适应性差;接岸挡土结构处理较复杂,处理不当时,易出现侧向位移、变形、开裂等现象。

高桩码头的承载力是利用深层地基承载力及桩身与土体的侧摩阻力来实现的。与重力式、板桩码头相比,高桩码头挖泥超深适应性较强,但结构承载能力有限,结构变位大,构件易损坏,码头上部荷载的增加使构件内力以等倍数增大。因此高桩码头对超设计船型的船舶荷载、码头上部荷载的适应性差。

本书将结合江苏沿江沿海高桩码头加固改造实例调查,从检测评估、设计、施工方面对沿江沿海高桩码头加固改造进行研究总结。

1.3.1 江苏沿江沿海码头加固改造工程统计分析

结合江苏省已实施的沿江沿海码头结构加固改造项目资料,分析统计改造前原码头状况以及码头加固改造实施情况,对码头加固改造项目按吨级、泊位性质、分布地区、改造形式等进行分类,并在此基础上选取部分有代表性的高桩码头作为开展码头结构加固改造关键技术研究的依托工程。

1.3.2 码头加固改造检测评估技术

对码头结构加固改造项目原有结构的状态识别是码头结构改造的基础和首要条件。只有准确判别出码头原有结构的状态,才能结合码头原有结构确定合适的码头加固改造方案。码头结构加固改造前应综合考虑加固改造的目的、内容及要求等因素,进行码头检测评估,具体如下:

(1)对高桩码头破坏原因进行分析;
(2)对原码头设计、建设、使用及维修加固资料进行搜集分析;
(3)对原码头的外观检查,对整体变形变位、地基及基础,接岸结构及岸坡,码头前沿水深及冲淤变化情况等进行检测;
(4)对原码头既有结构须根据评估要求、检测数据、现场情况、使用功能等进行结构安全性、适用性和耐久性评估;
(5)综合考虑码头使用要求、功能和用途调整后对原结构状态的影响,对原码头结构状态进行评估。

1.3.3 码头加固改造设计技术

针对不同的码头加固改造项目,结合既有码头平面布置和结构形式,改造后功能要求,船型、船舶系靠泊要求,检测和结构状态评估结论等,对码头结构加固改造设计中的关键技术问题进行研究。

(1)结合泊位性质,合理确定加固改造等级、规模;
(2)对码头结构进行计算复核;

(3) 对码头结构加固改造的总体方案进行研究;

(4) 对码头结构修复方案进行研究。

1.3.4 码头加固改造施工技术

施工技术是码头结构加固改造的具体实施环节,也是关系码头结构加固改造成败的关键。由于照顾到原有码头结构及桩基的保留,码头结构加固改造施工比一般新建项目的施工更为复杂和困难,技术难度也更大,需要对码头结构加固改造施工的关键技术进行研究。

(1) 对原码头结构采用无震动切割等拆除施工技术进行研究;

(2) 对原码头结构下岸坡清淤技术进行研究;

(3) 沉桩施工是高桩码头结构加固改造工程的重点和难点,结合水上沉桩、陆上沉桩的分类,对沉桩工艺、沉桩设备、施工方法等桩基施工关键技术进行研究;

(4) 对新、老结构的有效结合施工方法进行研究;

(5) 对原码头破损结构及设施的加固修复施工技术进行研究。

1.3.5 码头加固改造技术的后续关注研究

江苏沿江沿海的大量码头已完成了加固改造,投入使用并达到了预期的目标效果。在将来的码头加固改造方案中,还有值得继续深入研究及关注的方面。

(1) 结构计算方面。对结合式改造结构变形进行分析,分析既有结构变形对加固改造结构内力的影响,新老结构连成一个整体后如何共同作用,新老结构应保证变形的协调,以及同一墩台下刚度差别很大的桩基如何共同作用等问题。

(2) 岸坡方面。包括码头前沿浚深后原有岸坡的加固方式、高桩码头岸坡削坡坡比设计和码头岸坡上回淤对码头岸坡稳定的影响等问题。

(3) 使用年限方面。包括新老码头结构连成一个整体后,剩余使用寿命如何判定的问题等。

(4) 施工方面。包括新老结构衔接处的施工问题等。

(5) 结构的维护方面。一是码头升级改造必然伴随既有结构的维护,应在加固改造的同时对既有结构进行维护;二是新设结构时,应尽量考虑将来使用过程中对整体结构维护的需要。

第二章　江苏沿江沿海码头加固改造情况

港口是拉动区域经济发展的重要引擎,也是带动产业集群崛起的载体支撑。改革开放以来,背靠丰富的水运资源,江苏港口打通沿江沿海"任督二脉",成为江苏省经济发展的重要推动力量。长江中上游地区55%以上的转运物资和20%的集装箱吞吐量在江苏沿江港口完成,中上游地区大型企业所需70%以上的海进江煤炭、80%以上的外贸进口铁矿石也在江苏沿江港口中转。连云港港约40%的吞吐量是为沿陇海线及江苏周边省份服务,是中西部地区重要的出海通道。在经济全球化的今天,水路运输已经成为全球综合运输的核心,船舶的远洋化和大型化高效运输趋势越来越明显。目前江苏省内许多老旧码头设施越来越不适应船舶新的发展需要,存在靠泊等级偏低、不能适应货种的变化、岸线资源的利用率偏低、码头通过能力不足等问题。同时,部分码头老化严重,生产运营中存在较大的安全隐患。为充分适应船舶大型化发展及码头安全靠泊的要求,需要对原有码头进行结构加固改造,以提高码头的运营效率和港口岸线的利用率。

2.1　江苏沿江沿海码头概况

江苏省滨江临海,江海河湖兼备,干线航道四通八达、联网畅通,具有全国一流的水运资源条件,拥有海岸线1 039.7 km、长江岸线1 167.4 km,等级航道里程约8 727 km,有5个国家级沿江沿海主要港口和2个内河主要港口。沿江沿海港口已形成以连云港、南京、镇江、苏州、南通为国家主要港口,江阴、扬州、常州、泰州、盐城为地区性重要港口的分层次港口布局。

截至2018年底,江苏省共有10个沿江沿海港口、13个内河港口,其中7个为国家规划主要港口;共有一类港口口岸17个,对外开放码头254个;拥有万吨级以上泊位497个,占全国1/5;综合通过能力20亿t,占全国17%。

2018年江苏省港口完成货物吞吐量25.8亿t,其中沿江沿海港口完成货物吞吐量16.67亿t,占全国的12%。江苏省共有苏州港、南通港、南京港、泰州港、连云港港、江阴港、镇江港、扬州港等8个亿吨大港,是全国亿吨大港最多的省份,占全国1/5。全省拥有运输船舶3.3万艘、4 020万净载重吨,分别居全国第一位和第二位。江苏省港口具体位置分布见图2-1。

江苏沿江沿海地区是全省经济发展最快、产业最集中、外向型经济最发达的区域,也是港口布局最为密集的地区。根据江苏省交通运输厅统计资料,截至目前,江苏沿江沿海投入生产运营的有1 320余个泊位,其中煤炭、矿石等通用散货泊位共计450 t,液化石油气、液化天然气、液体化工、原油、成品油等泊位约230个,件杂、集装箱及其他类泊位约640个。沿江沿海泊位装卸种类分布见表2-1及图2-2。

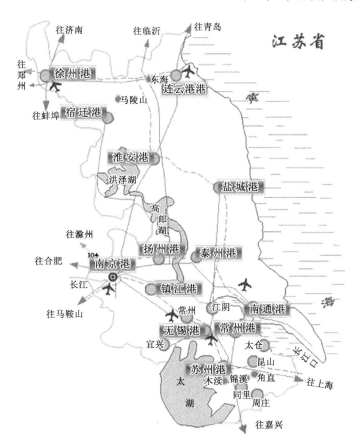

图 2-1 江苏省港口分布图

表 2-1 江苏沿江沿海港口码头泊位统计表

装卸货种	沿江、沿海泊位数量（个）	占比（%）
散货通用类	450	34.1
液体化工类	230	17.4
件杂、集装箱及其他类	640	48.5
合计	1 320	100

2.2 江苏沿江沿海码头加固改造统计

高桩码头是我国港口建设应用最广泛的码头形式，也是江苏沿江沿海码头主要采用的结构形式，目前江苏已完成的沿江江海码头加固改造工程均为高桩码头。高桩码头需要加固改造的原因很多，常见的有以下几种：①码头使用时间长，已接近或达到使用年限，需要对码头结构进行加固改造；②码头结构等级不足，因升级需要对码头结构进行加固改造；③码头桩基承载力能不足，不能适应设备需要时要对码头结构进行加固改造；④码头功能改变；⑤其他。

2009年10月,交通运输部办公厅下发了《关于沿海港口码头结构加固改造有关事宜的通知》(2009年第4号);2010年10月,交通运输部颁布《关于沿海港口码头加固改造有关通告》。江苏沿江沿海码头加固工作的开展是根据交通运输部的相关规定进行的,截至2014年江苏省共受理了133个沿江沿海码头泊位的加固改造,其中24个泊位转报交通运输部审批,其余109个码头泊位由省级港口行政管理部门审批,具体信息见表2-2。

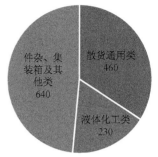

图2-2 江苏沿江沿海港口泊位种类分布图

表2-2 江苏沿江沿海码头加固改造情况统计表

序号	地区	项目名称	泊位数量(个)	货种	改造前等级（吨级）	改造后等级（吨级）
1	南京	江苏华能金陵电厂二期"上大压小"工程项目配套码头结构加固改造工程	1	散货	5万	7万
2		南京港龙潭港区二期通用泊位码头结构加固改造工程	3	通用	4万、3万、5 000（均兼顾5万）	7万
3		南京港龙潭港区三期散货泊位码头结构加固改造工程	2	散货	5万、3.5万（均兼顾5万）	7万
4		南钢原料码头2#泊位码头结构加固改造工程	1	散货	3 000（兼顾5 000）	1万
5		南京港龙潭港区江海集团通用码头3#、4#泊位结构加固改造	2	通用	5万	7万
6		南京港龙潭港区三江口公用码头化工泊位升级结构加固改造工程	2	化工	5 000（兼顾1万）	3万
7		南京港西坝港区西坝作业区码头二期结构加固改造工程	2	散货	5万	7万
1	镇江	镇江港大港港区镇江港务集团码头6#、7#、8#、9#泊位结构加固改造工程	4	散货、件杂货	5 000、2.5万	2万、7万
2		金东纸业（江苏）股份有限公司码头结构加固改造工程	2	多用途	2万	4万
3		镇江港高资港区苏润码头结构加固改造工程	2	通用、散货	3.5万(兼顾5万)、5 000	5万
4		中盛现代储运(镇江)有限公司粮油码头结构加固改造工程	2	散货	5万	7万
5		镇江奇美化工有限公司码头2#泊位结构加固改造工程	1	液体化工	5 000	1万

续表 2-2

序号	地区	项目名称	泊位数量(个)	货种	改造前等级(吨级)	改造后等级(吨级)
6	镇江	江苏镇江发电有限公司码头2#泊位结构加固改造工程	1	散货	2 000	5 000
7		镇江港扬中港区西来桥作业区龙源港机码头结构加固改造工程	1	机械	5 000(兼顾1万)	1万
8		镇江港扬中港区兴隆作业区码头结构加固改造工程	2	散杂货	3.5万、3万(兼顾5万)	7万
1	扬州	扬州港扬州港区万吨级多用途码头2#泊位结构加固改造工程	1	多用途、通用	1.5万	5万
1	常州	国电常州电厂一期煤码头结构加固改造工程	1	散货	5万	7万
2		常州港万吨级通用码头二期扩建结构加固改造工程	1	通用	2万(兼顾3万)	7万
3		常州港录安洲港区码头一期2#、3#泊位结构加固改造工程	2	多用途、通用	4万(兼顾5万)	7万
1	泰州	泰州港高港港区国电泰州电厂煤码头结构加固改造工程	1	散货	3万(兼顾5万)	5万
2		泰州港泰兴港区过船作业区泰州市过船港务有限公司万吨级通用码头结构加固改造工程	1	通用	1万	3.5万
3		泰州港高港港区公用液体化工码头结构加固改造工程	2	液体化工	4万、2万(兼顾4万)	5万
4		泰州海泰油品装卸有限公司码头结构加固改造工程	1	油品	2万(兼顾3万)	5万
5		泰州港泰兴港区液体化工码头结构加固改造工程	1	液体化工	4万	5万
6		泰州港泰兴港区新浦化学(泰兴)有限公司化工码头结构加固改造工程	1	液体化工	5 000	1万
7		泰州港高港港区杨湾作业区码头一期结构加固改造工程	2	多用途、通用	1.5万、1万	5万
8		泰州港高港港区永安作业区码头一期结构加固改造工程	1	通用	5万	7万
9		泰州港过船港区码头二期结构加固改造工程	2	液体、通用	2万(兼顾4万)、3.5万(兼顾5万)	5万
10		泰州港靖江港区新港作业区码头一期结构加固改造工程	3	通用	5万、1万(兼顾5万)	7万

续表 2-2

序号	地区	项目名称	泊位数量(个)	货种	改造前等级（吨级）	改造后等级（吨级）
11	泰州	泰州港泰兴港区过船作业区联成液体化工码头结构加固改造工程	1	液体化工	2万（5万预留）	5万
1	江阴	兴澄储运部长江码头加固改造工程	2	通用	3万（兼顾5万）	10万
2		新港区5#码头一期海轮码头结构加固改造工程	2	通用	5万	10万
3		无锡(江阴)港申夏港区件杂货码头2#泊位结构加固改造工程	2	件杂货	4万（兼顾5万）	10万
4		江苏利港电厂三期卸煤码头结构加固改造工程	1	散货	3.5万（兼顾5万）	7万
5		中石化江苏江阴石油分公司长山油库码头2#泊位结构加固改造工程	1	油品	2.5万	3万
6		无锡(江阴)港苏龙热电有限公司煤码头结构加固改造工程	1	煤炭	3.5万（兼顾5万）	7万
7		中油江阴油库码头结构加固改造工程	1	油品	2.5万	5万
8		江阴阿尔法石油化工码头有限公司码头结构加固改造工程	1	石油化工	3万（兼顾5万）	5万
1	苏州	张家港港务集团码头4#、5#泊位结构加固改造工程	2	通用	3万（兼顾5万）	10万
2		张家港港务集团码头8#、9#泊位结构加固改造工程	2	通用	2.5万、2万	7万
3		苏州港张家港港区海力码头有限公司码头5#泊位结构加固改造工程	2	散货	5万、3 000（兼顾5万）	10万
4		苏州港张家港港区海力码头有限公司码头6#泊位结构加固改造工程	1	散货	10万	20万
5		常熟电厂煤炭码头结构加固改造工程	1	散货	3.5万	5万
6		华能电厂一期码头结构加固改造工程	1	散货	3.5万	5万
7		苏州港常熟港区兴华作业区码头三期结构加固改造工程	2	通用	5万、3.5万	7万
8		江苏理文造纸有限公司码头结构加固改造工程	3	煤炭、件杂货	1万、5 000（兼顾1万）	2万
9		苏州港张家港港区华达件杂货码头3#~5#泊位结构加固改造工程	3	件杂货	2万（兼顾3万）	7万
10		苏州港张家港港区海力码头有限公司码头8#泊位结构加固改造工程	2	散货	5万、5 000	7万

续表 2-2

序号	地区	项目名称	泊位数量(个)	货种	改造前等级（吨级）	改造后等级（吨级）
11		苏州港张家港港区海力码头有限公司码头9#泊位结构加固改造工程	2	散货	4万	7万
12		苏州港张家港港区东沙作业区宏泰通用码头1#、2#泊位结构加固改造工程	2	通用	3.5万（兼顾5万）	7万
13		苏州港张家港港务集团码头1#、2#泊位结构加固改造工程	2	散货	1.3万	5万
14		苏州港张家港港区永恒专用码头1#、2#泊位结构加固改造工程	2	散货	5 000、1万（均兼顾3.5万）	5万
15		苏州港张家港港区孚宝仓储码头一期结构加固改造工程	2	液体化工	3万、1万（均兼顾5万）	5万
16		苏州港张家港港区永泰码头1#、2#泊位结构加固改造工程	2	散货	1万（兼顾2万）	5万
17		苏州港张家港越洋实业有限公司码头结构加固改造工程	2	化学品	2万（兼顾3.5万）、5 000	3万、1万
18	苏州	苏州港张家港港区海力码头有限公司码头7#泊位结构加固改造工程	1	散货	5万	7万
19		苏州港张家港港区海力码头有限公司码头4#泊位结构加固改造工程	1	散货	5万	7万
20		苏州港张家港港区海力码头有限公司码头1#泊位结构加固改造工程	1	散货	3万	7万
21		苏州港张家港港区东海粮油码头2#、3#泊位结构加固改造工程	2	杂货	5 000、3 000	1万
22		苏州港张家港港区长江国际码头1#、2#泊位结构加固改造工程	2	化学品	5 000、2.5万（兼顾5万）	3万、5万
23		苏州港张家港港区江海粮油码头1#~4#泊位结构加固改造工程	4	杂货	2万、3万、3.5万、3万（兼顾5万）	5万、7万
24		苏州港张家港港区东海粮油码头1#泊位结构加固改造工程	1	杂货	3.5万（兼顾5万）	7万
25		苏州港张家港港区中油泰富油品码头1#、2#泊位结构加固改造工程	2	油品	1万（兼顾2万）、2万（兼顾3万）	5万
26		苏州港张家港兴港合作会社码头原港务集团10#泊位结构加固改造工程	1	化学品	1.5万	3万

续表 2-2

序号	地区	项目名称	泊位数量(个)	货种	改造前等级（吨级）	改造后等级（吨级）
1	南通	南通港狼山港区码头 405#泊位结构加固改造工程	1	通用	2.5万	7万
2		南通港狼山港区码头 403#、404#泊位结构加固改造工程	2	通用	15万	20万
3		南通港南通港区码头 202#泊位结构加固改造工程	1	通用	1.5万	5万
4		南通港如皋港区通用码头 1#、2#泊位结构加固改造工程	2	通用	5万	15万(减载至10万)
5		南通港狼山港区码头 406#~410#泊位结构加固改造工程	5	通用、散杂货	2.5万、5万	7万
6		中化南通石化储运有限公司码头结构加固改造工程	1	化工	2.5万	5万
7		南通东海石化公司江海油库码头结构加固改造工程	1	化工	2.5万	5万
8		南通粮油接运有限责任公司码头结构加固改造工程	2	杂货	2.5万	7万
9		南通港天生港区通沙码头结构加固改造工程	1	通用	2万(兼顾5万)	5万
10		南通港天生港区通吕散货码头结构加固改造工程	1	散货	3.5万(兼顾5万)	5万
1	连云港	连云港港 31#、32#泊位码头结构加固改造工程	2	通用	2.5万	5万
2		连云港港连云港墟沟港区一期工程1号~6号泊位(61#~66#)码头结构加固改造工程	6	通用杂货	1.5万	5万
合计			76	133		

（1）按港口

江苏沿江沿海共有133个泊位进行了结构加固改造,分布在南京港、镇江港、扬州港、常州港、泰州港、江阴港、苏州港、南通港、连云港港等9个沿江沿海港口。

按照港口分类,南京港对7个码头,合计13个泊位进行了加固改造升级;镇江港对8个码头,合计15个泊位进行了加固改造升级;扬州港对1个码头,合计1个泊位进行了加固改造升级;常州港对3个码头,合计4个泊位进行了加固改造升级;泰州港对11个码头,合计16个泊位进行了加固改造升级;江阴港对8个码头,合计11个泊位进行了加固改造升级;苏州港对26个码头,合计48个泊位进行了加固改造升级;南通港对10个码头,合计17个泊位进行了加固改造升级;连云港港对2个码头,合计8个泊位进行了加固改造升级(表2-3,图2-3)。

表 2-3 按江苏省港口所在地的码头加固升级统计表

序号	港口	码头统计		泊位统计	
		码头数量(个)	占加固码头比例(%)	泊位数量(个)	占加固泊位比例(%)
1	南京	7	9.21	13	9.77
2	镇江	8	10.53	15	11.28
3	扬州	1	1.32	1	0.75
4	常州	3	3.95	4	3.01
5	泰州	11	14.47	16	12.03
6	江阴	8	10.52	11	8.27
7	苏州	26	34.21	48	36.09
8	南通	10	13.16	17	12.78
9	连云港	2	2.63	8	6.02
合计		76	100	133	100

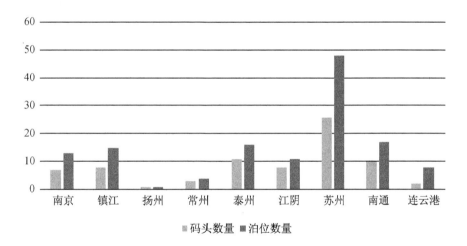

图 2-3 江苏省加固改造泊位的港口分类

从江苏沿江沿海港口的加固改造泊位比例来看,码头加固升级主要集中在苏州港、南通港、泰州港、镇江港、南京港和江阴港。分析原因主要是以上港口的泊位数量基数大,码头建设相对较早,船舶大型化趋势和长江下游航道条件的不断改善是泊位改造升级的驱动条件。

(2) 按改造吨级

自开展码头加固改造工作以来,江苏省在规定的截止期内共有 133 个泊位取得了加固改造批复。其中 43 个 1 万~3 万吨级泊位经加固改造升为 5 万吨级,55 个 3 万~5 万吨级泊位经加固改造升为 7 万吨级。改造的最大吨位是 20 万 t。

表 2-4 按改造吨级的泊位统计表

序号	加固改造吨级	泊位数量(个)	占本次加固泊位总数的比例(%)
1	5 万吨级以下	22	17
2	5 万吨级	43	32
3	7 万吨级	55	41
4	7 万吨级以上	13	10
	合计	133	100

由表 2-4 和图 2-4 可以看出,5 万吨级以及 7 万吨级泊位是泊位升级后的主要改造吨级,占到了所有改造泊位的 74%。因此,5 万~7 万吨级的大型泊位是江苏省现有泊位改造的主要趋势。其原因主要有以下几个方面:

① 江苏省内沿江沿海现有的泊位吨级以 1 万~5 万吨级为主。按照交通运输部的要求,泊位改造升级最多提高三档,因此改造的目标泊位为较大的 5 万~7 万吨级。

② 目前长江南京以下 12.5 m 深水航道工程已进入正式运行阶段,南京至长江出海口 431 km 的 12.5 m 深水航道全线贯通,个别受限河段最

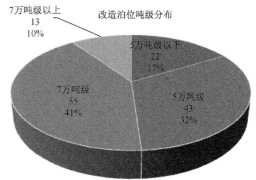

图 2-4 加固改造泊位的吨级分布图

小航宽从 200 m 提高到 250 m,福姜沙水道由原来的 8.5 m 提高到 12.5 m,消除了和畅洲南汊进口处不良的通航条件,达到工程设计的预期目标。通航主要船型从 3 万吨级提高到 5 万吨级,可满足 5 万吨级集装箱船满载双向通航、5 万吨级其他海轮减载双向通航要求,且 10 万吨海轮可减载通航至南京、20 万吨级海轮可减载乘潮通航至江阴,航道通过能力的提高是大吨级泊位改造升级的内在驱动力。

③ 船舶大型化的趋势明显,有利于进一步降低物流成本,发挥经济和社会效益。随着 12.5 m 深水航道贯通,5 万~7 万吨级船型实载率提升 25%,运输成本大幅降低。据初步测算,5 万吨级以上进江海轮每多装载 1 万 t 货物,可大致节约运输成本 23.3 万元。现有码头只有提升码头自身靠泊等级,才能更好地适应船舶大型化趋势。

(3) 按改造泊位类型

按照改造泊位类型划分,在加固改造升级的 133 个泊位中,杂货泊位 17 个,散货泊位 37 个,通用泊位 47 个,多用途泊位 7 个,液体化工泊位 25 个(表 2-5)。

表 2-5 按改造类型的泊位统计表

序号	加固改造类型	泊位数量(个)	占本次加固泊位总数的比例(%)
1	杂货泊位	17	13
2	散货泊位	37	28
3	通用泊位	47	35

续表2-5

序号	加固改造类型	泊位数量(个)	占本次加固泊位总数的比例(%)
4	多用途泊位	7	5
5	液体化工泊位	25	19
	合计	133	100

由表2-5、图2-5可以看出,散货、通用泊位是沿江沿海码头改造升级的主要类型,占到了所有改造泊位的63%。因此,散货和通用泊位是江苏省现有泊位改造的主要类型。

长江中上游地区55%以上的转运物资在江苏沿江港口完成,中上游地区大型企业所需70%以上的海进江煤炭、80%以上的外贸进口铁矿石也是在江苏沿江沿海港口中转。连云港约40%的吞吐量为沿陇海线及江苏周边省份服务,是中西部地区重要的出海通道。因此散货和通用泊位是江苏沿江沿海码头改造的主要类型。

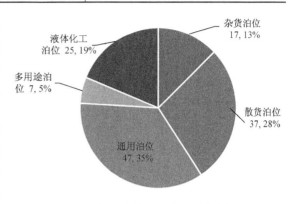

图2-5 加固改造泊位的类型分布图

(4) 按改造泊位造价

现有江苏省加固改造项目的工程造价高低主要与改造的泊位数及改造措施有关,其中"苏州港张家港港区宏泰码头工程1#、2#泊位"项目改造投资最低,为172万元。该项目码头结构可以满足改造后7万吨级散货船带缆要求,也无需对系船柱与橡胶护舷等附属设施进行改造,只要对已损构件进行局部修复。镇江港大港港区镇江港务集团码头6#、7#、8#、9#泊位结构加固改造工程的项目投资达到了1.77亿元,主要是因为该项目包含四个泊位的同时改造,因此造价最高。

单个泊位改造造价在500万~1500万元之间的最多,其次是1500万~2500万元。由于每个改造项目的改造泊位与改造方式都不同,所以泊位改造造价分布仅作为改造设计的参考(图2-6)。

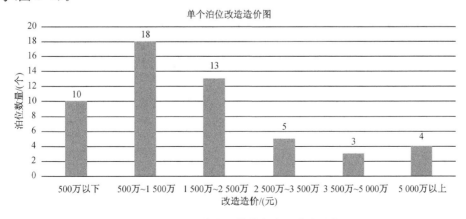

图2-6 加固改造泊位的单个泊位造价分布图

2.3 江苏沿江沿海码头加固改造样本分析

2.3.1 加固改造普遍样本分析

沿江沿海码头的加固改造涉及方面较广,包括码头原有结构的状态、新老结构组合的特性、施工方案的研究、施工方法的实施、效果评估等,本节选取了30个江苏省内加固改造项目进行普遍的样本分析。

江苏沿江沿海高桩码头主要的改造方式包括以下三种:结合式改造法、分离式改造法、仅配套设施改造。在工程使用中单一改造措施使用的较少,大部分的改造措施都会包括两种或者两种以上的改造措施,具体的改造措施需要对改造项目进行分析。本节普遍样本统计见表2-6和图2-7,详细资料见表2-7~表2-34。

表2-6 江苏沿江沿海加固改造普遍样本分类统计表

序号	改造项目名称	个数(个)
一	结合式加固改造	8
1	苏州港张家港港区华达件杂货码头3♯~5♯泊位结构加固改造工程	
2	苏州港张家港港区永泰码头1♯、2♯泊位结构加固改造工程	
3	泰州港高港港区公用液体化工码头结构加固改造工程	
4	镇江港大港港区镇江港务集团码头6♯泊位结构加固改造工程	
5	江苏镇江发电有限公司码头2♯泊位结构加固改造工程	
6	南通粮油接运有限责任公司码头结构加固改造工程	
7	苏州港张家港港区海力码头有限公司码头5♯泊位结构加固改造工程	
8	苏州港张家港港区海力码头有限公司码头6♯泊位结构加固改造工程	
二	分离式加固改造	12
1	南通东海石化公司江海油码头结构加固改造工程	
2	泰州港泰兴港区过船作业区泰州市过船港务有限公司万吨级通用码头结构加固改造工程	
3	苏州港张家港港区江海粮油码头1♯~4♯泊位结构加固改造工程	
4	苏州港张家港港区海力码头有限公司码头1♯泊位结构加固改造工程	
5	苏州港张家港港区海力码头有限公司码头4♯泊位结构加固改造工程	
6	苏州港张家港港区海力码头有限公司码头7♯泊位结构加固改造工程	
7	中石化江苏江阴石油分公司长山油库码头2♯泊位结构加固改造工程	
8	泰州港泰兴港区新浦化学(泰兴)有限公司化工码头结构加固改造工程	
9	常州港万吨级通用码头二期扩建结构加固改造工程	
10	中化南通石化储运有限公司码头结构加固改造工程	

续表 2-6

序号	改造项目名称	个数(个)
11	镇江港大港港区镇江港务集团码头 7#泊位结构加固改造工程	
12	镇江港大港港区镇江港务集团码头 9#泊位结构加固改造工程	
三	仅配套设施改造	8
1	中盛现代储运(镇江)有限公司粮油码头结构加固改造工程	
2	常州港录安洲港区一期 2#、3#泊位结构加固改造工程	
3	无锡(江阴)港苏龙热电有限公司 3.5 万吨级煤码头结构加固改造工程	
4	苏州港张家港港区海力码头有限公司码头 8#泊位结构加固改造工程	
5	苏州港张家港港区海力码头有限公司码头 9#泊位结构加固改造工程	
6	南京港龙潭港区三江口公用码头化工泊位升级结构加固改造工程	
7	无锡(江阴)港申夏港区件杂货码头 2#泊位结构加固改造工程	
8	江苏理文造纸有限公司码头结构加固改造工程	
	其他	2
1	完全无须改造:苏州港张家港港区东沙作业区宏泰通用码头结构加固改造工程	
2	基本重建:镇江港大港港区镇江港务集团码头 8#泊位结构加固改造工程	

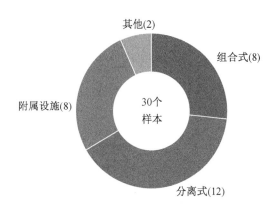

图 2-7 普遍样本分类分布图

表 2-7 改造工程普遍样本资料表 1

编号	1-1		
项目名称	苏州港张家港港区华达件杂货码头 3#~5#泊位结构加固改造工程,2011 年 8 月		
泊位种类	件杂泊位	泊位等级	2 万(3 万)~7 万吨级
设计单位	中交第二航务工程勘察设计院有限公司	加固设计单位	长江航运规划设计院
竣工时间	2007 年 5 月竣工验收		
检测单位	南京水利科学研究院,2009 年 12 月		

续表 2-7

检测结果	码头状态良好,Ⅰ级
改造方案	定点结构加固改造,在原结构 12 榀排架江侧增设各 2 根直径 800 mm 钢管桩,对应的 12 个排架更换为 DA-A800H(标准反力型)橡胶护舷,更换 10 个 750 kN 系船柱为 1 500 kN 系船柱,增设 2 个 1 500 kN 系船柱
工程概算	1 713.07 万元

表 2-8　改造工程普遍样本资料表 2

编号	1-2		
项目名称	苏州港张家港港区永泰码头 1#、2# 泊位结构加固改造工程,2010 年 1 月		
泊位种类	散货泊位	泊位等级	1 万(2 万)～5 万吨级
设计单位	中交第二航务工程勘察设计院有限公司	加固设计单位	中交第二航务工程勘察设计院有限公司
竣工时间	2005 年 9 月竣工验收		
检测单位	武汉港湾工程质量检测中心,2009 年 12 月		
检测结果	码头状态良好,Ⅰ级		
改造方案	1. 外档泊位将 550 kN 系船柱改造为 1 000 kN 系船柱; 2. 内档设置靠船墩,布置 39 根靠船桩,间距为 6.9 m,码头后方设置 150 kN 系船柱		
工程概算	3 475.59 万元		

表 2-9　改造工程普遍样本资料表 3

编号	1-3		
项目名称	泰州港高港港区公用液体化工码头结构加固改造工程,2012 年 5 月		
泊位种类	液体化工泊位	泊位等级	2 万(4 万)～5 万吨级
设计单位	南京水利科学研究院勘测设计院 上海工程化学设计院	加固设计单位	南京水利科学研究院勘测设计院
竣工时间	2009 年 8 月竣工验收		
检测单位	南京水利科学研究院试验中心,2011 年 7 月		
检测结果	码头状态良好,各类构件的使用性安全等级均为 A 级		
改造方案	1. 对原有 750 kN 系船柱改造,相应设置 5 个 1 000 kN 系船柱; 2. 在原靠船作业平台上下游新建 2 座靠船作业平台,上游平台尺寸 66 m×20 m,下游平台尺寸 37 m×20 m,采用高桩墩式结构,桩基采用直径 1 000 mm PHC 桩(C 型)和直径 1 300 mm 钻孔灌注桩; 3. 原码头平台上下游最外侧 2 个系缆墩尺度增大,前沿各增加 2 根直径 1 000 mm PHC 桩(C 型),上部现浇混凝土墩体与原系缆墩相连		
工程概算	2 885.59 万元		

表 2-10 改造工程普遍样本资料表 4

编号	1-4		
项目名称	镇江港大港港区镇江港务集团码头 6#泊位结构加固改造工程,2012 年 11 月		
泊位种类	散货泊位	泊位等级	0.5 万~2 万吨级
设计单位	中交第二航务工程勘察设计院有限公司	加固设计单位	中交第三航务工程勘察设计院有限公司
竣工时间	1992 年 12 月竣工验收		
检测单位	武汉港湾工程质量检测中心,2010 年 12 月		
检测结果	码头及引桥状态较好,耐久性 B 级,各类构件的适用性安全等级均为 A 级		
改造方案	1. 对原破损构件进行修复; 2. 拆除原轨道梁,新建轨道梁; 3. 增设加固节点,即在每个靠泊点前面增设 4 根 PHC 桩,与原有横梁连成一体; 4. 更换系船柱,新浇节点处设置 750 kN 系船柱。 在每个靠泊点处排架的前端增设 4 根直径 800 mm PHC 桩,上部用混凝土浇筑节点与原横梁连成一体,PHC 桩采用水上打桩架施工。为使打桩船能沉桩,施工前改造排架及相邻排架端部(4 跨 3 榀)需要拆除码头前沿 5 m 范围内的面板、边梁、轨道梁、系靠设施、横梁,沉桩后现浇节点使新增桩基和原码头结构连成一体。并在新浇节点上方设置 750 kN 系船柱和直径 1 200/600 mm 圆筒型护舷(三只一组),其他结构按原样恢复		
工程概算	2 885.59 万元		

表 2-11 改造工程普遍样本资料表 5

编号	1-5		
项目名称	江苏镇江发电有限公司码头 2#泊位结构加固改造工程,2011 年 8 月		
泊位种类	散货泊位	泊位等级	0.2 万~0.5 万吨级
设计单位	中交第三航务工程勘察设计院有限公司	加固设计单位	中交第三航务工程勘察设计院有限公司
竣工时间			
检测单位	南京水利科学研究院,2011 年 3 月		
检测结果	码头安全性评估等级为 A,使用性评估等级为 A,耐久性等级为 A 级		
改造方案	在码头高桩梁板结构段 1#~8#排架,在其横梁岸侧端后方各新增 1 根直径 900 mm 钢管桩,凿开原横梁向岸侧接长,包覆新增桩基,新老结构间钢筋通过焊接和种植钢筋连接		
工程概算	305 万元		

表 2-12 改造工程普遍样本资料表 6

编号	1-6		
项目名称	南通粮油接运有限责任公司码头结构加固改造工程,2012 年 2 月		
泊位种类	杂货泊位	泊位等级	2.5 万~7 万吨级

续表 2-12

设计单位	中交第三航务工程勘察设计院有限公司	加固设计单位	中交第三航务工程勘察设计院有限公司
竣工时间	一期工程1988年9月竣工投产,二期工程于1995年12月竣工投产		
检测单位	南京水利科学研究院,2012年1月		
检测结果	1. 轨道梁、横梁及预应力方桩外观劣化度等级为A级,纵梁外观劣化度等级为B级,各类构件剩余使用年限均满足设计使用年限要求; 2. 码头各类构件的安全性等级为A级; 3. 码头部分使用性等级为A级		
改造方案	平面方案:系靠点间距35~42 m 1. 改造码头第三分段,在码头后轨道梁下增设基桩,加固码头上、下横梁和改造3个1 000 kN系船柱; 2. 改造码头第五、第七分段,每分段各改造3套1000H锥型橡胶护舷(两鼓一板,标准反力型),并加固码头上、下横梁; 3. 在码头下游现有750 kN系缆墩上游侧新建1座6 m×6 m系缆墩,新设1个1 000 kN系船柱; 4. 将码头前沿两榀排架的系船柱改造为750 kN系船柱		
工程概算	949.81万元		

表 2-13 改造工程普遍样本资料表7

编号	1-7		
项目名称	苏州港张家港港区海力码头有限公司码头5#泊位结构加固改造工程,2012年12月		
泊位种类	散货泊位	泊位等级	5万~10万吨级
设计单位	中交武汉港湾工程设计研究院有限公司	加固设计单位	江苏省交通规划设计院股份有限公司
竣工时间	2004年10月通过竣工验收		
检测单位	南京水利科学研究院实验中心,2011年10月		
检测结果	码头安全性评估等级为A,使用性评估等级为A,耐久性等级为A级		
改造方案	将停靠10万吨级散货船艏艉系缆提高至1 500 kN,为提高艏艉缆排架水平承载力,在艏艉缆排架范围(12~18、53~55榀排架)码头后沿新建平台。原系缆墩作为艉缆排架,将原1 000 kN系船柱更换为1 500 kN,在原系缆墩两侧增加钻孔灌注桩,现浇墩台与原系缆墩连成一体		
工程概算	1 386.11万元		

表 2-14 改造工程普遍样本资料表8

编号	1-8		
项目名称	苏州港张家港港区海力码头有限公司码头6#泊位结构加固改造工程,2012年12月		
泊位种类	散货泊位	泊位等级	10万~20万吨级

续表 2-14

设计单位	中交武汉港湾工程设计研究院有限公司	加固设计单位	江苏省交通规划设计院股份有限公司
竣工时间	2005年3月通过竣工验收		
检测单位	南京水利科学研究院实验中心,2011年10月		
检测结果	码头安全性评估等级为A,使用性评估等级为A,耐久性等级为A级		
改造方案	1. 码头主平台(28～35榀排架) 拆除改造范围内岸侧后轨道梁两侧的码头面板及面层,然后在两个排架中间,沿原岸侧后轨道梁纵轴线设置一根直径1 000 mm钻孔灌注桩,桩顶现浇桩帽,以支撑岸侧后轨道梁。桩帽施工后现浇轨道梁和码头面层,恢复码头原状。 2. 艉缆排架(46～53榀排架) 在46～53榀艉缆排架的码头后沿增加2根直径1 000 mm钻孔灌注桩,桩顶现浇横梁,新建横梁之间通过现浇纵梁、面层相连,形成49 m×6 m平台。并将原排架岸侧横梁端部混凝土进行凿除,露出钢筋,新建横梁钢筋与原横梁钢筋通过焊接连成一体		
工程概算	1 039.37万元		

表 2-15 改造工程普遍样本资料表 9

编号	2-1		
项目名称	南通东海石化公司江海油码头结构加固改造工程,2011年7月		
泊位种类	化工泊位	泊位等级	2.5万～5万吨级
设计单位	中交第三航务工程勘察设计院有限公司	加固设计单位	南京水利科学研究院勘测设计院
竣工时间	码头建成于1992年		
检测单位	南京水利科学研究院实验中心,2011年1月		
检测结果	码头结构安全性、使用性、耐久性评估等级均为A级		
改造方案	1. 新增靠船装卸平台2座,尺寸为35.5 m×16 m,位于原码头装卸平台的上、下游,结构采用高桩梁板,排架间距8 m,每榀排架5根直径1 000 mm PHC桩,前沿间隔布置TD-A1000H标准反力型橡胶护舷,750 kN系船柱; 2. 原码头装卸平台的改造布置2个改造点,拆除面板梁、桩,新建系靠船墩,与原结构独立设置,平面尺寸12.4 m×6.1 m,基础为4根直径1 200 mm钢管桩直桩、4根直径1 200 mm钢管桩斜桩; 3. 1#、4#系缆墩改造,平面尺寸扩大,由6 m×6 m扩大为6 m×8.5 m,桩基各增加2根直径1 000 mm钢管桩; 4. 引桥上游侧新建水工平台1座,高桩墩式结构,下设直径800 mm钻孔灌注桩		
工程概算	2 173.32万元		

表 2-16 改造工程普遍样本资料表 10

编号	2-2
项目名称	泰州港泰兴港区过船作业区泰州市过船港务有限公司万吨级通用码头结构加固改造工程,2012年12月

续表 2-16

泊位种类	通用泊位	泊位等级	1万～3.5万吨级
设计单位	江苏省交通规划设计院股份有限公司	加固设计单位	江苏省交通规划设计院股份有限公司
竣工时间	码头建成于1997年12月		
检测单位	江苏省交通规划设计院股份有限公司,2012年5月		
检测结果	码头结构安全性、使用性、耐久性评估等级均为B级		
改造方案	1. 码头平台 拆除原码头结构的部分排架及上部梁、板等相关构件,选择5处共6榀排架进行拆除,同时在该5处位置新建5座系靠船作业墩台,其中1#系靠船墩尺寸为7 m×12 m,其余4座系靠船墩尺寸为7 m×10 m,每座墩台下部桩基均采用7根直径1 200 mm钢管桩(灌注C30混凝土)。 2. 系靠船附属设施 每座系靠船作业墩台上设置SUC1000H两鼓一板标准反力型橡胶护舷和DA-A300H标准反力型橡胶护舷,同时墩台上部设置1 000 kN系船柱。 下游36 m段,原码头竖向间隔布置DA-A500H型橡胶护舷排架,可利用原有SUC1000H橡胶护舷的预埋螺栓,将护舷更换为SUC1000H两鼓一板标准反力型橡胶护舷		
工程概算	2 326万元		

表 2-17 改造工程普遍样本资料表 11

编号	2-3		
项目名称	苏州港张家港港区江海粮油码头1#～4#泊位结构加固改造工程,2011年1月		
泊位种类	杂货泊位	泊位等级	2万～7万吨级
设计单位	中交第二航务工程勘察设计院有限公司	加固设计单位	中交上海港湾工程设计研究院有限公司
竣工时间	1# 1987年10月验收,2# 1992年6月验收,3# 1995年3月验收,4# 2006年6月验收		
检测单位	南京水利科学研究院,2011年10月		
检测结果	4个泊位各类结构构件的安全性、使用性等级均为A级,耐久性为B级		
改造方案	原有1#～3#泊位结构强度不能满足目标船型的靠泊要求,需要进行结构加固;4#泊位结构强度能满足目标船型的靠泊要求,不需要进行改造。根据各泊位现有结构情况,对1#～3#泊位,本次改造方案为在现有码头前沿增设独立系靠船墩承受船舶荷载,系靠船墩间距按照不大于40 m布置,为确保现有结构的安全,增设的系靠船墩突出现有码头前沿线0.4 m。1#～3#泊位共布置14个系靠船墩。系靠船墩采用独立高桩墩台结构,与现有码头平台分离。系靠船墩平面尺度均为8.8 m×8 m,桩基采用6根直径1 000 mm钢管桩斜桩(灌注C30混凝土)。根据靠泊船型大小,系靠船墩上分别设置750 kN、1 000 kN或1 500 kN系船柱,前沿竖向布置SUC1000H两鼓一板橡胶护舷(标准型)		
工程概算	5 024.55万元		

表 2-18 改造工程普遍样本资料表 12

编号	2-4		
项目名称	苏州港张家港港区海力码头有限公司码头 1#泊位结构加固改造工程,2011 年 1 月		
泊位种类	散货泊位	泊位等级	3 万～7 万吨级
设计单位	中交第二航务工程勘察设计院有限公司	加固设计单位	中交武汉港湾工程设计研究院有限公司
竣工时间	竣工于 2003 年		
检测单位	南京水利科学研究院,2011 年 1 月		
检测结果	码头状态良好,安全性、使用性、耐久性等级均为 A 级		
改造方案	1. 在 2 榀排架中间新建系靠船墩,其中系靠船墩 2 个,系船墩 1 个,墩台尺寸为 5.2 m×5.6 m,基础为 4 根直径 1 400 mm 钢管桩。系缆墩上设置 1 000 kN 系船柱,设置 1 250H 两鼓一板橡胶护舷; 2. 另有 3 榀排架改造、新建 1 000 kN 系船柱		
工程概算	1 230.42 万元		

表 2-19 改造工程普遍样本资料表 13

编号	2-5		
项目名称	苏州港张家港港区海力码头有限公司码头 4#泊位结构加固改造工程,2011 年 1 月		
泊位种类	散货泊位	泊位等级	5 万～7 万吨级
设计单位	中交第二航务工程勘察设计院有限公司	加固设计单位	中交武汉港湾工程设计研究院有限公司
竣工时间	竣工于 2001 年		
检测单位	南京水利科学研究院,2011 年 1 月		
检测结果	码头状态良好,安全性、使用性、耐久性等级均为 A 级		
改造方案	在 2 榀排架中间新建系靠船墩,其中系靠船墩 6 个,墩台尺寸为 5.2 m×5.6 m,基础为 4 根直径 1 400 mm 钢管桩。系缆墩上设置 1 000 kN 系船柱,设置 1250H 两鼓一板橡胶护舷		
工程概算	1 341.03 万元		

表 2-20 改造工程普遍样本资料表 14

编号	2-6		
项目名称	苏州港张家港港区海力码头有限公司码头 7#泊位结构加固改造工程,2011 年 1 月		
泊位种类	散货泊位	泊位等级	5 万～7 万吨级
设计单位	中交第二航务工程勘察设计院有限公司	加固设计单位	中交武汉港湾工程设计研究院有限公司
竣工时间	竣工于 2003 年		
检测单位	南京水利科学研究院,2011 年 1 月		

续表 2-20

检测结果	码头状态良好,安全性、使用性、耐久性等级均为 A 级
改造方案	在 2 榀排架中间新建系靠船墩,其中靠船墩 6 个,墩台尺寸为 5.2 m×5.6 m,基础为 4 根直径 1 400 mm 钢管桩。系缆墩上设置 1 000 kN 系船柱,设置 1250H 两鼓一板橡胶护舷
工程概算	1 169.35 万元

表 2-21　改造工程普遍样本资料表 15

编号	2-7		
项目名称	中石化江苏江阴石油分公司长山油库码头 2♯泊位结构加固改造工程,2012 年 6 月		
泊位种类	油品泊位	泊位等级	2.5 万～3 万吨级
设计单位	中交上海港湾工程设计研究院有限公司	加固设计单位	中交上海港湾工程设计研究院有限公司
竣工时间	竣工于 1994 年		
检测单位	南京水利科学研究院实验中心,2012 年 6 月		
检测结果	安全性、使用性、耐久性等级均为 A 级		
改造方案	1. 原码头靠船作业平台共有 26 榀排架,从上游至下游分别为 1♯～26♯。改造方案为拆除原码头(1♯、2♯)(10♯、11♯)(17♯、18♯)(26♯)排架前沿局部横梁及相应其他上部结构,同时在该 4 处位置新建 4 座靠船墩台,靠船墩间的净距离分别为 40 m、30 m、39 m,靠船墩平面尺寸均为 10 m×5.3 m。靠船墩采用高桩墩台结构,前沿与现有码头平台前沿平齐,每座墩台下设 6 根直径 1 000 mm 钢管桩(内灌 C30 混凝土),桩基均采用斜桩。 2. 在泊位上、下游端部原系缆墩位置拆除原系缆墩后新建系缆墩 2 座,平面尺寸均为 8 m×8 m,每座墩台下桩基均采用 9 根直径 800 mm PHC 管桩(C 型),桩基均为斜桩		
工程概算	1 696.47 万元		

表 2-22　改造工程普遍样本资料表 16

编号	2-8		
项目名称	泰州港泰兴港区新浦化学(泰兴)有限公司化工码头结构加固改造工程,2012 年 5 月		
泊位种类	液体化工泊位	泊位等级	0.5 万～1 万吨级
设计单位	镇江市工程勘测设计研究院 南京水利科学研究院勘测设计院	加固设计单位	南京水利科学研究院勘测设计院
竣工时间	1998 年 3 月(老码头),2002 年 7 月(接长码头)		
检测单位	南京水利科学研究院实验中心,2012 年 5 月		
检测结果	码头及引桥状态较好,耐久性为 B 级,各类构件的使用性安全等级均为 A 级		
改造方案	1. 原 3000 吨级泊位平台前沿新建 3 座系靠船墩,平面尺寸 8.4 m×1.6 m,桩基为 4 根直径 1 200 mm 钢管桩,1♯、2♯系靠船墩设置 550 kN 系船柱; 2. 接长码头改造 4 座 550 kN 系船柱; 3. 老码头上游拆除原有系缆墩,新建 1 座系缆墩,平面尺寸 6 m×6 m,基础采用 7 根直径 800 mm 钢管桩,上设置 550 kN 系船柱		
工程概算	1 507.72 万元		

表 2-23 改造工程普遍样本资料表 17

编号	2-9		
项目名称	常州港万吨级通用码头二期扩建结构加固改造工程,2012 年 11 月		
泊位种类	通用泊位	泊位等级	2 万(3 万)~7 万吨级
设计单位	长江航运规划设计院 中交第三航务工程勘察设计院有限公司	加固设计单位	长江航运规划设计院
竣工时间	二期工程 2004 年,一期工程(本次利用部分一期工程岸线)1996 年		
检测单位	江苏省交通规划设计院股份有限公司,2011 年 6 月		
检测结果	安全综合性评估等级为 A 级,使用性综合评估等级为 B 级,耐久性综合评估等级为 B 级		
改造方案	1. 原 3000 吨级泊位平台前沿新建 3 座系靠船墩,平面尺寸 8.4 m×1.6 m,桩基为 4 根直径 1 200 mm 钢管桩,1♯、2♯系靠船墩设置 550 kN 系船柱; 2. 接长码头改造 4 座 550 kN 系船柱; 3. 老码头上游拆除原有系缆墩,新建 1 座系缆墩,平面尺寸 6 m×6 m,基础采用 7 根直径 800 mm 钢管桩,上设置 550 kN 系船柱		
工程概算	2 888.02 万元		

表 2-24 改造工程普遍样本资料表 18

编号	2-10		
项目名称	中化南通石化储运有限公司码头结构加固改造工程,2011 年 9 月		
泊位种类	化工泊位	泊位等级	2.5 万~5 万吨级
设计单位	长江航运规划设计院 中交第三航务工程勘察设计院有限公司	加固设计单位	中交第三航务工程勘察设计院有限公司
竣工时间	一期工程 1996 年建成,二期工程 2004 年建成		
检测单位	上海中九工程检测有限公司,2011 年 3 月		
检测结果	码头各类结构安全性评估等级为 A 级;码头和引桥上部结构、桩基使用性评估等级均为 A 级;码头外观劣化度等级判定为 A 级,耐久性等级判定为 B 级		
改造方案	码头前沿改建 10 座靠船墩,受码头现有结构限制,改建靠船墩位于码头两榀排架之间,墩顶高程略低于纵梁顶标高。 改造方案:在须改建靠船墩的位置拆除横梁间的部分面层结构、前边梁、江侧第一根纵梁和水平撑,在两榀排架之间新增靠船墩桩基和上部墩台,然后恢复纵梁和面层结构。靠船墩平面尺寸 5 m×4.5 m,基桩采用 4 根直径 1 000 mm 钢管桩。靠船墩前沿布置 1 套 1250H 鼓型橡胶护舷(一鼓一板,标准反力型)。新建靠船墩与原有结构完全脱离,互不相连		
工程概算	2 485 万元		

表 2-25 改造工程普遍样本资料表 19

编号	2-11
项目名称	镇江港大港港区镇江港务集团码头 7♯泊位结构加固改造工程,2012 年 8 月

续表 2-25

泊位种类	散货泊位	泊位等级	2.5万～7万吨级
设计单位	中交第二航务工程勘察设计院有限公司	加固设计单位	中交第二航务工程勘察设计院有限公司
竣工时间	竣工于1992年12月		
检测单位	武汉港湾工程质量检测中心,2010年12月		
检测结果	码头及引桥状态较好,耐久性为B级,各类构件的使用性安全等级均为A级		
改造方案	1. 拆除原轨道梁,新建轨道梁; 2. 增设系缆墩,7#泊位每隔4跨布置一个系靠泊点,系靠泊点间距为24 m;6#泊位下游端布置两个系靠泊点,系靠泊点间距27～28 m。 3. 每个系靠泊点布置一组两鼓一板 TD-A1150H 型橡胶护舷,设置一个1 000 kN系船柱。系泊点的布置原则:每个泊位须布置6个系缆点;其次,泊位中间须布置满足船舶靠泊要求的两个靠泊点(系靠泊点可共用),靠泊点中心间距为涉及船长的0.3～0.45倍。另外,靠泊改造泊位须兼顾小型船舶的系靠泊,改造方案除6#泊位下游端部及6#与7#泊位交界处的两组系靠泊点间距分别为28 m,27 m外,7#泊位布置的系靠泊点间距均为24 m,该方案共布置系靠泊点12个(靠泊点均兼作系泊点)。 凿除部分横梁,新建尺寸7 m×5.8 m的系靠船墩,每座系靠船布置4根直径1 400 mm钢管桩,钢管桩内灌注混凝土。系靠船墩与原码头横梁及轨道梁之间设置结构缝。 每座系靠船墩布置一组两鼓一板 TD-A1150H 型橡胶护舷,设置一个1 500 kN或1 000 kN系船柱。码头前沿按远期设计河底高程-15.4 m浚深,码头区岸坡削坡后,原桩基自由长度变长,桩基内力和横梁内力发生变化,6#泊位现有桩基承载力不满足设计要求,采用在轨道梁下增设1根直径800 mm钢管桩的方案		
工程概算	3 216万元		

表 2-26 改造工程普遍样本资料表20

编号	2-12		
项目名称	镇江港大港港区镇江港务集团码头9#泊位结构加固改造工程,2012年11月		
泊位种类	散货泊位	泊位等级	2.5万～7万吨级
设计单位	中交第二航务工程勘察设计院有限公司	加固设计单位	中交第三航务工程勘察设计院有限公司
竣工时间	竣工于1992年12月		
检测单位	武汉港湾工程质量检测中心,2010年12月		
检测结果	码头及引桥状态较好,耐久性为B级,各类构件的使用性安全等级均为A级		
改造方案	平面方案:新增系靠泊点,系靠点间距35～42 m 1. 对原码头损坏构件进行修复加固; 2. 拆除原轨道梁,新建轨道梁; 3. 增设5座系缆墩台,排架间新建系缆墩台,桩基为钢管桩,与原结构分离; 4. 现浇墩台上增设1 000 kN系船柱和900锥型橡胶护舷。 每个系靠点设独立墩台1座,布置大型船舶靠泊设施,系船柱为1 000 kN,护舷为900H锥型(两鼓一板),在系靠船墩处拆除原码头上部结构,基础采用8根直径1 200 mm钢管桩(桩内嵌固点以上灌混凝土),全斜桩布置,上部为现浇混凝土墩台。原9#泊位主护舷为直径900 mm圆筒型护舷,加固改造后,系靠点护舷选用900H锥型护舷,两者前沿线一致		
工程概算	1 522万元		

表 2-27　改造工程普遍样本资料表 21

编号	3-1		
项目名称	中盛现代储运(镇江)有限公司粮油码头结构加固改造工程,2012 年 6 月		
泊位种类	散货泊位	泊位等级	5 万~7 万吨级
设计单位	中交第二航务工程勘察设计院有限公司	加固设计单位	中交第二航务工程勘察设计院有限公司
竣工时间	1♯泊位竣工于 2010 年 12 月,2♯泊位竣工于 2011 年 12 月		
检测单位	武汉港湾工程质量检测中心,2011 年 12 月		
检测结果	结构安全性、使用性及耐久性等级均为 A 级		
改造方案	1. 变更系船柱,艏艉缆采用 1 500 kN; 2. 变更 2♯、9♯、16♯、23♯、30♯、37♯排架橡胶护舷(SUC1000H)		
工程概算	272 万元		

表 2-28　改造工程普遍样本资料表 22

编号	3-2		
项目名称	常州港录安洲港区码头一期 2♯、3♯泊位结构加固改造工程,2012 年 3 月		
泊位种类	多用途泊位	泊位等级	4 万(5 万)~7 万吨级
设计单位	长江航运规划设计院	加固设计单位	长江航运规划设计院
竣工时间	竣工于 2008 年 11 月		
检测单位	武汉港湾工程质量检测中心,2011 年 7 月		
检测结果	结构安全性、使用性及耐久性等级均为 A 级		
改造方案	定点系泊,整体靠泊,部分系船柱改成 1 500 kN		
工程概算	121 万元		

表 2-29　改造工程普遍样本资料表 23

编号	3-3		
项目名称	无锡(江阴)港苏龙热点有限公司煤码头结构加固改造工程,2012 年 2 月		
泊位种类	煤炭泊位	泊位等级	3.5 万(5 万)~7 万吨级
设计单位	中交上海港湾工程设计研究院有限公司	加固设计单位	中交上海港湾工程设计研究院有限公司
竣工时间	2004 年 11 月建成		
检测单位	武汉港湾工程质量检测中心		
检测结果	结构安全性、使用性及耐久性等级均为 A 级		
改造方案	将现有码头排架前沿上部 2 根 1.5 m 长 DA-B600H 标准反力型橡胶护舷更换为 1 根 3.5 m 长 DA-B600H 标准反力型橡胶护舷,将码头前沿泥面高程按照近期(或远期)设计泥面高程进行挖泥疏浚		
工程概算	442.87 万元		

表 2-30　改造工程普遍样本资料表 24

编号	3-4		
项目名称	苏州港张家港港区海力码头有限公司码头 8#泊位结构加固改造工程,2012 年 3 月		
泊位种类	散货泊位	泊位等级	5 万～7 万吨级
设计单位	中交第二航务工程勘察设计院有限公司	加固设计单位	中交武汉港湾工程设计研究院有限公司
竣工时间	2010 年 11 月竣工验收		
检测单位	南京水利科学研究院,2011 年 10 月		
检测结果	结构安全性、使用性及耐久性等级均为 A 级		
改造方案	更换橡胶护舷,修复破损结构		
工程概算	802.37 万元		

表 2-31　改造工程普遍样本资料表 25

编号	3-5		
项目名称	苏州港张家港港区海力码头有限公司码头 9#泊位结构加固改造工程,2011 年 1 月		
泊位种类	散货泊位	泊位等级	4 万～7 万吨级
设计单位	中交第二航务工程勘察设计院有限公司	加固设计单位	中交第二航务工程勘察设计院有限公司
竣工时间	2006 年 12 月竣工验收		
检测单位	南京水利科学研究院,2009 年 12 月		
检测结果	结构安全性、使用性及耐久性等级均为 A 级		
改造方案	仅需要更换原 DA-A600H 型竖向橡胶护舷为 1250H 鼓型橡胶护舷,并对部分破损结构进行维修		
工程概算	560 万元		

表 2-32　改造工程普遍样本资料表 26

编号	3-6		
项目名称	南京港龙潭港区三江口公用码头化工泊位升级结构加固改造工程,2011 年 8 月		
泊位种类	化工泊位	泊位等级	0.5 万(1 万)～3 万吨级
设计单位	中交上海港湾工程设计研究院有限公司	加固设计单位	中交上海港湾工程设计研究院有限公司
竣工时间	2009 年 12 月竣工验收		
检测单位	南京水利科学研究院,2011 年 1 月		
检测结果	结构安全性、使用性及耐久性等级均为 A 级		

续表 2-35

改造方案	对码头附属设施及码头前沿泥面高程进行改造,主要包括将现有码头平台 1 000 kN 系船柱更换为 1 500 kN 系船柱,将码头前沿现有 DA-A500H 标准反力型护舷更换为 DA-A500H 高反力型橡胶护舷,对码头前沿船舶停泊水域范围内的河底高程按−13.0 m 浚深
工程概算	337.19 万元

表 2-33 改造工程普遍样本资料表 27

编号	3-7		
项目名称	无锡(江阴)港申夏港区件杂货码头 2♯泊位结构加固改造工程,2012 年 11 月		
泊位种类	件杂货泊位	泊位等级	3.5 万~7 万吨级
设计单位	长江航运规划设计院	加固设计单位	长江航运规划设计院
竣工时间	2005 年 3 月竣工验收		
检测单位	南京水利科学研究院,2012 年 5 月		
检测结果	结构安全性、使用性及耐久性等级均为 A 级		
改造方案	改造泊位采取定点系泊、整体靠泊方式。根据船舶系缆位置,码头面现有系船柱保持不变,增加 1 500 kN 系船柱,改造排架号为 4♯、7♯、12♯、16♯、43♯、47♯、52♯、56♯。改造后共有 1 500 kN 系船柱 8 个		
工程概算	334.41 万元		

表 2-34 改造工程普遍样本资料表 28

编号	3-8		
项目名称	江苏理文造纸有限公司码头结构加固改造工程		
泊位种类	件杂货泊位	泊位等级	1 万~2 万吨级
设计单位	中交第二航务工程勘察设计院有限公司	加固设计单位	中交第二航务工程勘察设计院有限公司
竣工时间	2007 年 7 月交工,2008 年 3 月投入试运行		
检测单位	武汉港湾工程质量检测中心		
检测结果	码头耐久性为 B 级,总体评价码头、引桥主要结构及附属设施基本完好、码头岸坡完好,在正常使用条件下,基本能按原设计标准使用		
改造方案	前沿浚深至−12 m,原 550 kN 系船柱更换为 750 kN 系船柱		
工程概算	561.08 万元		

2.3.2 加固改造重点样本分析

2.3.2.1 加固改造重点样本资料

本节选取镇江港大港港区镇江港务集团码头 6♯~9♯泊位以及苏州港张家港港区江海粮油码头 1♯~4♯泊位结构加固改造项目作为重点样本,其中镇江港大港港区镇江港务集团码头 6♯泊位结构加固改造工程是结合式改造(系缆、系靠泊点增设桩基)的代表项目,镇江港大港港区镇江港务集团码头 9#泊位结构加固改造工程以及苏州港张家港港区江海粮油码头 1#～4#泊位是分离式改造(增设独立系靠船墩)的代表项目。本节对重点样本的设计、施工、运行等情况均给予了介绍,详细资料见表 2-35～表 2-37。

表 2-35 改造工程重点样本资料表 1

项目名称	镇江港大港港区镇江港务集团码头 6#泊位结构加固改造工程
业主单位	镇江港务集团大港分公司
设计单位	中交第三航务工程勘察设计院有限公司
施工单位	上海三航奔腾建设工程有限公司
监理单位	镇江市兴华工程建设监理有限责任公司
建设规模	6#泊位长度 200.5 m,原设计船型 5 000 吨级,结构加固改造升级为 2 万吨级(满载靠泊)
水工改造方案	1. 对原有损坏构件进行修复; 2. 拆除原轨道梁,新建轨道梁; 3. 增设加固节点,即在每个靠泊点前面增设 4 根 PHC 桩,与原有横梁连成一体; 4. 更换系船柱,新浇节点处增设 750 kN 系船柱; 在每个靠泊点处排架前段增设 4 根直径 800 mm PHC 桩,上部用混凝土浇筑节点与原横梁连成一体,PHC 桩采用水上打桩架施工。为使打桩船能沉桩,施工前改造排架及相邻排架端部(4 跨 3 榀)需要拆除码头前沿 5 m 范围内的面板、边梁、轨道梁、系靠设施、横梁,沉桩后现浇节点使新增桩基和原码头结构连成一体,并在新浇节点上方设置 750 kN 系船柱和直径 1 200/600 mm 圆筒型护舷(三只一组),其他结构按原样恢复
施工方案	1. 岸坡挖泥施工 后沿近岸区域的岸坡采用长臂液压反铲,码头前沿部分采用 4 m³ 抓斗挖泥船进行开挖,码头排架内挖泥,采用水陆两栖挖泥船。 2. 原结构拆除 码头面板采用镐头机和专用混凝土切割机拆除;原有轨道梁和横梁部分的拆除,先在相应位置用圆筒钻机打孔,然后安装绳锯切割机进行切割拆除。 3. 桩基施工(重难点) 前沿钢管桩采用打桩船,配备 D138 柴油锤进行整根打设;对于轨道下部的钢管桩,采用起重船和振动锤吊打相结合的方式打设。 4. 轨道梁及桩帽施工 工程量较大,有桩帽的轨道梁首先在管桩上夹设围图,吊机夹设槽钢,然后焊接吊筋反吊槽钢形成主梁平台,安装模板、绑扎钢筋后,采用泵车浇筑混凝土。桩帽完成后架设轨道梁底模主梁,安装模板、绑扎钢筋后,泵送混凝土浇筑。对于前沿轨道梁的桩帽,由于部分桩帽一边紧靠原有横梁,在底模平台形成后,须在原有横梁侧面钻孔植筋。无桩帽的轨道梁,直接架设底模主梁平台,铺设底板、绑扎钢筋、安装侧模牢固后泵车浇筑混凝土。轨道梁侧模采用定制钢模板,现浇轨道梁第一次混凝土浇筑至面板底部。 5. 面板结构施工 采用吊模的方式形成底模平台,一侧吊筋在浇筑轨道梁时预埋于梁顶略靠下方位置处,另一侧吊筋在原混凝土面上钻孔植筋,每跨底部根据悬臂板宽度反吊 2～3 道型钢主梁,面层铺设方木格栅和木底板,形成底模平台,在此基础上进行钢筋绑扎和混凝土浇筑。 6. 轨道安装 前沿采用 QU80 钢轨,在轨道槽清理完毕后,首先测放钢垫板标高进行钢垫板的安装,并在钢垫板上打好预埋丝孔及调校丝孔,将钢垫板安装在预埋螺栓上,用螺帽压紧钢垫板后将钢板焊接连接;钢垫板调节至标高后进行压板总成的安装并灌注灌浆料。港轨安装前清理好钢垫板,安装胶垫板,根据测量中心线和测点线将轨道定位,用约束模具将轨道与

续表 2-35

施工方案	轨道压紧,定位准确后焊接成整体;轨道安装好后再安装压板总成,拧紧上部压板与下部压板之间的螺丝,将轨道压紧压实;压紧后对轨道的平直度进行复测,使之达到设计要求,确保轨道与钢垫板之间密实、无间隙。 7. 老结构修复等 对于有裂缝的横梁采取水泥基裂缝修补材料进行修复;对于裂缝比较严重的情况,在此基础上采取注浆、加贴碳纤维布和喷射水泥砂浆的方法进行补强和修复;露筋位置在清理完成后采取聚合物水泥砂浆修补;严重破损的采取立模浇筑混凝土或喷射混凝土的方式处理;桩基修复采取注浆和加贴碳纤维布的方法予以修复
运行概况	码头改造后运营正常,使用情况良好。 受河势影响,与改造前一样,6#～9#泊位前沿仍然微淤,业主于枯水期组织了疏浚工作。改造后的泊位结构完好,沉降位移在规定的范围内,未出现碰撞等影响码头结构安全的事故

表 2-36　改造工程重点样本资料表 2

项目名称	镇江港大港港区镇江港务集团码头 9#泊位结构加固改造工程
业主单位	镇江港务集团大港分公司
设计单位	中交第三航务工程勘察设计院有限公司
施工单位	中交第二航务工程局有限公司
监理单位	镇江市兴华工程建设监理有限责任公司
建设规模	镇江大港港区镇江港务集团码头 8#、9#泊位均为 2.5 万吨级泊位,加固改造后升级为 7 万吨级泊位。其中 8#泊位老码头须整体拆除后重建,改造为 105.7 m 分段和 9#泊位延长段;9#泊位进行局部拆除改造,新增 5 个系靠船墩,每座墩台下设 8 根直径 1 200 mm 钢管桩,均为斜桩 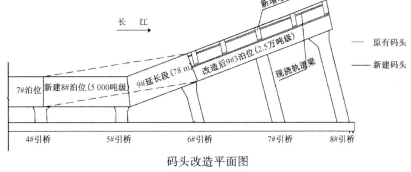 码头改造平面图
水工改造方案	1. 对原码头损坏构件进行修复加固; 2. 拆除原轨道梁,新建轨道梁; 3. 增设 5 座系缆墩台,凿除部分前边梁,排架间新建系缆墩台,桩基为钢管桩,与原结构分离; 4. 现浇墩台上增设 1 000 kN 系船柱和 900 锥型橡胶护舷。 每个系靠点设独立墩台 1 座,布置大型船舶靠泊设施,系船柱为 1 000 kN,护舷为 900H 锥型(两鼓一板),在系船墩处拆除原码头上部结构,基础采用 8 根直径 1 200 mm 钢管桩(桩内嵌固点以上灌混凝土),全斜桩布置,上部为现浇混凝土墩台。原 9#泊位主护舷为直径 900 mm 圆筒型护舷,加固改造后系靠点护舷选用 900H 锥型护舷,两者前沿线基本一致

续表 2-36

施工方案	施工重难点： 1. 老码头拆除要求高、难度大 本工程 8♯泊位为老码头整体拆除，不允许有块体落江，拆除难度大。9♯泊位为局部拆除，不允许破坏被保留部位，拆除难度大。 2. 沉 PHC 桩碰桩风险高 8♯泊位老码头方桩从泥面以上割除，泥面以下部分仍保留在土体内。新建泊位沉桩时与泥面以下残留老桩存在很大的碰桩风险，对沉桩质量控制提出更高的要求。 3. 9♯泊位钢管桩沉桩难度大 9♯泊位直径 1 200 mm 钢管桩桩长 47 m 和 51 m 两种，因地质原因，沉钢管桩施工难度较大。 前期采用液压振动锤沉桩，后期专题讨论确定采用柴油锤吊打施工工艺。 施工方案： 1. 码头平台下挖泥施工 9♯泊位长度 183 m，后沿由 3 座引桥连接，大型挖泥船无法进入。老码头排架间距 7 m，两榀下横梁净间距 5.8 m，且受顶部面板结构限制，较大船只无法入内，清泥施工难度大。在工程船上放置挖机，采用小型泥驳配合挖泥，该方案可解决在码头后沿被引桥封闭条件下的挖泥施工。 小型绞吸式挖泥船可满足码头平台下挖泥的施工要求。 水路两栖挖泥船满足码头后沿及平台下挖泥施工。 2. 原结构拆除 拆除采用绳锯切割配合浮吊吊装施工工艺。 3. 桩基施工（重难点） 桩基拆除之前，仔细测量原方桩的实际平面位置、扭角及斜率。根据最终确定的测量控制网标识出原方桩桩位与新建 8♯泊位 PHC 桩桩位的相对位置关系，进行碰撞复核。 根据钢管桩设计斜率，采用型钢加工制作导向架，配合振动锤进行沉桩施工，后期由于地质差异较大，部分桩采用振动锤无法直接打设到位，则采用柴油锤吊打的施工方案。 4. 新建靠泊墩台结构施工 在桩基打设完成后，在桩顶夹设钢抱箍或围囹，在其支臂上安装型钢主梁和次梁，并用吊筋反吊于桩顶，上层铺设方木格栅和木底板，形成底模平面，墩台侧模采用钢框胶合模板，混凝土用泵车输送到浇筑位置；码头横梁在墩台结构施工完成后进行施工，侧模采用防水胶合模板。其余部分与 6♯泊位一致
运行概况	码头改造后运营正常，使用情况良好。 受河势影响，与改造前一样，6♯～9♯泊位前沿仍然微淤，业主于枯水期组织了疏浚工作。改造后的泊位结构完好，沉降位移在规定的范围内未出现碰撞等影响码头结构安全的事故

表 2-37 改造工程重点样本资料表 3

项目名称	苏州港张家港港区江海粮油码头 1♯～4♯泊位结构加固改造工程
业主单位	江苏省江海粮油集团有限公司
设计单位	中交上海港湾工程设计研究院有限公司
施工单位	中海工程建设总局
监理单位	镇江市兴华工程建设监理有限责任公司

续表 2-37

建设规模	江海粮油码头包括 4 个泊位,泊位总长度 819.1 m。其中 1#泊位总长 210 m,上游设置有系缆墩一座,平面尺寸为 8 m×10 m,系缆墩与码头平台之间通过钢引桥连接;2#泊位总长度为 200 m。码头结构均采用高桩梁板结构
水工改造方案	1#泊位按满载靠泊 5 万吨级 DWT 散货船进行加固改造,2#~4#泊位按满载靠泊 7 万吨级 DWT 散货船进行加固改造。本次加固改造工程设计内容包括拆除 1#~3#泊位原码头部分结构,新增 14 座独立的系靠船墩,其中 1#泊位增设 4 座,2#和 3#泊位各增设 5 座,增设相应的系靠船设施,对码头结构进行修复等
施工方案	施工难点: 1. 老码头拆除 拆除老码头过程中,为保证对老码头的损伤降低到最低程度,在新墩台区域采用钢筋混凝土切割专用设备绳锯切断老码头结构。首先切断上、下游纵向梁及面板,将梁板吊运后再切断后沿面板、横梁,最后采用汽车吊将混凝土吊运出场地 2. 钢管桩沉桩 钢管桩沉桩采用陆上沉桩施工工艺,施工前根据设计桩位在码头面放样,在码头面层及下横梁位置各固定一支导向支架,使钢管桩进入导向架即可满足桩位、斜度、扭角设计要求。导向架就位后,由 2 台 70 t 汽车吊配合将桩从运桩船吊至支架内,让桩体自沉于泥面,待稳定后采用 APE200-6 型液压振动锤沉桩,稳定后采用 D128 柴油导杆锤沉桩的施工方案。 3. 钢管桩斜钻孔灌注桩 钢管桩沉桩完成后,根据设计要求,对超出设计桩顶标高 2 m 的钢管桩做高应变检测,根据检测数据,并结合各墩台地质勘查报告,设计单位对部分未至设计标高的钢管桩在桩内做钻孔灌注桩。 施工工艺:搭设平台→桩架定位→钢桩内钻孔→造浆→桩底十字撑切除并取出(如有)→出桩尖钻孔至设计深度→安放钢筋笼→浇筑水下混凝土。 钻孔设备选用 ZSD250 型回旋钻机配牙轮钻进行施工
运行概况	从试运行情况看,截至 2015 年 10 月底码头共安全靠泊 1 000 吨级以上船舶 222 艘,其中载重吨超过 3 万吨级船舶共计 70 艘,码头整体运行情况良好,沉降位移情况稳定

2.3.2.2 加固改造重点样本资料分析

本次加固改造重点样本分别选取了组合式改造和分离式改造方案的典型码头项目,通过前期对江苏省内码头加固改造资料统计可以看出,这两种改造方案占江苏省码头加固改造类型的约 70%。因此通过本次重点样本资料分析,可以看出江苏省内加固改造码头建设与运营具有一定代表性和通用性的结论。针对码头加固改造样本分析内容,主要分设计、施工方面进行。

1. 设计方面

(1) 与常规新建码头不同,码头结构加固改造针对现有已建码头。在码头结构加固改造前,应综合考虑加固改造的目的、内容及要求等因素,首先对现有码头进行全面的检测评估,根据检测评估结果,结合参照江苏省交通运输厅《关于进一步明确沿海沿江港口码头结构加固改造有关事项的通知》中关于"检测评估工作应对码头水工建筑物进行安全性、使用性和耐久性的评估,对检测评估等级在 B 级以下的码头原则上不予进行加固改造"的规定,检测评估合格后方可进行结构加固改造。

(2) 通过对现有改造码头资料的分析发现,提高泊位的靠泊船舶等级是改造主要原因,因此平面布置上须充分利用已有岸线的长度。多泊位码头可以借用相邻泊位的码头长度，通过合理配备不同船舶吨级的靠泊组合实现合理的船舶靠泊组合，提高岸线的利用率。

例如苏州港张家港港区江海粮油码头1#~4#泊位加固改造中，1#泊位停泊5万吨级船舶时，需要借用2#泊位上游段长度63 m；2#泊位靠泊7万吨级船舶时，需要借用下游3#泊位的上游段长度39 m、上游1#泊位的下游段长度39 m；3#泊位靠泊7万吨级船舶时，需要借用上游2#泊位的下游段长度34 m，下游4#泊位的上游段长度34 m；4#泊位靠泊7万吨级船舶时，需要借用上游3#泊位的下游段长度79 m。

(3) 按靠泊设计船型合理布置靠泊点和系泊点，系靠泊点的设置直接影响到码头结构断面的改造方案选择和工程量。因此在遵守设计规范的基础上，根据靠泊设计船型和各类兼顾船型合理配置布置点，在提高码头系靠泊能力的同时，可以大大减少水工改造的工程量和费用。

例如江海粮油码头1#、4#泊位分别以其上游、下游边线为基准靠泊设计船型，2#、3#泊位以码头中心线对应船舶中心为基准靠泊设计船型，考虑各类船舶的安全靠泊需要，靠船墩间距按照不大于40 m的原则布置。

(4) 通过结构计算并结合原有结构的分析，合理选择适合码头的改造方案。如局部嵌入式改造，维持原有码头总体结构不变，前沿线维持原有不变，改造部分主要涉及船舶系靠泊点，改造范围小，无须对整个码头进行加固改造，维持原有港口操作方式，极大缩短了港口加固改造停工时间，避免了对港口生产造成较大影响。或者在连片式码头上设置单独的船舶靠泊点和系缆点，通过靠船墩（系缆墩）承受大型船舶撞击力和系缆力，解决现有码头强度不足的问题。

(5) 分离式改造方案中，新建系靠船结构通常采用高桩墩式结构，与原码头结构相互独立，墩台桩基的选择不仅要考虑地质条件、与原有桩位的关系，还应该综合考虑施工期沉桩的环境，合理选择打入桩或灌注桩。选择合理的桩基和桩基施工方案不仅可以提高结构安全性，更可以提高施工效率。从资料分析看，桩基工程是码头改造中的重点和施工难点，如果设计时充分考虑各种沉桩因素，则可以有效减少施工难度。

2. 施工方面

码头结构加固改造施工不同于新建项目，它不仅受空间、环境的限制，同时受到传统的技术方法的局限。结合工程实例，施工主要问题和难点集中在老结构拆除、沉桩施工以及码头局部疏浚上。

(1) 老结构拆除

在对原码头进行结构加固改造施工前，须对老结构的部分进行拆除，尤其是高桩码头的水工构件数量多，拆除复杂，可以分为上部构件和桩基的拆除。上部构件拆除时遵循从上到下的拆除顺序，首先拆除码头前沿钢轨等相关附属设施，再割除码头部分面板，然后凿除边梁、纵梁等，最后实施局部横梁、靠船构件等的拆除。拆除时需要精确定位并且选用合适的拆除机械，码头面板可以采用镐头机和专用混凝土切割机拆除；原有纵向梁系和横梁部分的拆除，可以先在相应位置用圆筒钻机打孔，然后安装绳锯切割机进行切割拆除；部分需要留出连接钢筋的位置利用空压机带动风镐进行混凝土敲拆破碎，然后进行钢筋的剥离。

桩基泥面以上部分采用水下切割法割断，水下切割由潜水员配合起重船完成，起重船首先固定桩顶,然后进行水下切割(图2-8、图2-9)。

图 2-8　金刚石绳锯切割设备及切割现场

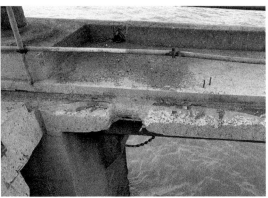

图 2-9　码头上部结构拆除效果图

(2) 沉桩工程

沉桩可以分为打入桩和灌注桩两种,打入桩又可以分为陆上打入桩和水上打入桩,加固改造码头的桩基多分布在原有桩基的中间或后沿,在沉桩前需要对现有桩位进行精确的定位,并进行碰撞验算。基于原有排架的桩基间距、沉桩伸入原有码头的相对关系选择不同的打桩设备。

其中对于前沿现浇墩台部分PHC桩和钢管桩,镇江港大港港区镇江港务集团码头6#~9#泊位采用打桩船,配备D138柴油锤进行整根打设。对于轨道梁部分的钢管桩,采用起重船和振动锤吊打相结合的方式打设,桩顶打至码头面后套上送桩帽,送至设计要求的标高位置。

江海粮油码头1#~4#泊位沉钢管桩采用陆上沉桩施工工艺,施工前码头面放样,在码头面层及下横梁位置各固定一支导向支架,使钢管桩进入导向架内即可满足桩位、斜度、扭角设计要求。导向架就位后,由2台70 t汽车吊配合将桩从运桩船吊至支架内,让桩体自沉于泥面,待稳定后采用APE200-6型液压振动锤沉桩,稳定后采用D128柴油导杆锤沉桩(图2-10)。

(3) 疏浚工程

镇江港大港港区镇江港务集团码头6#~9#泊位根据现场的实际情况,采用三种方式

图 2-10 码头陆上沉桩现场施工

进行开挖,其中码头后沿近岸区域的岸坡采用长臂液压反铲进行开挖,废弃土方由土方车运至指定抛泥点;码头前沿部分采用 4 m³ 挖泥船进行开挖,废弃土方直接装上泥驳运至指定区域抛弃;码头平台下部的挖泥采用水陆两栖挖泥船进行开挖,废弃土方直接装上泥驳运至指定区域抛弃(图 2-11)。

图 2-11 水陆两栖挖泥船施工

第三章　码头加固改造检测评估技术

高桩码头的结构设计使用年限一般为 50 年,在使用过程中,不可避免地会发生一些因使用不当或局部超载而造成码头构件破损的情况,如不及时进行修复或补强,将加速缩短其使用寿命或发生不必要的事故。在泊位的改造加固改造中,应力图使新老结构的安全性、使用寿命、作业能力相匹配,在保证安全可靠的基础上,充分发掘原有结构的潜力。

因此在高桩码头结构加固改造前,应综合考虑加固改造的目的、内容及要求等因素,对码头结构进行检测和评估。高桩码头结构状态的判别应综合考虑结构构件评估等级、构件重要程度、码头新的使用要求等因素,经综合分析论证,提出安全性、适用性、耐久性和剩余使用年限等状态的结论。

3.1　高桩码头破坏原因分析

高桩码头受所在环境及港口生产的影响较大,其耐久性低于重力式码头及板桩码头,其破坏情况较其他两种码头结构形式更为严重。其破坏所受的影响因素也相对较复杂,诸多因素影响着高桩码头的安全,例如:码头结构在设计及施工时自身存在的缺陷;非正常的使用,如靠泊超过设计船型的船舶,或船舶靠泊不当对码头结构产生的撞击;由于构件老化,钢筋锈蚀造成结构构件的承载力不足等。

高桩码头常常建设在较陡的岸坡之上,以此获得足够的前沿水深,岸坡的整体稳定性是码头设计的重要组成部分,在建设施工或改造过程中不当的方案可能造成岸坡的失稳,危及码头的安全。高桩码头通过桩基将上部的使用荷载传递到地基的深处,桩基的轴向承载力由桩侧的地基及桩端土承担,地基土承载能力的失效将危及码头的安全。

（1）沉桩过程引起的地基整体破坏

对我国已产生过大变形或失稳的大量岸坡工程实录的研究表明,在高桩码头打桩施工过程中,岸坡稳定受桩基施工的威胁很大,因打桩引起失效的占很高比例。在港口实际工程中通常按短暂工况下圆弧滑动法计算岸坡稳定,根据《水运工程地基设计规范》(JTS 147—2017),短暂状况的土坡和地基稳定验算时,土的抗剪强度宜采用十字板剪切强度指标、无侧限抗压强度指标、三轴不固结不排水剪切强度指标,有经验时也可采用直剪快剪强度指标。

大量工程实践和模型实验发现在打桩作用下,桩周围一定范围内的土体会发生一定程度的扰动和重塑。桩周土体被挤开,同时桩对土的挤压将导致桩周土体的应力增加,饱和土体在几个小时的沉桩过程中来不及排水固结,土体不可压缩。根据太沙基有效应力原理和摩尔-库伦破坏准则,在总应力不变时,孔隙水压力的增加会导致土体有效应力的降低,打桩产生的超孔隙水压力影响范围内的土体抗剪强度也会降低,进而导致土坡的抗滑力

(矩)减小,常常会发生岸坡的变形和滑动。如果打桩速度过快,桩周围土体中的超孔隙水压力大范围内升高而来不及消散,特别是软黏土岸坡,更加容易造成岸坡变形和失稳。

另外,桩在锤的撞击下对土体产生振动,由此产生振动加速度,增大了滑动力矩,特别是灵敏度高的饱和砂土,振动还会降低土体的强度。但与沉桩挤土相比,振动的作用是瞬时的,打桩完毕,振动就停止了,而且振动产生的影响是正负交替作用的,因此打桩引起的超孔隙水压力是影响码头稳定的最主要因素。

3.2 高桩码头资料收集分析

高桩码头结构加固改造工程检测与评估前应进行码头概况调查,调查内容包括码头的设计、施工、监测、试验、养护及维修加固、水文地质状况及其他历史资料等,应注意搜集下列技术资料。

(1) 勘察设计资料。主要包括地质与水文资料、设计计算书及有关图纸、变更设计计算书及有关图纸等。

(2) 施工、监控与竣工技术资料。主要包括材料试验资料、施工记录、施工监控资料、地基与基础试验资料、竣工图纸及其说明、交工验收资料、交工验收载荷试验报告、竣工验收有关资料等。

(3) 养护、试验检测及维修与加固资料。主要包括码头检查与检测、载荷试验资料、历次维修和加固资料、历次偶发事件记载资料,以及根据现行行业标准《港口设施维护技术规范》(JTS 310—2013)所建立的港口设施维护技术档案等。其中港口设施维护技术档案主要包括以下内容:

① 必要的工程原始资料及图纸;
② 进入运行维护期的港口设施初始状态资料;
③ 定期检查记录,检查记录表格式参照表 3-1;
④ 定期测量观测、定期检测、特殊检测报告及记录;
⑤ 技术状态等级评定报告及记录;
⑥ 维修设计和施工方案、施工和竣工验收资料等;
⑦ 其他专项检测、试验研究、验算和评定报告;
⑧ 特殊情况下的使用及检测记录;
⑨ 有关照片、影像资料;
⑩ 码头地形地貌、泥沙回淤和水深测量等资料。

表 3-1 港口设施检查记录表

设施编号		设施名称		养护单位	
检查人员				检查日期	
检查项目		状况	损坏情况(包括数量、范围、程度等)		
1					

续表 3-1

检查项目	状况	损坏情况（包括数量、范围、程度等）
2		
3		
4		
5		
6		
7		
8		
其他记录		
维护建议		
负责人	记录人	填报日期

3.3 高桩码头结构检测研究

3.3.1 高桩码头结构检测的主要项目

高桩码头结构加固改造工程检测的主要项目包括构件外观检查、码头整体变形变位检测、钢筋混凝土各项性能参数检测、钢结构检测、地基及基础检测、接岸结构检测、岸坡检测、停靠船及防护设施检查、码头附属设施检测、码头前沿水深及冲淤变化检测等，具体检测的主要项目及内容见表 3-2。

表 3-2 高桩码头结构加固改造工程的检测内容汇总表

序号	检测项目		检测内容
1	构件外观检查	水上构件外观检查	水上构件表面破损、露筋、蜂窝、空洞等检查，破损程度及裂缝深度、宽度及开展情况等检测，各构件结合部位完好程度检测
		水下构件外观检查	水下构件的破损、变形情况检测
2	码头整体变形与变位检测		码头整体水平位移、垂直位移等测量
3	钢筋混凝土各项性能参数检测		混凝土性能检测包括表观劣化情况、混凝土强度、弹性模量、碳化深度、内部缺陷、钢筋保护层厚度、氯离子含量等。 钢筋性能检测包括钢筋锈蚀情况检查、钢筋腐蚀电位、锈蚀钢筋剩余有效截面、钢筋力学性能试验等
4	钢结构检测		检测结构构件的锈蚀状况、构件变形及防腐措施

续表 3-2

序号	检测项目		检测内容
5	地基及基础检测	基桩桩身外观及倾斜检测	检查桩身泥面以上部分的桩身裂缝开展及破损情况,检查桩的位移并测量桩的倾斜程度
		混凝土桩完整性检测	混凝土桩桩身完整性低应变检测
		钢管桩桩身剩余壁厚检测	抽取代表不同锈蚀程度的钢管桩进行壁厚测试及锈蚀坑深,测量涂层厚度、附着力、牺牲阳极缺失情况
		泥面标高测量	测量码头泥面标高
		地基土物理力学指标检测	桩基所在地基的地质勘查,检测各土层的物理力学性能指标
6	接岸结构检测	接岸结构外观检查	混凝土构件表面破损、露筋、蜂窝、空洞等检查,破损程度及裂缝深度、宽度及开展情况等检测,各构件结合部位完好程度检测。钢结构锈蚀发生的位置、面积,表面集中锈蚀、点蚀或穿孔情况,外力引起的损伤等
		接岸结构的整体位移测量	测量接岸结构的水平位移、沉降和倾斜变化情况
		接岸结构的基础冲刷和掏空	重力式接岸结构应采用水下探摸,检查接岸结构的基础冲刷和淘空
7	岸坡检测	岸坡、护岸的变形及外观检查	测量断面的形状,记录地表裂缝和局部坍塌
		岸坡的地基土物理力学指标检测	岸坡土体的地质勘查,检测各土层的物理力学性能指标
8	轨道检测		轨道外观检查、轨距检测、轨顶高差检测、同一截面两轨高差检测
9	停靠船及防护设施检查		护舷破损、缺失情况检查,系船柱及系环破坏、缺失情况检查,护轮坎及护栏破损情况检查
10	码头前沿水深及冲淤变化检测		港池水深的测量,结合水下探摸的相关情况确定

3.3.2 主要检测内容的研究

3.3.2.1 构件外观检查

高桩码头构件外观检查可分为水上构件外观检查和水下构件外观检查,并结合构件外观检查情况评定外观劣化度等级。

1. 水上构件外观检查可采用目测、摄影、摄像、敲击和测量等方法。
2. 水下构件外观检查主要采用潜水员水下探摸的方法检查桩基表观缺陷和损失情况。
3. 构件外观劣化度等级评定应符合表 3-3 的规定,并按构件类型、所处区域进行不同外观劣化等级构件数量及占构件总数比例进行统计分析。

表 3-3 钢筋混凝土结构外观劣化度分级

类别	序号 检测项目	A	B	C	D
板	钢筋锈蚀	无	混凝土表面可见局部锈迹	锈迹较多,钢筋锈蚀范围较广	锈迹普遍,钢筋表面大部分或全部锈蚀,钢筋截面面积明显减少
板	裂缝	无	局部有微小锈蚀裂缝,裂缝宽度小于 0.3 mm	锈蚀裂缝较多或呈网状,裂缝宽度在 0.3 mm 至 1 mm 之间	大面积锈蚀裂缝呈网状,裂缝宽度大于 1 mm
板	剥离剥落	无	局部小面积空鼓	局部有剥落,空鼓和剥落面积小于区域面积的 30%	大面积有剥落,空鼓和剥落面积达区域面积的 30%以上
梁	钢筋锈蚀	无	混凝土表面可见局部锈迹	锈迹较多,钢筋锈蚀范围较广	锈迹普遍,钢筋表面大部分或全部锈蚀,钢筋截面面积明显减少
梁	裂缝	无	局部有微小锈蚀裂缝,裂缝宽度小于 0.3 mm	裂缝较多,部分为顺筋连续裂缝,裂缝宽度在 0.3 mm 至 3 mm 之间	大面积顺筋连续裂缝,裂缝宽度大于 3 mm
梁	剥离剥落	无	无	部分剥落,剥落长度小于构件长度的 10%	剥落长度大于构件长度的 10%
桩与桩帽	钢筋锈蚀	无	混凝土表面可见局部锈迹	锈迹较多,钢筋锈蚀范围较广	锈迹普遍,钢筋表面大部分或全部锈蚀,钢筋截面面积明显减少
桩与桩帽	裂缝	无	局部有微小锈蚀裂缝,裂缝宽度小于 0.3 mm	裂缝较多,部分为顺筋连续裂缝,裂缝宽度在 0.3 mm 至 3 mm 之间	大面积顺筋连续裂缝,裂缝宽度大于 3 mm
桩与桩帽	剥离剥落	无	无	部分剥落,剥落长度小于构件长度的 10%	剥落长度大于构件长度的 10%

3.3.2.2 码头整体变形与变位检测

高桩码头整体变形与变位检测应包括水平位移测量和垂直位移测量,应按照现行行业标准《水运工程水工建筑物原型观测技术规范》(JTS 235—2016)的有关规定执行。

1. 水平位移观测

(1) 观测点设置

表面水平位移观测点应设置在水工建筑物周边线和转角点内侧、纵横轴线上、沉降缝或伸缩缝两侧、基础或断面发生变化的两侧等。

(2) 观测方法

表面水平位移观测可根据观测要求与现场条件选用下列方法:

① 测量观测点特定方向的位移时,选用视准线法、激光准直法或侧边角法等;

② 测量观测点任意方向的位移时,视观测点的分布情况采用前方交会法或方向差交会法、导线测量法和极坐标法等;

③ 对观测内容较多的大测区或观测点远离稳定地区的测区,采用三角、三边、边角测量与基准线法相结合的综合测量方法等。

(3) 观测周期

对于建成码头,水平位移观测周期在竣工初期可 3~6 月观测 1 次,使用期可 1~2a 观测 1 次。发生特殊情况时应及时观测。

(4) 提交成果

水平位移观测应提交下列成果:

① 水平位移观测点和观测控制网布置图;

② 水平位移观测记录表;

③ 水平位移曲线图;

④ 建筑物纵断面水平位移量分布图;

⑤ 水平位移观测成果报告。

2. 垂直位移观测

(1) 观测点设置

表面垂直位移观测点应结合工程地质情况、建筑物结构特点和结构受力情况设置在结构缝两侧、不同结构分界处两侧、不同基础或地基交接处两侧、建筑物周边内侧和墩式结构的角点内侧等。

(2) 观测方法

表面垂直位移观测宜采用几何水准法、液体静力水准法、手持式激光测距法或延伸法等。

(3) 观测周期

垂直位移观测周期,在使用期除有特殊要求外,第一年宜每季度观测 1 次,第二年宜每半年观测 1 次,第三年后宜每年观测 1 次,直至稳定为止。当建筑物出现异常沉降时应进行逐日或几天 1 次的连续观测。

(4) 提交成果

垂直位移观测应提交下列成果:

① 垂直位移观测点布置图;

② 垂直位移观测点记录表;

③ 断面各点沉降量图;

④ 沉降量、沉降速率与时间的关系曲线图;

⑤ 沉降量与荷载、时间的关系曲线图;

⑥ 垂直位移观测成果报告。

3.3.2.3 钢筋混凝土各项性能参数检测

高桩码头的混凝土构件主要包括板、梁、桩帽等,钢筋混凝土各项性能参数检测内容和方法见下表。

表 3-4　高桩码头钢筋混凝土检测项目、参数和方法汇总表

检测项目	检测方法	执行标准和要求
混凝土强度现场检测	回弹法	《水运工程混凝土结构实体检测技术规程》(JTS 239—2015),要求每类构件抽取构件数量的 2% 且不少于 5 个构件,每个构件测区数量不应少于 3 个,相邻两测区的间距不宜大于 2 m,并取芯验证
	超声—回弹综合法	《水运工程混凝土结构实体检测技术规程》(JTS 239—2015),要求每类构件抽取构件数量的 2% 且不少于 5 个构件,每个构件测区数量不应少于 3 个
	钻芯法	《水运工程混凝土结构实体检测技术规程》(JTS 239—2015),要求每类构件抽取构件数量的 2% 且不少于 5 个构件,分别钻取一个芯样
混凝土弹性模量检测	现场取芯—室内试验法	《水运工程混凝土试验规程》(JTJ 270—1998),要求每类构件钻取 6 个芯样
混凝土缺陷检测	塞尺/目测放大镜测量裂缝	《水运工程混凝土结构实体检测技术规程》(JTS 239—2015)
	超声波法	
	钻芯法	
混凝土碳化深度检测	酚酞滴定法	《水运工程混凝土结构实体检测技术规程》(JTS 239—2015),要求不同区域应各抽取构件数量的 2% 且不少于 3 个构件进行检测,每个构件检测点不少于 2 个
氯离子含量测定	钻芯法	《港口水工建筑物检测与评估技术规范》(JTJ 302—2006),要求不同区域应各抽取构件数量的 5% 且不少于 10 个构件进行检测
钢筋保护层厚度检测	混凝土保护层测定仪检测	《港口水工建筑物检测与评估技术规范》(JTJ 302—2006),要求每类混凝土构件各抽取构件数量的 2% 且不少于 5 个构件进行检测
钢筋腐蚀电位检测	钢筋腐蚀测定仪检测	《港口水工建筑物检测与评估技术规范》(JTJ 302—2006),要求不同区域应各抽取构件数量的 5% 且不少于 10 个构件进行检测
钢筋混凝土构件内部钢筋锈蚀检查	凿除法检测	《港口水工建筑物检测与评估技术规范》(JTJ 302—2006),要求不同区域应各抽取 3 个腐蚀严重的构件,每个构件应选择不少于 2 根腐蚀严重的钢筋进行检测

3.3.2.4　钢结构检测

高桩码头钢结构检测内容包括构件外观锈蚀情况、构件蚀余厚度及钢结构变形等。

1. 钢结构的外观检查应包括检查锈蚀发生的位置、面积和锈蚀深度,涂层表面变化情况等剥蚀情况,钢结构表面集中锈蚀、点蚀或穿孔情况,外力损失等。
2. 钢结构构件厚度检测应根据外观检测结果选择腐蚀严重和应力大的部位,宜抽取构件数量的 5% 且不少于 10 个构件进行,同一构件代表性部位的测点数量不应少于 3 点,并应符合现行行业标准《港口水工建筑物检测与评估技术规范》(JTJ 302—2006)的有关规定。
3. 对存在明显变形或重要构件应进行钢结构变形测量。

3.3.2.5　地基及基础检测

高桩码头地基及基础检测内容包括桩基外观的水下探摸检查、混凝土桩桩身完整性检

测、钢管桩剩余壁厚测试、泥面标高测量和地基土物理力学指标检测等。

1. 高桩码头混凝土桩桩身完整性检测应按现行行业标准《港口工程桩基动力检测规程》(JTJ 249—2001)的有关规定执行。抽检比例和具体位置应根据加固改造具体情况确定,抽检数量不宜少于加固改造影响区域桩基总数的20%,且不少于10根,如出现缺陷桩,应扩大抽检比例。

2. 高桩码头钢管桩检测应包括剩余壁厚及防腐蚀检测。钢管桩壁厚应抽取构件数量的5%且不少于10个构件进行,分大气区、浪溅区、水位变动区、水下区、泥面附近等代表性部位,同一构件代表性部位的测点数量不应少于3个。

3. 泥面标高的检测范围应包括码头平台至接岸结构一定区域。

4. 高桩码头地基土物理力学指标资料缺失或可判断地基土已发生变化时,应补充钻探资料。

3.3.2.6 接岸结构检测

当接岸结构为重力式时,应采用水下探摸结合摄像方法进行基础冲刷和淘空检查。

3.3.2.7 岸坡检测

高桩码头岸坡的检测包括岸坡、护坡的变形及外观检查,岸坡地基土物理力学指标检测。

1. 岸坡的外观检查应检查是否存在地表裂缝和局部坍塌等,岸坡的变形检测应通过测量岸坡断面与设计进行对比分析。

2. 高桩码头岸坡地基土物理力学指标资料缺失或可判断地基已发生变化时,应补充钻探资料。

3.3.2.8 轨道检测

高桩码头轨道检测内容应包括外观检查、轨距测量、轨顶标高测量和同一截面两轨高差的测量。

1. 轨道外观检查针对轨道及其紧固件的锈蚀、磨耗情况,可以目测为主,结合尺量。

2. 轨距测量应沿轨道每隔5~10 m设置一个测量断面,可采用轨距尺测量。

3. 轨顶标高测量应沿轨道每隔5~10 m设置一个测量断面,轨道平直度的测量可采用水准仪,测定轨道及其基础的沉降情况。

4. 同一截面两轨高差测量应沿轨道每隔5~10 m设置一个测量断面,可采用水准仪测量。

3.3.2.9 停靠船及防护设置检查

高桩码头停靠船及防护设施检查应包括系船柱、护舷和护轮坎的检查,以目测为主。

3.3.2.10 码头前沿水深和冲淤变化检测

高桩码头前沿水深和冲淤变化情况应按照现行行业标准《港口水工建筑物检测与评估技术规范》(JTJ 302—2006)的有关规定进行检测。码头前沿水域50 m范围水深,宜按5~10 m布置一个测量断面,每个断面宜按4 m布置一个测点。

3.3.3 桩基完整性检测研究

对于已建高桩码头,桩顶一般嵌固在桩帽或横梁中。现有桩基检测技术大多数都局限于施工后的验收性检测,不能很好地适应已建高桩码头下的桩基检测。关于已建结构桩基完整性检测的新技术,主要有反射波法、透射波法、折射波法、弯曲波法、动力荷载法、US法、桩长增量逼近法等。

3.3.3.1 反射波法

1. 桩侧激振法

对于在平台上方激振与接收的方法,考虑到锤击平台波在平台表面及平台与桩的界面之间会多次反射,在交界面反射过程中还会不断透射。交界面反射波与桩身发射回波的不断叠加使反射回波的识别变得十分困难,故直接在平台上方激振、接收的方法不适用。

《水运工程地基基础试验检测技术规程》(JTS 237—2017)第 6.3.8.3 条规定:既有结构下桩的检测,可采用桩侧切割小平台进行竖向激振,传感器安装于另一小平台或采用侧置传感器的方法进行。如果采用撑台面桩顶范围内激振,往往由于桩基上部存在横梁及面板等而使应力波衰减过快,从而导致无法采集到正常的反射波信号,因此一般采用桩侧竖向激振及桩侧接收的方法进行桩顶嵌固状态下的反射波法完整性检测。

为了使应力波更均匀地向下传播,更好地满足平截面的理论假定,理论上讲,使用环状均布力较集中力为佳。但是经试验验证,两者效果并无太大区别。

2. 双速度法

对于建成时间比较早的码头结构,设计资料缺失的现象较为普遍。当桩基桩顶与上部结构相连且桩长未知时,采用反射波法检测有两个问题无法回避:一是桩身平均波速未知,影响桩长或缺陷位置确定;二是应力波在结构交界面或桩顶处不仅产生下行波,而且产生上行波,这些复杂的次生反射波需要识别出来,避免与桩身阻抗变化或桩底引起的上行反射波混淆。

只有上行应力波才能反映桩身阻抗变化或土阻力变化信息,因此获得上行应力波更为重要。双速度法可以通过沿桩身 2 个不同位置实测 2 个加速度信号,可求出任意位置的上下行速度分量,判断桩阻抗的变化以及桩底发射。为此引入双速度测试方法,沿桩侧安装两个加速度传感器,同时采集 2 个加速度信号,通过计算可以确定 2 个传感器间桩身平均速度以及从实测波形中分离出上部结构反射的上行波。

美国基桩动力学公司(PDI)推出的 PIT-VV 具有 2 个数据通道,可以支持两个加速度传感器进行数据采集。2 个安装在桩侧表面的侧置式加速度传感器通过实测 2 条速度曲线计算混凝土波速以及提取上行波速度曲线,从而判断桩身的完整性。

3.3.3.2 透射波法

旁孔透射波法检测设备一般包括振源、检波器(传感器)和信号分析仪。在桩顶面(或与桩顶联结的水工结构)上用手锤敲击产生压缩波或剪切波,沿着桩身向下传播,遇到周围土层进行透射,同时在桩旁边事先钻好的孔内利用传感器接收透射波信号,读取不同深度的波时并绘制时间—深度图,依据直线斜率发生变化的位置及波幅削减的程度判断桩长或桩身缺陷。

3.3.3.3 折射波法

单孔声波测井利用一种沿孔壁传播的声波—滑行波来探测孔壁混凝土。应用射线声学理论分析,当反射声源(发射换能器)的几何尺寸小于声波的波长时,发射声波的指向性较差,在孔中激发的声波则以不同的角度辐射到孔壁上,并在耦合水与孔壁的界面上发生反射及折射,而折射使部分声波能量进入混凝土。要清晰辨别滑行波,则应满足滑行波先于通过耦合水的直达波传播的波到达。这种情况下,远近不同的两个接收换能器所拾取的滑行折射波,其到达差异、幅频差异便含了两个换能器间孔壁混凝土的性状信息。单孔折射波法用于在役结构的桩基完整性检测时,检测孔要求直接紧靠桩基边缘。钻孔深应比设计桩长多 2 m,测孔要求扫孔,保证孔内畅通,检测孔内注满清水作为声波耦合剂。

某钢管塔基础采用长 7 m、直径 2 m 的人工挖孔桩。钢管塔基础浇筑好,钢管塔已安装完毕。因特殊原因,需要检测既有钢管塔下桩基的长度。钢管塔桩基的检测孔波速与深度曲线见图 3-1。通过综合分析检测成果,得到以下结论:检测孔桩底与土的界面深度为自然地面之下 6.6 m。因设计桩基全截面长度 6.25 m,底部为锅底形,因此桩基长度不小于 6.6 m,满足设计要求。

3.3.3.4 弯曲波法

北卡罗来纳州立大学受美国北卡罗来纳州交通运输部及美国联邦高速公路管理局的资助与委托,早在 1983 年就开展了对该项技术的专题研究,起初只是用来评估桥梁下木桩的桩长。

国内对桩顶受横向冲击荷载时桩的瞬时横向动力响应的研究不多,但是规范有类似规定。《基桩低应变动力检测规程》(JGJ/T 93—1995)第 4.4.8 条规定,对桩体浅部断裂的定性判断,可通过横向激振,比较同类桩横向振动特征的差异进行辅助判断。

该法是在桩侧横向敲击产生一个弯曲波,而不是常规低应变检测用的压缩波。在桩侧水平向激振产生弯曲波同时向上、下传播。弯曲波被安装在桩顶下方附近位于桩身同一侧的 2 只相距不远的加速度计所记录。2 只加速度计与激振点位于桩同侧的同一平面内。该方法的理论基础是不同脉宽的脉冲激励以后桩身弯曲波能量的频散(图 3-2)。

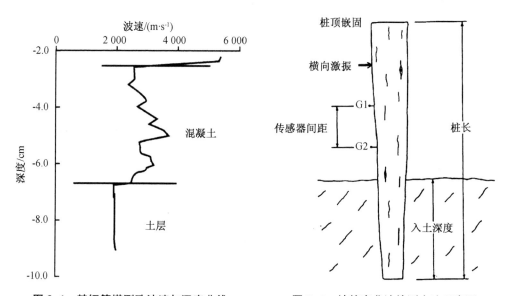

图 3-1 某钢管塔测孔波速与深度曲线　　图 3-2 桩的弯曲波检测方法示意图

采集系统包括动态信号分析仪,橡胶、硬塑料、钢等不同材质锤头的激振手锤或类似的激振设备。采用金属锤头的激振手锤时,还要有保护桩身的锤垫。

3.3.3.5 动力荷载法

对于引桥通道桩基础,加载汽车以一定的速度沿桥面中间行驶,刹车时形成对桥面的冲击荷载。通过每根立柱上安装的位移传感器测试汽车冲击荷载作用下立柱的位移,得到汽车冲击荷载作用下各桩的水平相应平均值曲线。通过疑似受损桩与对称位置完整桩最大水平位移的比较,结合周围土层及施工工艺,判断桩的水平刚度是否基本相同,再判定疑似受损桩桩身是否完整。

3.3.3.6 US法

接收器以等距离的方式放置于桩基外露部分的侧边,在冲击锤敲击桩顶的瞬间,同时启动接收器接收其所在位置的质点速度或位移的时间历时曲线,接收器所记录者通常为平行于桩基轴线方向上的质点振动速度。再变换接收器的位置,重复施作得到多组数据,以进行下一步的资料处理工作。当位于不同深度的接收器收集到完整数据后,便可从每条速度历时曲线上判读直达应力波与桩底反射波达到该接收器的时间,将各接收器的深度对其直达波与反射波到达时间作图,即可得到深度与波的时间关系图。由图中直达波对应的数据点的直线与反射波所对应的数据点形成的直线形成交点,两条直线的交点深度即为桩基底部或缺陷处的深度。

3.3.3.7 桩长增量逼近法

桩长增量逼近法(Incremental Approach for Pile Length,简称 IAPL 法),是先利用有限元来模拟该场地实际桩帽加上任意长度桩基的动态响应,再将计算得到的动态响应与现场实际得到的动态响应信号相减,来消除桩帽部分的影响,即可得到"剩余反应曲线"。此"剩余反应曲线"在仿真桩长小于或大于实际桩长时,将会有重大的变化产生。接着将模拟桩长由短逐渐加长的过程中,观察"剩余反应曲线"的变化,便可决定实际桩长所在的长度区间。在此区间内经由虚拟桩长再细分并重复以上分析过程,可将实际桩长逼近至所需精度。

3.4 高桩码头结构评估研究

3.4.1 高桩码头结构评估分级

高桩码头现有结构需要根据评估要求、检测数据、现场情况、使用功能等,进行结构安全性、适用性和耐久性评估。

高桩码头结构安全性、适用性和耐久性评估分级标准及处理要求要符合表3-5、表3-6和表3-7的规定。

表3-5 高桩码头结构安全性评估分级和处理要求

等级	分级标准	处理要求
A	安全性符合国家有关标准要求,具有足够的承载能力	不采取工程措施
B	安全性略低于国家有关标准要求,尚不显著影响承载能力	可不采取工程措施
C	安全性不符合国家有关标准要求,显著影响承载能力	及时进行修复、补强,视条件和要求恢复到A级或B级标准
D	安全性严重不符合国家有关标准要求,已严重影响承载能力	立即进行修复、补强,视条件和要求恢复到B级标准或报废

表 3-6 高桩码头结构适用性评估分级和处理要求

等级	分级标准	处理要求
A	建筑物整体完好,变形、变位均在设计允许范围内	不采取工程措施
B	建筑物整体完好,变形、变位略超出设计允许范围,但不影响正常使用	可不采取工程措施
C	建筑物整体破损明显,变形、变位明显超出设计允许范围,影响正常使用	及时进行修复、补强,视条件和要求恢复到A级或B级标准
D	建筑物整体破损严重,变形、变位过大,显著影响安全性和整体使用功能	立即进行修复、补强,视条件和要求恢复到B级标准或报废

表 3-7 高桩码头结构耐久性评估分级和处理要求

等级	分级标准	处理要求
A	材料劣化度符合A级标准规定,耐久性满足设计年限要求	不采取工程措施
B	材料劣化度符合B级标准规定,耐久性不满足设计年限要求,结构损伤尚不影响承载能力	可不采取工程措施
C	材料劣化度符合C级标准规定,耐久性不满足设计年限要求,结构损伤已影响承载能力	立即采取修复、补强措施
D	材料劣化度符合D级标准规定,耐久性不满足设计年限要求,结构严重损坏	视条件采取修复、补强措施或报废

3.4.2 高桩码头结构评估程序

1. 评估单元划分

评估单元的划分应满足下列要求:
(1) 根据高桩码头结构特点选择一个或若干个有代表性的区段作为评估单元;
(2) 根据地基、基础和结构将评估单元划分为若干个子单元;
(3) 根据构件类别将子单元划分为若干个基本单元。

2. 评估的项目及内容

应根据加固改造影响高桩码头地基、基础、结构或构件安全性、适用性和耐久性的因素确定。

3. 评估分级

从基本单元、子单元和评估单元依次进行:
(1) 根据检测项目的评估结果确定基本单元等级;
(2) 根据基本单元或子单元检测项目评估结果确定子单元等级;
(3) 根据子单元的评估结果确定评估单元等级。

3.4.3 高桩码头结构安全性评估

高桩码头结构安全性评估应按承载能力极限状态验算的结果进行。承载能力极限状态验算应符合下列规定。

1. 结构构件验算方法应符合国家现行有关标准的规定。
2. 结构构件验算的计算模型应符合实际受力和构造状态。
3. 结构上的作用应经调查或检测核实,并应按照现行行业标准《港口工程荷载规范》(JTS 144—1—2010)的有关规定进行,同时应考虑因加固改造所引起作用的变化。
4. 材料强度标准值宜通过现场检测,并应按照现行国家标准《港口工程结构可靠度设计统一标准》(GB 50158—2010)的有关规定确定。当结构无明显功能性退化和施工缺陷时,构件材料强度标准值可采用设计标准值。
5. 结构或构件几何参数应采用实测值,并应计入材料劣化、局部缺陷和施工偏差等影响。钢筋混凝土构件计算应考虑锈蚀钢筋截面减小、屈服强度降低及钢筋与混凝土间握裹力减小等因素。
6. 锈蚀后钢筋混凝土构件承载力验算应按照现行行业标准《港口水工建筑物检测与评估技术规范》(JTJ 302—2006)的有关规定执行。
7. 高桩码头结构加固改造对既有结构承载能力的验算评估缺乏资料或情况复杂时,可采用载荷试验方法验证结构的承载能力。

3.4.4 高桩码头结构加固改造安全性评估

高桩码头结构加固改造安全性评估应对上部结构构件的承载力、桩基的承载力、接岸结构的承载力和稳定性以及岸坡稳定进行复核验算。复核验算应符合现行行业标准《码头结构设计规范》(JTS 167—2018)等的有关规定。高桩码头结构加固改造安全性应按表3-8的规定分别验算各项目的等级,取最低一级作为评估单元的安全性评估等级。

表3-8 高桩码头结构加固改造安全性评估分级标准

构件		等级类别			
		A	B	C	D
上部结构的承载力	主要构件	$R_d/S_d \geqslant 1.0$	$0.95 \leqslant R_d/S_d < 1.0$	$0.90 \leqslant R_d/S_d < 0.95$	$R_d/S_d < 0.90$
	一般构件	$R_d/S_d \geqslant 1.0$	$0.90 \leqslant R_d/S_d < 1.0$	$0.85 \leqslant R_d/S_d < 0.90$	$R_d/S_d < 0.85$
桩基的承载力		$R_d/S_d \geqslant 1.0$	$0.95 \leqslant R_d/S_d < 1.0$	$0.90 \leqslant R_d/S_d < 0.95$	$R_d/S_d < 0.90$
接岸结构的承载力和稳定性	板桩结构	按板桩码头的有关规定执行			
	重力式结构	按重力式码头的有关规定执行			
岸坡稳定		$R_d/S_d \geqslant 1.0$	$0.95 \leqslant R_d/S_d < 1.0$	$0.90 \leqslant R_d/S_d < 0.95$	$R_d/S_d < 0.90$

注:表中 R_d、S_d 分别为结构构件的抗力和作用效应组合设计值。

3.4.5 高桩码头结构适用性评估

高桩码头结构适用性评估应以现场调查和检测结果为基本依据。当检测只能取得部分数据或改变高桩码头结构建筑物使用条件时,应按正常使用极限状态进行验算,并应符合现行行业标准的有关规定。

结构构件适用性评估应按表3-9的规定分别验算各项目等级,取最低一级作为该构件适用性评估等级。

表3-9 高桩码头结构构件适用性评估分级标准

构件	等级类别			
	A	B	C	D
钢筋混凝土或钢结构最大挠度	$r\geqslant 1.0$	$0.95\leqslant r<1.0$	$0.90\leqslant r<0.95$	$r<0.90$
钢筋混凝土或钢结构最大裂缝宽度	$r\geqslant 1.0$	$0.80\leqslant r<1.0$	$0.70\leqslant r<0.80$	$r<0.70$
预应力混凝土拉应力限值	$r\geqslant 1.0$	$0.95\leqslant r<1.0$	$0.90\leqslant r<0.95$	$r<0.90$

注:表中 r 表示规范限值与实测值或验算值的比值。

3.4.6 高桩码头结构耐久性评估

高桩码头结构耐久性和剩余寿命的评估应按照现行行业标准《港口水工建筑物检测与评估技术规范》(JTJ 302—2006)的有关规定执行。

1. 钢筋混凝土结构耐久性评估应根据外观检测结果按不同构件种类进行,结构构件的耐久性评估分级标准应符合表3-10的有关规定。

表3-10 高桩码头结构构件耐久性评估分级标准

等级	混凝土结构	钢结构
A	整体结构完好,表面平整,棱角俱在	具有足够的承载能力,耐久性满足设计使用年限要求
B	表面出现麻面或脱皮现象,局部石子外露,棱角变圆,松顶现象明显	腐蚀尚不显著影响承载能力,耐久性不满足设计使用年限要求
C	棱角棱线消失,石子脱落较多,局部钢筋外露,表面破坏面积小于40%,松顶破坏严重	腐蚀已显著影响承载能力,耐久性不满足设计使用年限要求
D	边缘及棱角全部破坏,大面积钢筋外露,表面破坏面积达40%以上,局部穿洞或呈洞穴状,表面疏松	腐蚀已严重影响承载能力,耐久性不满足设计使用年限要求

2. 钢结构耐久性验算应符合下列规定。

(1)验算断面的选取应综合考虑钢材腐蚀状况和结构应力分布状况等不利因素。

(2)验算断面尺寸宜采用调查结果的平均值,并应考虑坑蚀程度的影响。

(3)腐蚀速度的计算应根据钢结构有防腐蚀措施,按《港口水工建筑物检测与评估技术规范》(JTJ 302—2006)的有关公式计算。

(4)钢结构使用年限应根据腐蚀情况检测结果,按《港口水工建筑物检测与评估技术规范》(JTJ 302—2006)的有关公式计算。

第四章　码头加固改造设计技术

高桩码头是江苏省沿江码头采用的主要结构形式。高桩码头的加固改造内容通常包括码头附属设施的改造、码头上部结构的加固改造、码头桩基的加固改造。另外，高桩码头结构加固改造如需要对码头前沿水域疏浚，往往涉及开挖后岸坡的稳定问题。目前高桩式码头在实际结构加固工程中采用的方法主要有结合式改造法、分离式改造法、仅配套设施改造3种。

本章从码头结构复核计算、结构加固改造方案、结构加固改造的构造要求、结构加固耐久性设计及结构修复方法等方面，对高桩码头的加固改造项目进行分析。

4.1　高桩码头结构复核计算

高桩码头结构加固改造设计应根据使用要求对既有码头及接岸结构进行复核验算。高桩码头结构加固改造的作用与作用效应组合应符合现行行业标准《码头结构设计规范》（JTS 167—2018）、《港口工程荷载规范》（JTS 144—1—2010）。

4.1.1　作用与作用效应组合

1. 作用分类

高桩码头结构加固改造承受的作用可分为下列4类：

（1）永久作用，包括结构自重、固定设备自重力、预加应力、土重、永久作用引起的土压力等；

（2）可变作用，包括堆载，流动起重运输机械、船舶、风、浪、水流和冰荷载，可变作用引起的土压力，温度作用，施工荷载和打桩应力等；

（3）偶然作用，包括非正常撞击、火灾和爆炸等；

（4）地震作用。

2. 作用效应组合

高桩码头结构加固改造的作用效应应按极限状态和设计状况进行组合。

（1）高桩码头结构加固改造应根据要求，按下列规定进行验算。

其中下列情况应按承载能力极限状态设计：

① 码头整体稳定，岸坡和挡土墙结构稳定；

② 桩基的承载能力；

③ 上部结构构件的承载能力。

下列情况应按正常使用极限状态设计：

① 混凝土构件抗裂或限裂；

② 结构和构件的变形。

(2) 高桩码头结构加固改造应根据使用和施工条件，按下列4种状况设计：

① 持久状况：结构使用时期应分别按承载能力极限状态和正常使用极限状态设计；

② 短暂状况：结构施工时期、短期特殊使用时期或维修时期可能出现的作用，应按承载能力极限状态设计，必要时可同时按正常使用极限状态设计；

③ 偶然状况：有特殊要求时进行承载能力极限状态设计或防护设计；

④ 地震状况：使用期遭受地震作用时仅按承载能力极限状态设计。

4.1.2 承载能力极限状态作用

1. 承载能力极限状态应采用以下设计表达式：

$$\gamma_0 S_d \leqslant R_d \tag{4-1}$$

式中：γ_0——结构重要性系数；
S_d——作用效应设计值；
R_d——抗力设计值。

2. 承载能力极限状态作用效应组合应符合下列规定。

(1) 持久状况作用效应的持久组合设计值按下式确定：

$$S_d = \sum_{i=1}^{m} \gamma_{Gi} C_{Gi} G_{ik} + \gamma_p C_p P + \gamma_{Q1} C_{Q1} Q_{1k} + \Psi_0 (\sum_{j=2}^{n} \gamma_{Qj} C_{Qj} Q_{jk}) \tag{4-2}$$

式中：S_d——作用效应设计值；
γ_{Gi}——第 i 个永久作用的分项系数；
C_{Gi}、C_P、C_{Q1}、C_{Qj}——第 i 个永久作用、预应力、第1个和第 j 个可变作用的效应系数；
G_{ik}——第 i 个永久作用的标准值；
γ_P——预应力的分项系数；
P——预应力的标准值；
γ_{Q1}、γ_{Qj}——分别为第1个和第 j 个可变作用的分项系数；
Q_{1k}——在持久组合中，主导可变作用的标准值；
Ψ_0——可变作用的组合系数，可取 0.7，对有界作用且经常以界值出现时，可取 1.0；
Q_{jk}——第 j 个可变作用的标准值。

(2) 短暂状况作用效应的短暂组合设计值按下式确定：

$$S_d = \sum_{i=1}^{m} \gamma_{Gi} C_{Gi} G_{ik} + \gamma_p C_p P + (\sum_{j=1}^{n} \gamma_{Qj} C_{Qj} Q_{jk}) \tag{4-3}$$

式中：S_d——作用效应设计值；
γ_{Gi}——第 i 个永久作用的分项系数；
C_{Gi}、C_P、C_{Qj}——第 i 个永久作用、预应力和第 j 个可变作用的效应系数；
G_{ik}——第 i 个永久作用的标准值；
γ_p——预应力的分项系数；
P——预应力的标准值；

γ_{Qj}——第j个可变作用的分项系数;

Q_{jk}——第j个可变作用的标准值。

(3) 地震状况作用效应的地震组合应按现行行业标准《水运工程抗震设计规范》(JTS 146—2012)的规定执行。

3. 结构重要性系数、作用分项系数

结构重要性系数和各种作用分项系数分别按照表4-1和表4-2取值。

表4-1 结构安全等级的重要性系数表

结构安全等级	一级	二级	三级
重要性系数 γ_0	1.1	1.0	0.9

注:1. 安全等级为一级的高桩码头结构,当安全有特殊要求时,γ_0可适当提高;
2. 自然条件复杂、维护有困难时,γ_0可适当提高。

表4-2 作用分项系数表

荷载名称	分项系数	荷载名称	分项系数
永久荷载	1.2	铁路荷载	1.4
五金钢铁荷载	1.5	汽车荷载	1.4
散货荷载	1.5	缆车荷载	1.4
起重机械荷载	1.5	船舶系缆力	1.4
船舶撞击力	1.5	船舶挤靠力	1.4
水流力	1.5	运输机械荷载	1.4
冰荷载	1.5	风荷载	1.4
一般件杂货、集装箱荷载	1.4	人群荷载	1.4
液体管道(含推力)荷载	1.4	波浪力	1.5

注:1. 当永久作用效应对结构承载能力起有利作用时,永久作用分项系数取值不应大于1.0;
2. 永久荷载为主时,其分项系数应不小于1.3;
3. 当两个可变作用完全相关,其中一个为主导可变作用时,其非主导可变作用的分项系数应按主导可变作用的分项系数考虑;
4. 海港结构在极端高水位和极端低水位情况下,承载能力极限状态持久组合的可变作用分项系数应减小0.1;
5. 短暂状况作用效应的短暂组合中可变作用分项系数应减小0.1。

4.1.3 正常使用极限状态作用

1. 正常使用极限状态应采用以下设计表达式:

$$S_d \leqslant C_d \tag{4-4}$$

式中:S_d——作用效应设计值;

C_d——设计限值。

2. 持久状况的正常使用极限状态,根据不同的设计要求,可分别采用作用效应的标准组合、频遇组合和准永久组合进行设计。作用效应设计值应按下列公式计算：

(1) 持久状况作用效应的标准组合：

$$S_d = \sum_{i=1}^{m} C_{Gi} G_{ik} + C_p P + C_{Q1} Q_{1k} + \Psi_0 (\sum_{j=2}^{n} C_{Qj} Q_{jk}) \qquad (4-5)$$

(2) 持久状况作用效应的频遇组合：

$$S_d = \sum_{i=1}^{m} C_{Gi} G_{ik} + C_p P + \Psi_1 (\sum_{j=1}^{n} C_{Qj} Q_{jk}) \qquad (4-6)$$

(3) 持久状况作用效应的准永久组合：

$$S_d = \sum_{i=1}^{m} C_{Gi} G_{ik} + C_p P + \Psi_2 (\sum_{j=1}^{n} C_{Qj} Q_{jk}) \qquad (4-7)$$

式中：S_d——作用效应设计值；

C_{Gi}、C_{Q1}、C_{Qj}——第 i 个永久作用、第 1 个和第 j 个可变作用的效应系数；

G_{ik}——第 i 个永久作用的标准值；

C_p——预应力的效应系数；

P——预应力的标准值；

Ψ_0、Ψ_1、Ψ_2——可变作用的组合系数、频遇值系数和准永久值系，可分别取 0.7、0.7、0.6；

Q_{1k}——在标准组合中，主导可变作用的标准值；

Q_{jk}——第 j 个可变作用的标准值。

3. 短暂组合需要考虑正常使用极限状态时，作用效应设计值应按下式计算：

$$S_d = \sum_{i=1}^{m} C_{Gi} G_{ik} + C_p P + \sum_{j=1}^{n} C_{Qj} Q_{jk} \qquad (4-8)$$

式中：S_d——作用效应设计值；

C_{Gi}、C_{Qj}——第 i 个永久作用和第 j 个可变作用的效应系数；

G_{ik}——第 i 个永久作用的标准值；

C_p——预应力的效应系数；

P——预应力的标准值；

Q_{jk}——第 j 个可变作用的标准值。

4.1.4 计算水位取值

1. 对于承载能力极限状态作用效应组合，计算水位应符合下列规定。

(1) 海港码头计算水位应满足下列要求：

① 持久组合，采用设计高水位、设计低水位、极端高水位、极端低水位、设计高水位与设计低水位之间的某一不利水位分别进行计算；

② 短暂组合，采用设计高水位、设计低水位、设计高水位与设计低水位之间的某一不利水位分别进行计算。

(2) 河港码头计算水位应满足下列要求：

① 持久组合，采用设计高水位、设计低水位及与地下水位相组合的某一不利水位分别

进行计算；

② 短暂组合，采用设计高水位和设计低水位分别进行计算，施工期间采用某一不利水位进行计算。

2. 对于承载能力极限状态作用组合效应的地震组合，计算水位应按照现行行业标准《水运工程抗震设计规范》(JTS 146—2012)的有关规定执行。

3. 正常使用极限状态作用效应组合可不考虑极端水位。

4.1.5 结构内力分析

4.1.5.1 桩基

桩基竖向和水平受力计算可按照现行行业标准《码头结构设计规范》(JTS 167—2018)的有关规定执行，并应结合原桩基承载力综合分析后确定。

对于水平力作用下桩的计算，应按下列要求进行：

1. 承受水平力或力矩作用的单桩，其入土深度宜满足弹性长桩条件。弹性长桩、中长桩和刚性桩的划分标准可按表4-3确定。

表4-3 弹性长桩、中长桩和刚性桩划分标准

弹性长桩	中长桩	刚性桩
$L_t \geq 4T$	$4T > L_t \geq 2.5T$	$L_t < 2.5T$

注：L_t为桩的入土深度(m)，T为桩的相对刚度系数(m)。

2. 承受水平力或力矩作用的弹性长桩，其桩身内力和变形的确定应符合下列规定。

(1) 单桩在水平力作用下的桩身内力和变形可采用 Matlock 法(m法)计算，也可采用 NL 法或 P-Y 曲线法计算。

(2) 有经验时也可采用假想嵌固点法计算，假想嵌固点位置可按下式确定：

$$t = \eta T \tag{4-9}$$

式中：t——受弯嵌固点距泥面深度(m)；

η——系数，取 1.8～2.2，桩顶铰接或桩的自由长度较大时取较小值，桩顶无转动或桩的自由长度较小时取较大值；

T——桩的相对刚度系数(m)。

(3) 当按假想嵌固点法计算时，桩在泥面以下的内力和变形可根据计算排架时求得的桩顶力矩和水平力，按 m 法进行计算。

3. 承受水平力或力矩作用的中长桩或刚性桩，应对桩身结构和变位进行必要的验算，且应对桩侧土体应力进行验算，验算应符合下列规定。

(1) 桩的内力可采用 m 法，也可采用 P-Y 曲线法计算。

(2) 承受水平力或力矩作用的中长桩或刚性桩，其桩侧土体水平压应力应满足下式的要求。

$$\sigma_{h/3} \leq \frac{4}{\cos\varphi}\left(\frac{\gamma}{3}h\tan\varphi + c\right)\eta \tag{4-10}$$

$$\sigma_h \leqslant \frac{4}{\cos\varphi}(\gamma h \tan\varphi + c)\eta \tag{4-11}$$

$$\eta = 1 - 0.8\frac{M_g}{M} \tag{4-12}$$

式中：$\sigma_{h/3}$、σ_h——泥面以下 $h/3$ 处和 h 处土的水平压应力（kN/m^2）；

φ——土的内摩擦角(°)；

γ——土的容重（kN/m^3），对透水性材料，应考虑水的浮力作用；

h——桩的入土深度（m）；

c——土的黏聚力（kN/m^2）；

η——考虑总荷载中恒载所占比例的影响系数；

M_g——恒载对桩底中心产生的力矩（$kN·m$）；

M——总荷载对桩底产生的力矩（$kN·m$）。

4. 嵌岩桩

（1）在水平力作用下的受力特性宜通过静荷载试验研究确定。

（2）不做水平静荷载试验的嵌岩桩，当嵌岩端按固接考虑时，嵌岩深度不应小于 h'_r，且应不小于 1.5 倍嵌岩段桩径。h'_r 可按式(4-13)计算。当桩身混凝土轴心抗压强度标准值 f_{ck} 小于 βf_{ck} 时，宜将 f_{ck} 代换公式中的 βf_{rk} 进行计算。

$$h'_r \geqslant \frac{4.23 V_d + \sqrt{17.92 V_d^2 + 12.7\beta f_{rk} M_d D'}}{\beta f_{rk} D'} \tag{4-13}$$

式中：h'_r——计算所需嵌岩深度（m）；

V_d——基岩顶面处桩身剪力设计值（kN）；

β——系数，取 0.3～1.0，根据岩层侧面构造而定，节理发育的取小值，反之取大值，中风化岩不宜大于 0.7；

f_{rk}——岩石饱和单轴抗压强度标准值（kPa），f_{rk} 的取值应根据工程勘察报告提供的数据并结合工程经验确定；

M_d——基岩顶面处桩身弯矩设计值（$kN·m$）；

D'——嵌岩段桩身直径（m）。

（3）进入基岩的桩应根据基岩饱和单轴抗压强度标准值 f_{rk} 等按下列规定计算方法。

当 $f_{rk}>30$ MPa 时，可按嵌岩桩计算；

当 $f_{rk}<10$ MPa 时，可按灌注桩计算；

当 10 MPa$\leqslant f_{rk} \leqslant 30$ MPa 时，应根据岩体的结构和成分，综合分析其与桩身的相互作用特性，确定采用的计算方法。

覆盖层土对嵌岩桩的水平抗力：当覆盖层较薄且强度较低时，不宜考虑覆盖层土的作用；当覆盖层较厚或有一定强度且强度较高时，可计入覆盖层土的作用。

5. 对于打入桩和灌注桩，当进行群桩静荷载试验时，应与单桩静荷载试验相比较，确定群桩计算参数和水平承载力。无条件进行静荷载试验时，对按群桩设计的全直桩桩基，在非往复水平作用下，可按水平地基抗力系数折减后的单桩设计。按单桩计算承载力的最小桩距按表 4-4 取值，其折减系数可按表 4-5 取值。

表 4-4　按单桩计算承载力的最小桩距

桩的类型	轴向承载力	水平承载桩
打入桩、灌注桩	中心距 $6d$，或中心距 $3d\sim6d$ 且桩端进入良好持力层	沿水平力作用方向桩与桩的中心距 $6d\sim8d$，砂土、桩径较大时取较小值，黏性土、桩径较小时取较大值
嵌岩桩	以嵌岩段承受轴向力为主时，中心距 $2d$；考虑覆盖层段承受较大轴向力时，中心距 $3d$	以嵌岩段承受水平力为主时，沿水平力作用方向，中心距 $2d$；以覆盖层段承受水平力为主时，中心距 $6d\sim8d$，砂土、桩径较大时取较小值，黏性土、桩径较小时取较大值

注：1. d 为圆桩直径或方桩边长；
　　2. 同类土质中，打入桩取较大值，灌注桩取较小值。

表 4-5　沿受力方向的水平地基抗力的折减系数

系数	桩距为 3 倍桩径或边长	桩距大于等于单桩最小间距
m	0.25	1
k_N	0.20	1

注：1. 桩距介于 3 倍桩径或边长与单桩最小间距之间时，采用线性插入取值；
　　2. k_N 为采用 NL 法的单桩水平地基抗力系数，m 为采用 m 法的单桩水平地基抗力系数随深度线性增加的比例系数。

4.1.5.2　主体结构

高桩码头主体结构加固改造方式的结构内力分析可按下列方法进行。

1. 分离式墩台：分离式墩台应按空间结构计算。
2. 采用局部结合式加固方式：当桩基沿横梁布置、各排架间距均匀、桩基布置相近时，可简化为纵向和横向两个平面进行分析，纵梁及横梁内力可按平面结构计算，也可按空间结构计算。

4.1.5.3　计算有关规定

1. 结构计算模型

结构计算模型应根据既有结构、新设结构、结构体系转换状况和各结构的实际受力状况确定，并应符合下列规定。

（1）桩的轴向刚性系数计算应分析码头港池疏浚的影响，计算方法可按照现行行业标准《码头结构设计规范》(JTS 167—2018)的有关规定计算。

（2）桩土相互作用可按 m 法或假想嵌固点法考虑。

（3）桩的计算应分析新设桩基与既有桩基的相互影响。

（4）既有结构与新设结构施工期内力应按相应的施工状态进行计算。

2. 淤积岸坡下的码头结构计算

结构计算应比较码头下回淤岸坡与原设计状态的差异，采取合理的计算方法分析此差异对结构产生的影响，并应符合下列规定。

（1）淤积岸坡对高桩码头的作用应与码头结构其他作用进行组合；

（2）淤积岸坡作用的土压力应根据实际情况研究确定；

（3）淤积岸坡对码头结构的作用可采用数值模拟方法进行计算。

3. 结构加固改造计算的有关要求

高桩码头混凝土结构加固改造的设计和计算须符合下列规定。

（1）结构、构件的计算应考虑加固部分应变滞后以及加固部分与原结构共同工作程度，计算模型应符合实际受力状态。

（2）结构上的作用应考虑因用途变更或已有结构改动所引起的变化，并应按照现行行业标准《港口工程荷载规范》(JTS 144—1—2010)的有关规定确定。

（3）原有的结构、构件的集合参数需要采用实测值，新增部分取设计值。

（4）原结构、构件的混凝土强度等级和受力钢筋抗拉强度标准值应按照现行国家标准《港口工程结构可靠度设计统一标准》(GB 50158—2010)的有关规定通过试验检测确定，当结构无明显功能性退化和施工缺陷时，结构、构件材料强度可采用设计标准值。

（5）构件现场检测混凝土强度等级高于原设计强度等级时，应取原混凝土设计强度等级；当低于原设计强度等级时，应取现场检测的混凝土强度等级。

（6）腐蚀后钢筋混凝土构件承载力应按照现行行业标准《港口水工建筑物检测与评估技术规范》(JTJ 302—2006)的有关规定进行计算。

（7）码头岸坡稳定的计算按照现行行业标准《水运工程地基设计规范》(JTS 147—2017)的有关规定执行。码头岸坡整体稳定验算需要考虑港池浚深的影响。

（8）有抗震设防要求的码头结构应进行结构的抗震设计，并验算新、老结构和连接结构的变形，变形应协调。

4.2 高桩码头结构加固改造方案

4.2.1 改造设计原则

（1）安全性原则：高桩码头对荷载变化的适应性较差，因此改造方案应保证改造后的结构安全可靠，当码头水域需要浚深时，应对浚深后的岸坡进行核算，确保结构安全。

（2）适应性原则：码头结构改造后应满足使用要求，与码头装卸工艺设备相协调，尽量减少改造期间对码头作业的影响。

（3）经济合理原则：应充分考虑码头结构现状条件，结合改造要求，合理确定码头结构加固改造方案，以减少工程量，简化改造工序，节省工程投资。

（4）协调性原则：改造方案应充分考虑与周边码头岸线相协调。

（5）可持续发展性原则：码头加固改造时，应考虑远期发展需要，适当预留发展能力，避免二次改造的可能性。

4.2.2 改造难点分析

（1）按照交通运输部的要求，采用现行规范对已经存在的老码头承载能力进行计算验证，确定合理的计算方法和原则，合理界定原有结构的承载能力。

（2）码头等级提升改造意味着靠泊船型的加大，靠泊船型增大就意味着原有码头结构所受外力将进一步增大，码头前沿水深也将进一步加深，既要解决改造后码头结构承担外荷载能力不足的问题，又要解决改造浚深后的码头岸坡稳定问题。

（3）改造方案须最大限度地利用原有码头结构能力,降低改造工程投资。

（4）改造方案须对结构变形进行分析。应分析既有结构变形对升级改造内力的影响,新老结构应保证变形的协调,其中分离式改造应留有变形余地,结合式改造应保证共同受力。

（5）改造方案须尽可能节省施工周期,减少对生产的影响。

（6）改造方案须尽可能减少对装卸设备效率的影响。

（7）改造方案须尽可能减少拆除量和对周边其他泊位的影响。

4.2.3 改造方案基本要求

1. 高桩码头结构加固改造前应对既有结构进行检测和评估。检测与评估应按照现行行业标准《港口水工建筑物检测与评估技术规范》(JTJ 302—2006)和《水运工程水工建筑物原型观测技术规范》(JTJ 218—2005)的有关规定执行。

2. 高桩码头结构加固改造设计应根据检测与评估结果、使用要求、结构状况、周边环境等,对码头结构状态进行判别,对不满足结构安全性、适用性、耐久性要求的结构或构件进行加固改造。

3. 高桩码头结构加固改造设计方案应根据结构状况、自然条件、使用要求、施工条件、周边环境等经济技术条件综合比较后确定,应做到技术可靠、经济合理、施工方便。

4. 高桩码头结构加固改造设计应具备以下资料：

（1）原工程设计文件和工程竣工资料等；

（2）近期检测和评估报告；

（3）水文和最新周边地形、地质资料；

（4）构筑物使用状态、周边构筑物现状情况等调查资料；

（5）原型历史观测资料和维护报告；

（6）现场施工实施条件、施工设备能力、材料进场要求等资料；

（7）其他需要补充的资料。

5. 高桩码头结构加固改造的结构安全等级应根据结构的重要性、使用年限、使用要求、损坏后果的严重程度以及原码头结构的安全等级,按相应的规范确定。一般情况下宜与原码头结构一致。

6. 高桩码头结构加固改造的结构设计使用年限,应根据结构检测与评估报告结论和使用要求等综合论证确定。

7. 高桩码头结构加固改造设计应符合现行国家标准《港口工程结构可靠性设计统一标准》(GB 50158—2010)的规定,采用以分项系数表达的极限状态设计法,并应符合国家现行标准的有关规定。

8. 高桩码头结构加固改造采用的钢材、钢筋、混凝土、加固材料、黏结剂等应符合国家现行标准的有关规定,结构加固用的混凝土,其强度等级宜比原结构、构件提高一级。

9. 高桩码头结构加固改造设计应与施工相结合,采取有效措施保证新增构件和部件与既有结构连接可靠,并应避免对未加固部分以及相关的结构、构件和地基基础造成不利的影响。

10. 高桩码头结构破损修补加固设计应符合现行行业标准《港口水工建筑物修补加固技术规范》(JTS 311—2011)等的有关规定。

11. 高桩码头结构加固改造应结合结构设计使用年限和使用要求、使用环境等确定耐久性措施。

12. 高桩码头结构加固改造设计应明确施工与质量要求。质量检验应符合现行行业标准《水运工程质量检验标准》(JTS 257—2008)和《港口水工建筑物修补加固技术规范》(JTS 311—2011)的有关规定。

13. 高桩码头结构加固改造设计应明确结构加固改造后的观测和维护要求。对于重要的改造后结构，宜有正常的检查与维护制度，应符合现行行业标准《港口设施维护技术规范》(JTS 310—2013)和《水运工程水工建筑物原型观测技术规范》(JTJ 218—2005)的有关规定。

14. 设计应明确码头结构加固改造后的用途。在码头结构加固改造设计使用年限内，未经技术鉴定或设计许可，不得改变码头结构加固改造后的用途和使用环境。

15. 经加固或修补的结构，应定期跟踪检查，检查时间间隔需要满足下列要求：
(1) 破损修补每2年至少检查一次。
(2) 加固改造每1年至少检查一次。

16. 高桩码头结构加固改造设计文件的编制，可由"原工程概况""加固改造必要性和可行性""加固改造条件""加固改造工程方案设计""主要设备与材料""工程概算""附件""附图"等部分组成。

第一部分　原工程概况

第一章　原参建单位和经营单位概况，包括"原参建单位""经营单位概况"等内容。

第二章　原工程建设概况，包括"建设的起讫时间""建设规模""主要建设内容""设计和竣工验收情况"等内容。

第三章　原工程运行概况，包括"原工程使用情况""原工程维修情况""原工程事故情况""原工程社会经济效益"等内容。

第四章　原工程存在问题及建议。

第二部分　加固改造必要性和可行性

第一章　码头改造目的。

第二章　港口靠泊船型预测，包括"当前靠泊船舶情况""发展趋势及预测""改造工程靠泊船型预测"等内容。

第三章　码头改造内容，包括"改造工程建设规模""改造内容"等内容。

第三部分　加固改造条件

第一章　自然条件，包括"气象""水文""泥沙""地形和地貌""工程地质""地震"等内容。

第二章　工程结构条件，包括"检测评估情况""检测评估结论"等内容。

第三章　航道、锚地、通航及外部条件，包括"航道条件""航道条件适应性分析""锚地现状""导助航设施""安全性论证结论""外部条件"等内容。

第四章　改造资金来源，包括"建设单位资金状况""改造资金需求和筹措渠道"等内容。

第四部分　加固改造工程方案设计

第一章　总论，包括"设计依据""设计范围与分工""工程概述""存在问题与建议"等内容。

第二章 改造设计原则及设计代表船型,包括"码头改造范围和原则""设计代表船型"等内容。

第三章 总平面布置,包括"总平面布置原则""总平面布置方案""相邻泊位关系""泊位作业标准""水域尺度""主干管线综合布置""港作拖船"等内容。

第四章 改造工程方案,包括"设计内容及条件""设计方案""外力计算""作用与效应组合""结构计算""耐久性设计""主要工程量"等内容。

第五章 消防,包括"设计范围与要求""设计依据与执行的标准""火灾危险源分析""防火措施""消防设计"等内容。

第六章 环境保护,包括"设计依据""环境状况""主要污染源和污染物""环保措施与预期效果"等内容。

第七章 安全生产,包括"安全生产状况分析""安全危害分析""安全措施"等内容。

第八章 职业卫生,包括"设计依据""职业卫生危害分析""防护对策"等内容。

第九章 防洪,包括"防洪状况分析""设计依据""防洪措施"等内容。

第十章 节能,包括"工程能耗量""能耗分析""节能技术和措施"等内容。

第十一章 配套工程。

第十二章 施工条件、方法和进度,包括"施工依托条件""主要施工方法""施工总体布置""施工进度安排"等内容。

第十三章 存在问题及建议,包括"存在问题""建议"等内容。

第五部分 主要设备与材料

第六部分 工程概算

包括"工程内容""编制依据""编制说明""单项工程概算表""主要设备材料单价表""主要材料用量""单位概算表"等内容。

第七部分 附件

包括"原工程工可审批文件""原工程初步设计审批文件""原工程设计变更资料""原工程竣工验收证书""工程检测评估报告""港航部门专项意见""海事部门专项意见""其他相关部门必要的意见"等附件。

第八部分 附图

包括"原工程相关图纸""加固改造工程相关设计图纸"。

4.2.4 主体结构加固改造方案

高桩码头改造的内容和结构形式多种多样,目前高桩码头在实际结构加固工程中采用的方法主要有结合式改造法、分离式改造法、仅配套设施改造3种类型。

(1)结合式改造法:主要通过增加码头节点和桩基,改造扩大码头原节点、横梁和轨道梁,提高原结构的整体水平承载能力。该方案在镇江港大港港区镇江港务集团码头4♯~5♯泊位、苏州港张家港港区海力码头有限公司码头4♯泊位等结构加固工程中已成功应用。

(2)分离式改造法:针对老码头结构完好但偏单薄、拟靠船舶等级大的特点,采用新增大型船舶系靠船墩台,与老结构相脱离,单独受力的改造思路。该方案在镇江港大港港区镇江港务集团码头7♯泊位、金东纸业(江苏)股份有限公司码头等结构加固工程中已成功应用。

(3) 仅配套设施改造:针对老码头结构可靠且留有一定富裕,原码头结构设计满足加固改造升级后荷载要求的码头,不涉及整体结构改造,主要为码头系船柱和橡胶护舷的更换。该方案在中盛现代储运(镇江)有限公司粮油码头、江苏理文造纸有限公司码头等结构加固改造工程中已成功应用。

4.2.4.1 结合式改造法

1. 结合式改造方案类型

结合式改造法是在既有码头结构不同部位通过增加桩基础,并相应扩大码头主要梁板构件节点尺度,使新增桩基及上部结构与既有码头结构结合成整体共同受力,提高码头结构整体性能的加固改造方式。根据新增桩基及节点位置的不同,可分为前节点、中部节点和后节点等 3 种结合式改造方式(图 4-1)。

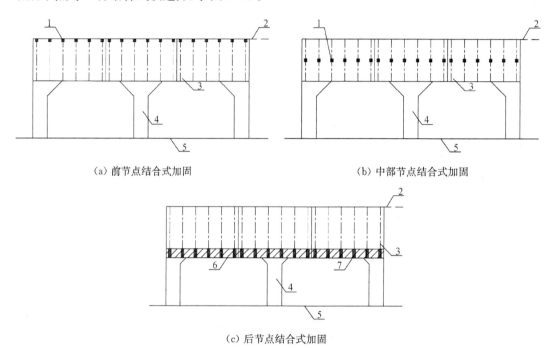

(a) 前节点结合式加固　　　　　(b) 中部节点结合式加固

(c) 后节点结合式加固

图 4-1　结合式改造方式图示

1—新设桩基;2—码头前沿线;3—码头平台;4—引桥;5—驳岸;6—新增平台;7—新增桩基

结合式改造方式的技术特点是充分利用既有结构体系,充分发挥既有基桩承载力,减少新增桩基的数量或减小桩的规格,改造位置相对灵活,有效避免拆除码头上皮带机廊道、管架廊道等固定设施,缺点是码头中部增设桩基受空间约束,沉桩工艺限制较多,对新老结构间的有效结合技术要求高。

结合式改造方式使用范围较广,使用效果较好,在实际码头加固改造工程中应用较多。

(1) 案例 1:镇江港大港港区镇江港务集团码头 4#~5# 泊位(图 4-2、图 4-3)

镇江港大港港区镇江港务集团码头 4#~5# 泊位于 1985 年建成投产,码头长度 732.9 m。码头原设计停靠 1 万吨级船舶,经多次技术改造,其靠泊能力已提升为 3 万吨级泊位,再经改造后停靠 7 万吨级船舶。

原码头为高桩梁板式结构,总宽度为 28 m,分为前、后桩台,前桩台宽度 14.5 m,后桩台宽度为 13.5 m。前桩台排架间距 12 m,桩基采用直径 1 200 mm 钢管桩,每榀排架下布置 4 根桩,其中一对叉桩。后桩台排架间距为 10 m,每榀排架下布置 2 根直径 1 200 mm 钢管桩。

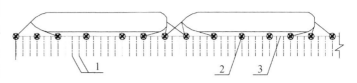

图 4-2 码头结构改造系靠泊点平面布置图
1—排架中心线;2—新增系靠泊点;3—码头前沿线

本工程采用结合式改造方式,在靠泊点排架两侧各增加一对叉桩,与现有结构形成共同受力的新结构。加固改造具体内容是按各种船舶靠泊组合确定系靠泊点,对每个布点位置处的原排架结构进行改造,在每榀系靠泊排架前部增设 4 根直径 900 mm 钢管桩,上部再浇筑节点与原排架结合成新的排架结构,并在其上方设置 1 500 kN 系船柱、前沿设置 1250H 两鼓一板鼓型橡胶护舷以供系靠泊设计船型。

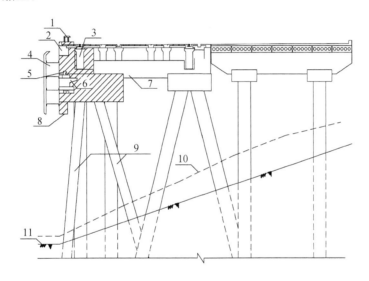

图 4-3 码头结构改造断面图
1—1 500 kN 系船柱;2—新建前边梁;3—新增轨道梁;4—鼓型橡胶护舷;5—250 kN 系船柱;6—新建系靠船梁;7—横梁;8—新建靠船构件;9—新增钢管桩;10—原泥面线;11—设计泥面线

(2) 案例 2:苏州港张家港港区海力码头有限公司码头 4#泊位(图 4-4、图 4-5)

苏州港张家港港区海力码头有限公司码头 4#泊位由沙钢原料码头 1#泊位和 2#泊位组成,分别于 1999 年、2001 年竣工投产,码头总长为 450 m。原码头 1#泊位停靠 3 万吨级散货船,2#泊位停靠 5 万吨级散货船,改造后停靠 7 万吨级散货船。

码头为高桩梁板式结构,总宽度为 22 m。其中,1#泊位排架间距 6.5 m,桩基

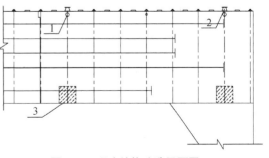

图 4-4 码头结构改造平面图
1—改造后的系船柱;2—改造后的橡胶护舷;3—新建节点

采用600 mm×600 mm预应力混凝土方桩,每榀排架下布置7根桩,中间有一对叉桩,其余为直桩,上部结构由横梁、预应力轨道梁、纵梁、前边梁和叠合面板构成。2#泊位排架间距也为6.5 m,每榀排架下布置8根600 mm×600 mm预应力混凝土方桩,中间四根为两对叉桩,其余为直桩,上部结构同1#泊位。

本工程采用结合式改造方式。加固改造内容是加固改造12个系靠泊点,在每榀系靠泊排架后部增加4根直径1 000 mm钢管桩,钢管桩内灌注混凝土,相应的现浇横梁局部放大包覆桩基并与原码头横梁连为一体,新老结构间通过种植钢筋连接。

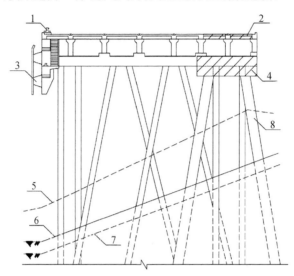

图4-5 码头结构改造断面图

1—改造后的系船柱;2—重新浇筑的面层;3—改造后的橡胶护舷;4—新建节点;5—原泥面线;
6—近期码头前沿设计泥面;7—远期码头前沿设计泥面;8—新增直径1 000 mm钢管桩

(3)案例3:福州港新港区5#码头一期海轮码头(图4-6、图4-7)

福州港新港区5#码头一期海轮码头工程于1993年建成投产,码头总长度900 m。码头原设计停靠2.5万吨级船舶,改造后停靠10万吨级船舶。

原码头为高桩梁板式结构,宽度为42 m,排架间距为7 m,每榀排架布置13根或14根600 mm×600 mm预应力钢筋混凝土方桩。码头上部结构为现浇桩帽节点,横梁和纵向梁系均为非预应力预制现浇叠合梁,上部为预制现浇叠合面板。

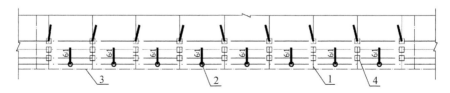

图4-6 码头结构改造桩位图(局部)

1—排架中心线;2—新增钢管桩;3—码头前沿线;4—既有桩基

本工程采用局部加固方式。加固改造范围为1#泊位及2#泊位上游120 m范围,总长420 m。加固改造内容是在加固改造范围内码头前沿每跨中间新增1根直径800 mm钢管桩(斜度6∶1),新增联系梁,联系梁与两端排架现浇节点连接,以提高码头抵抗水平力的能力。

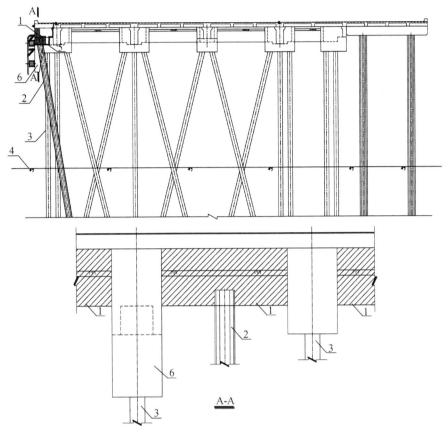

图 4-7 码头结构改造断面图
1—新建联系梁;2—新增钢管桩;3—既有桩基;4—天然泥面线;5—凿除边线;6—靠船构件

2. 有关要求及适用条件

（1）有关要求

采用局部结合式改造方式进行码头结构加固改造,应符合下列有关要求:

① 基桩宜进入良好持力层,同一桩台的基桩桩端宜位于同一土层,且桩底高程不宜相差太大;

② 增设的加固构件应与既有结构可靠连接。

（2）适用条件

① 结合式改造方式可用于既有连片式码头结构刚度和承载能力等整体工作性能不能适应船舶靠离或装卸工艺使用要求的情况;

② 结合式改造方式的加固位置应结合既有结构的布置、船型、装卸工艺等情况确定。既有结构排架前端或后端外侧有合适的空间时,宜在端部增设桩基,并与原排架结合成整体;没有合适的空间时,宜在主要的受力节点处增设基桩,并通过局部放大桩帽或横梁结合成整体。

4.2.4.2 分离式改造法

1. 分离式改造方案类型

分离式改造法是根据到港船舶尺度和荷载情况,将码头前方桩台部分结构拆除,或直接在既有码头结构的前方,通过新建与既有结构分离的系靠船墩结构来独立承受船舶荷载作用的加固改造方式。设置分离式墩台方式按照加固改造墩式结构的位置不同,可分为墩面与码头面等高齐平的等高分离式、墩面低于码头面的嵌入分离式和在既有码头前沿线外新设墩台的前方墩台分离式(图2-8)。

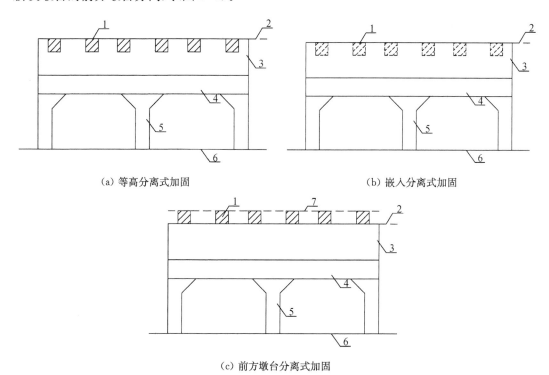

(a) 等高分离式加固　　　(b) 嵌入分离式加固

(c) 前方墩台分离式加固

图 4-8　分离式改造方式图示

1—独立墩台结构;2—既有码头前沿线;3—前方桩台;4—后方桩台;5—引桥;6—驳岸;7—外移码头前沿线

分离式改造法通常采用独立墩台结构,一般作为船舶吨级加大、装卸工艺荷载基本不变时的高桩码头结构加固改造方式。设置分离式墩台方式的技术特点是码头装卸作业能够根据施工位置做相应调整,前沿线保持不变时,干扰少,设计技术成熟,施工改造面小,施工速度快,造价低。

设置分离式墩台方式使用范围较广,使用效果较好,在实际码头加固改造工程中应用较多。

(1) 案例1:苏州港张家港港务集团码头13#~14#泊位(图4-9、图4-10)

苏州港张家港港务集团码头13#~14#泊位于2002年竣工投产,码头总长度375 m。码头原设计停靠2万吨级杂货船,改造后停靠4万吨级杂货船。

原码头为高桩梁板式结构,总宽度为30 m,分前、后桩台,前、后桩台宽度均为15 m。前桩台排架间距为6 m,桩基采用600 mm×600 mm预应力混凝土方桩,每榀排架下布置6根桩,其中在岸侧轨道梁下布置1对叉桩,上部结构由现浇横梁、预制轨道梁、纵梁以及预制加现浇叠合面板构成。后桩台排架间距也为 6 m，每榀排架下布置 3 根 600 mm×600 mm 预应力混凝土方桩，均为直桩。

本工程采用设置分离式墩台方式。加固改造内容是新建 4 个系靠船墩，墩面高程与码头面齐平。1#~3#墩，每座墩下布置 10 根直径 1 500 mm 钢管桩，4#墩台布置 9 根直径 1 500 mm 钢管桩，桩芯浇灌混凝土，增加桩基刚度，相应改造系船柱和护舷。

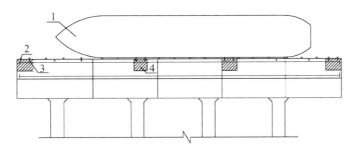

图 4-9　码头结构改造平面图
1—改造后靠泊 4 万吨级杂货船；2—橡胶护舷；3—系船柱；4—新建系靠船墩

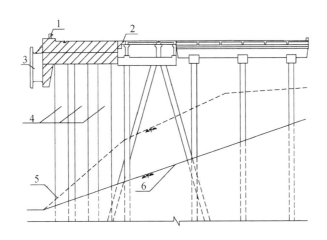

图 4-10　码头结构改造断面图
1—系船柱；2—原结构凿除后现浇混凝土；3—橡胶护舷；4—直径 1 500 mm 钢管桩；5—原泥面；6—设计泥面

（2）案例 2：泰州港泰兴港区过船作业区泰州市过船港务有限公司万吨级通用码头（图4-11、图 4-12）

泰州港泰兴港区过船作业区泰州市过船港务有限公司万吨级通用码头于 1997 年竣工投产，码头长度 183 m；万吨级码头扩建工程于 2005 年竣工投产，码头长度 144 m。原码头设计停靠万吨级件杂货船、散货船，兼顾 1.5 万吨级海轮停靠，改造后停靠满载 3.5 万吨级散货船。

原码头为高桩梁板式结构，总宽度 22 m，分前、后桩台，其中前方桩台宽 15 m，后方桩台宽 7 m。前桩台排架间距为 6 m，桩基采用 600 mm×600 mm 预应力混凝土方桩，每榀排架下布置 5 根桩，其中在岸侧轨道梁下布置 1 对叉桩，上部结构由现浇横梁、预制轨道梁、纵梁以及预制加现浇叠合面板构成。后桩台排架间距也为 6 m，每榀排架下布置 2 根 600 mm×

600 mm预应力混凝土方桩,均为直桩。

本工程采用设置分离式墩台方式。加固改造内容是新建5个系靠船墩,墩面高程与码头面齐平。每座墩台下布置7根直径1 200 mm钢管桩,桩芯浇筑混凝土,增加桩基刚度,相应改造系船柱和护舷。

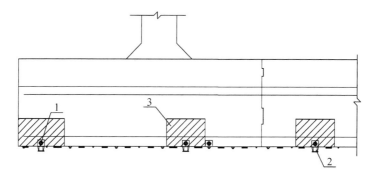

图4-11 码头结构改造平面图(局部)

1—新增系船柱;2—新增橡胶护舷;3—新建系靠船墩

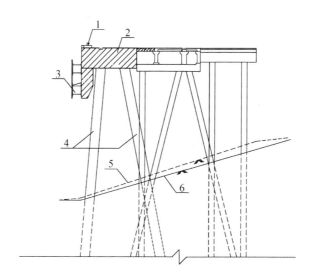

图4-12 码头结构改造断面图

1—系船柱;2—原结构凿除后现浇混凝土;3—橡胶护舷;4—直径1 500 mm钢管桩;5—原泥面;6—设计泥面

(3) 案例3:镇江港大港港区镇江港务集团码头7♯泊位(图4-13、图4-14)

镇江港大港港区镇江港务集团码头7♯泊位于1992年建成投产,码头长度230.3 m。原码头设计为2.5万吨级通用泊位,改造后停靠7万吨级船舶。

原码头为高桩梁板式结构,总宽度为28 m,分前、后桩台,前桩台宽度为20 m,后桩台宽度为8 m。前桩台排架间距为6 m,桩基采用600 mm×600 mm预应力混凝土方桩,每榀排架布置7根桩,其中在岸侧布置1对叉桩,上部结构由现浇横梁、预制预应力轨道梁、预制空心板构成。后桩台排架间距也为6 m,每榀排架下布置2根600 mm×600 mm预应力混凝土方桩,均为直桩。

本工程采用设置分离式墩台方式。加固改造内容是新增12个系靠泊点,靠泊点采用高桩墩台结构,墩面低于码头面,即墩台嵌入在码头原排架下方,并与上部结构脱离。每座墩台平面尺度为 7 m×5.5 m,墩台下布置 4 根直径 1 400 mm 钢管桩,钢管桩内灌注混凝土。系靠船墩与原码头横梁及轨道梁之间采用结构缝隔离。

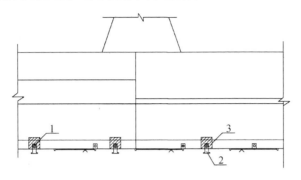

图 4-13　码头结构改造平面图(局部)
1—新增系船柱；2—新增橡胶护舷；3—新建系靠船墩

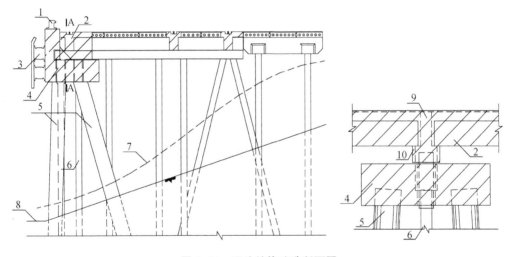

图 4-14　码头结构改造断面图
1—新增系船柱；2—轨道梁改造；3—新增橡胶护舷；4—新建系靠船墩；5—新增钢管桩；
6—原有混凝土方桩；7—原泥面线；8—设计泥面线；9—原横梁部分拆除；10—现浇横梁

2. 有关要求及适用条件
(1) 有关要求
采用设置分离式墩台方式进行码头结构加固改造,应符合下列有关要求：
① 墩体结构应根据使用要求、施工能力和自然条件等确定,宜采用实体式。
② 采用设置分离式墩台方式,宜在新结构与既有结构之间设置伸缩缝和沉降缝,缝宽可结合承受船舶荷载后的结构变形条件确定。伸缩缝内应采用柔性材料填充。
(2) 适用条件
① 设施分离式墩台方式可用于既有码头结构基本完好,码头结构水平承载力和刚度不能满足船舶系缆力和撞击力作用的情况。
② 改造后码头前沿线不允许超出既有码头结构前沿时,可将码头前方桩台部分结构拆

除,增设若干系靠船墩台结构。墩台结构根据靠泊水位条件及靠船船型情况可选择等高分离式或嵌入分离式。

③ 改造后码头前沿线允许超出既有码头结构前沿线时,码头结构加固改造可采用前方墩台分离式,在既有码头结构前沿新建桩基墩台结构。

4.2.4.3 仅配套设施改造法

原码头结构设计满足加固改造升级后的荷载要求,不涉及整体结构的改造,加固改造方案相对简单,主要为码头系船柱和橡胶护舷的更换。如原结构横梁和靠船构件尺寸满足更换要求,拆除原系船柱后可采用植入螺栓的方式进行更换;如原横梁或靠船构件尺寸偏小,则需要在拆除局部结构后,采用重新埋入、浇筑的方式进行更换。

仅配套设施改造法可用于既有码头结构预留较充足,仅更换附属设施即可满足靠泊要求的情况。

4.2.5 构件等加固改造方案

1. 高桩码头混凝土结构和钢结构加固的具体方式可以按照现行行业标准《港口水工建筑物修补加固技术规范》(JTS 311—2011)的有关规定执行。

2. 码头桩基区或岸坡结构局部出现冲刷影响结构安全时,宜采用抛石或袋装混凝土等保护措施。

3. 混凝土桩顶破损时,可采用局部补强的方法,将横梁或桩帽局部降低高程包覆破损桩顶。桩身破损时,可采用包覆修补、加固等方式。

4. 影响混凝土结构耐久性的裂缝修补可采用裂缝灌浆补强、外包混凝土、贴钢板、贴钢板结合外包混凝土、贴碳纤维布等方式。

5. 橡胶护舷老化、变形、损坏、脱落以及螺栓、垫板、吊环、锚链锈蚀时应进行维修或更换,维修或更换后的护舷变形-反力曲线等性能应满足设计要求。

4.2.6 加固改造方案设计要点分析

结合式改造方式和设置分离式墩台方式的使用范围较广,使用效果较好,在实际码头加固改造工程中应用较多。本节就几种改造方案中普遍存在或需要注意的问题进行简要分析。

4.2.6.1 设置分离式墩台加固方案系靠泊点的布置

1. 系靠泊点的布置原则

(1) 参照《海港总体设计规范》(JTS 165—2013)

系靠船墩的间距可参照《海港总体设计规范》(JTS 165—2013)设计布置。《海港总体设计规范》(JTS 165—2013)第 5.4.22.1 条:"蝶形布置泊位通常设置两个靠船墩,两墩中心间距可为设计船长的 30%~45%。"(图 4-15)这可以理解为码头的直线段靠泊长度不宜小于设计船长的 30%~45%。参照《海港总体设计规范》(JTS 165—2013)第 5.4.22.1 条,各类船型对应的系靠船墩间距见表 4-6。

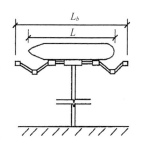

图 4-15 蝶形布置的墩式码头示意图

表 4-6 按规范计算的系靠船墩间距

设计船型	船长 L(m)	系靠船墩间距 0.30~0.45L(m)	备注
5 000 吨级杂货船	124	37.20~55.80	
1 万吨级杂货船	146	43.80~65.70	
2 万吨级杂货船	166	49.80~74.70	
3 万吨级杂货船	192	57.60~86.40	
4 万吨级杂货船	200	60.00~90.00	
5 000 吨级散货船	115	34.50~51.75	
1 万吨级散货船	135	40.50~60.75	
2 万吨级散货船	164	49.20~73.80	
3.5 万吨级散货船	190	57.00~85.50	
5 万吨级散货船	223	66.90~100.35	码头靠泊的直线长度最小长度
7 万吨级散货船	228	68.40~102.60	
10 万吨级散货船	250	75.00~112.50	
5 000 吨级化学品船	114	34.20~51.30	
1 万吨级化学品船	127	38.10~57.15	
3 万吨级化学品船	183	54.90~82.35	
5 万吨级化学品船	183	54.90~82.35	
5 000 吨级油船	125	37.50~56.25	
1 万吨级油船	141	42.30~63.45	
3 万吨级油船	185	55.50~83.25	
5 万吨级油船	229	68.70~103.05	

(2) 参照《海港工程设计手册(上)》

根据《海港工程设计手册(上)》第 425 页的"四、靠船墩与系缆墩的布置":船舶是通过首、尾、倒、横四组缆绳系靠在码头上的。由于各地自然条件和船型不同,所以系靠船墩的布置形式也不尽一致,但总的要求是使船舶停靠稳定,缆绳布设合理,长度适当。

① 靠船墩

靠船墩的数量和间距主要取决于码头结构形式、设计船型和需要适应的船型范围以及当地波浪、水流的特点。

船舶靠离开敞式码头,一般要求在拖船协助下平行停靠码头,但实际上是船体一部分先与码头护舷接触,由于反力的作用使船舶产生回转,随即产生第二次撞击,然后用拖船使其逐步停稳。从靠船操作要求看,设置两个靠船墩是合理的。船舶停靠后,在波浪的作用下,船舶横移、横摇和旋转运动产生了船体对码头的挤靠力。这种复合运动的不同组合情况使得每个墩子的受力不均衡。增加靠船墩的数量虽基本可按比例减少每个墩子的挤靠力,但要相应增加投资,因此一般情况下设置两个靠船墩比较经济。

靠船墩的间距(用其外侧间距 L_B 表示,见表 4-7、图 4-16)取决于对应船舶压载状态时吃水(对油、散货船考虑约 30% 的压载量)水线的直线段长度。通过对 1.5 万、2.5 万、3.5 万、5.0 万、10 万吨级典型油、散货轮船体线型图的分析发现,其与船舶方形系数 δ 有关,约为 0.45 倍船长 (L_C)。从统计的国内外 30 座开敞式泊位的平面尺度(表 4-7)来看,L_B/L_C 多在 0.35~0.55 范围内变化。因此建议在决定靠船墩外侧间距时,以 $0.45L_C$ 为基本尺度,可以有约 $\pm 0.1L_C$ 的调节长度。如果码头接纳船舶的长度变化较大时,一般宜另设副墩。

表 4-7 国内外开敞式码头平面尺度统计情况

位置	序号	泊位名称	设计船型(万吨级)	L_B/L_C	α/L_1(°/m)	γ/L_2(°/m)
国外部分	1	京叶	20.0	0.45	30/70	55/50
	2	喜入	15.0	0.46	50/—	90/—
	3		35.0	0.36	45/110	90/70
	4	川崎	25.0	0.35	40/90	60/60
	5		12.0	0.46	50/—	90/—
	6	布麻里	15.0	0.40	—	—
	7	扇岛	25.0	0.36	—	—
	8	冲绳	6.5	0.37	50/—	70/—
	9		32.6	0.39	40/95	—
	10	苫小牧	28.0	0.35	35/100	60/55
	11	伊势湾	20.0	0.35	—	—
	12	班特里湾	10.0	0.45	23/85	
	13	米纳艾哈迈迪	32.6	0.35	35/90	
	14	图帕角	32.6	0.33	26/—	
	15	伊尔腊斯	28.0	0.47	42/85	
	16	塔努拉角	50.0	0.32	50/100	
	17	哈格四世	50.0	0.36	49/110	
	18	马迪纳角	30.0	0.50	30/105	70/100
	19	海因波特	10.0	0.57	30/60	
	20	卡隆堡	5.0	0.35	30/60	
	21	威廉港 1 号	10.0	0.35	30/105	60/75
	22	威廉港 3 号	25.0	0.37	40/110	90/55
	23	库腊索岛	10.0	0.38	—	—
	24	托儿伯特	15.0	—	45/45	—
	25	巴斯拉	10.0	0.37	50/76	70/57

续表 4-7

位置	序号	泊位名称	设计船型(万吨级)	L_B/L_C	α/L_1 (°/m)	γ/L_2 (°/m)
国内部分	26	黄 岛	5.0	0.43	35/50	90/20
	27	陈 山	2.5	0.50	30/85	60/55
	28	湛 江	5.0	0.58	45/50	70/40
	29	秦皇岛	2.0	0.55	27/45	70/20
	30	鲇鱼湾	10.0	0.39	30/75	90/30

即靠船墩的间距 L_B(外侧间距)，取 $0.45L_C$(船长)为基本尺度，变化范围为 $0.35L_C \leqslant L_B \leqslant 0.55L_C$。

② 系缆墩

有掩护的码头以纵向系泊为主，而开敞式码头则往往以横向系泊为主。为了承受船舶所受的纵、横向外力和约束其运动，开敞式码头通常以泊位中心为准，在前后堆成设置首、尾、横缆等 4~6 座系缆墩(10 万吨级以下的泊位多采用 4 座系缆墩)。

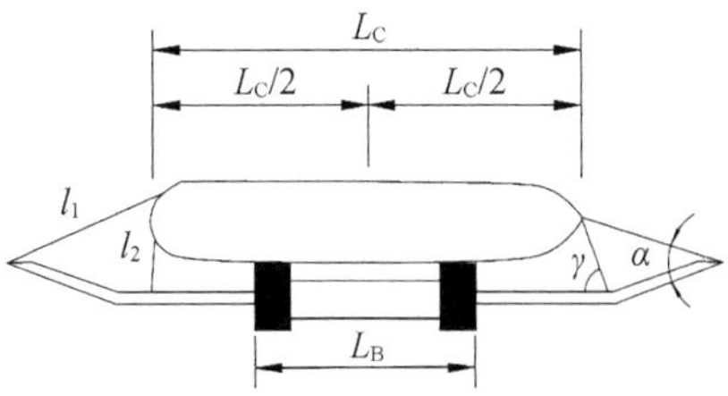

图 4-16 开敞式码头的靠泊船型长度、靠船墩等相关尺度

2. 改造工程中系靠泊点的布置

本次研究的对象共有 10 个，散货泊位加固改造工程等级以 7 万吨级为主，兼顾船型为 2 万~5 万吨级；化工及油品泊位加固改造工程等级为 1 万~5 万吨级，兼顾船型为 5 000~3 万吨级。2 万~7 万吨级散货泊位按理论计算的系靠泊点间距可为 49~102 m，5 000~5 万吨吨级化工及油品泊位按理论计算系靠泊点间距可为 34~103 m。

本次选取的研究对象中，改造设计的系靠泊点间距取值范围在 14~45 m，间距取值比理论计算值要小，取值接近理论计算数值的下限。其中中化南通石化储运有限公司码头结构加固改造工程取值较小，仅取到 14 m，苏州港张家港港区长江国际码头结构加固改造工程仅取到 24 m 左右，其他项目取值在 40 m 左右。分析原因主要是码头兼顾靠泊的船型尺度范围分布较广，向下兼顾的小船船舶等级在 3 000~5 000 吨级，其系靠船墩的间距要求一般在 35~55 m，与本次研究对象的系靠船墩间距相似。各改造项目的靠泊最大船型、系靠泊点间距见表 4-8。

表 4-8 改造工程系靠泊点间距统计表

序号	项目	靠泊设计船型	船长(m)	相邻系靠泊点间距(m)
1	南通东海石化公司江海油库码头结构加固改造工程	5 万吨级化学品船	183	45.4
2	泰州港泰兴港区过船作业区泰州市过船港务有限公司万吨级通用码头结构加固改造工程	3.5 万吨级散货船	190	33.0~39.0
3	金东纸业(江苏)股份有限公司码头结构加固改造工程	4 万吨级杂货船	200	35.0~45.5
4	苏州港张家港港区长江国际码头结构加固改造工程	5 万吨级化学品船	183	24.0~26.0

续表 4-8

序号	项目	靠泊设计船型	船长(m)	相邻系靠泊点间距(m)
5	苏州港张家港港区中油泰富油品码头结构加固改造工程	5万吨级油船	229	25.0～35.0
6	中油江阴油库码头结构加固改造工程	5万吨级油船	229	32.0～45.0
7	泰州港泰兴港区液体化工码头结构加固改造工程	5万吨级化学品船	183	28.0
8	中化南通石化储运有限公司码头结构加固改造工程	5万吨级油船	229	14.0～28.0
9	镇江港大港港区镇江港务集团码头6#泊位加固改造工程	2万吨级散货船	164	28.0～42.0
10	镇江港大港港区镇江港务集团码头9#泊位加固改造工程	7万吨级散货船	228	42.6

4.2.6.2 码头前沿浚深后原有岸坡的加固

码头泊位等级提升改造意味着靠泊船型加大，靠泊船型加大就意味着原有码头结构所受外力将进一步增大，码头前沿水深也将进一步加深。码头泊位等级提升既要解决改造后码头结构承担外荷载能力不足的问题，又要解决改造浚深后的码头岸坡稳定问题。

高桩码头泊位前沿水域浚深是一个非常重要的指标，因为它不仅关系到码头下岸坡的稳定性，同时也关系到码头结构的安全可靠性。对于码头前沿浚深，当原有岸坡稳定性不满足要求时，一般采用放缓坡度、地基加固、水下压载、减载、结构抗滑等措施来提高岸坡稳定性。但是当码头距离后方驳岸较近，不能采取放缓岸坡坡比的方案时，可采用对岸坡本身防护的加固措施，也可采用在码头后沿驳岸处打设钢板桩加固的方式。

1. 岸坡防护加固

长江下游平顺护岸工程的结构形式主要有水下抛石、混凝土铰链排、模袋混凝土、土工织物砂枕(排)、四面六边透水框架(透水四面体)、土工压载软体排、钢丝网石笼等。由于不同护岸形式在适用范围、防护对象、施工工艺、工程造价等方面存在各自优缺点，故须考虑水流边界条件、水流冲刷强度，并兼顾岸坡情况及工程实施条件进行护岸形式的比较。

水下抛石：抛石护岸能很好地适应河床变形，使用范围广，任何情况下崩岸都能用块石守护达到稳定岸线的目的，只要设计合理、抛投准确，护岸效果均较好。尤其在崩岸发展过程及抢险中更能体现抛石的优越性，且抛石工程造价低，施工、维护简单，因此在长江中下游的平顺护岸形式中被普遍采用。抛石适用于所有新老护岸的护脚工程，特别是码头有险工险段、严重崩岸等不便施工处。其缺点是抛投定位控制难度较大，整体性较差。

混凝土铰链排：混凝土铰链排是通过钢制扣件将预制混凝土块连接并组成排的护岸工程形式。其优点是集柔性与整体性于一身，能较好适应河床的变形，对水流阻力小，抗冲性较好，易控制工程数量及质量，无须经常进行加固和维修。其缺点是若前缘冲刷严重，会使局部岸坡变陡，甚至成吊坎状。排体上下游两侧也可能发生冲刷变形，影响排体稳定性，同时易被船只抛锚所破坏。若下部无土工布垫层，排体空隙中泥沙易被水流淘刷，对护岸效果有一定影响。缺点是需要采用专用船只施工，施工及维修相对复杂，造价较高。

模袋混凝土：模袋混凝土护岸是将混凝土或砂浆灌入合成纤维制成的模袋内，形成混凝土护面层铺设在坡面上。其优点是整体性较好,抗冲能力强,施工快捷,整体美观,但适应岸坡变形的能力比抛石差,且工程造价相对较高。施工时须在模袋周围加抛块石裹头、镇脚,加强模袋的护岸效果及稳定性。

土工织物砂枕(排):由土工织物砂枕和土工织物垫层以尼龙绳连接构成大面积排体,铺护在需要保护的枯水位以下的部位。土工织物砂枕(排)护岸体积和重量大,稳定性好,工程数量及质量容易控制,工程造价低,可随河床的冲刷变化进行一定的调整。由于整体尺寸较大,土工织物砂枕(排)护岸调整能力明显不如块石,调整后沙袋枕在床面形态比较杂乱,易出现空档,且砂枕易被船只抛锚破坏。该护岸形式以往多用于崩岸强度小,水流顶冲不强烈的地段,顶冲强烈段使用较少。

四面六边透水框架(透水四面体):四面六边透水框架由钢筋混凝土杆制成,底层抛投两排以上达到减速促淤的作用。当四面体铺设均匀且厚度较大时,抗冲稳定性较好,流速较大时会发生一连串的位移现象。缺点是在同样水流和边界条件下,四面体起动流速显著小于同重量实体护岸材料(块石),说明其抗冲性较低。该护岸形式适用于流速较低的宽浅河道或崩窝治理,有较好的缓流促淤作用。

土工压载软体排:土工压载软体排是用土工织物缝接成大尺寸反滤排布,排布上加压重形成防冲防护结构。其守护效果依靠整体性和一定的柔性来发挥,具有压载可靠耐久、能适应河床变形、有反滤防冲效果、沉放施工成熟等优点。若河床变形较大,排体效果不会很好。其破坏主要是由于坡脚河床冲刷后,坡度变陡,排体上压载物下滑,排体下垂,严重时出现断裂或撕破;若压载量不够,可能会被水流掀起或翻卷,不能起到保护河床作用。该排体适用水下坡度缓于1:2.5及河床变形不大、水流较缓的河段,深泓近岸、迎流顶冲河段及抛锚区不宜使用。

钢丝网石笼:钢丝网石笼由高强度钢丝经防腐处理后编织而成。网笼装填块石后可直接吊装抛投,整体性和柔性好,抗冲能力强,能适应河床变形,工程后期维修费用少;缺点是一次性投资太大,一般适用于水深流急的重点险工段的加固和新护,并适用于河岸基础加固,有效阻止凹岸顶冲和崩岸。

通常码头工程的岸坡守护采用水下抛石形式。但对于个别码头前沿浚深后岸坡较陡的情况,可以采取袋装混凝土护坡等形式(图4-17)。

在连云港港连云港墟沟港区一期工程1号～6号泊位(61#～66#)码头结构加固改造工程中,61#～66#泊位前沿原设计泥面高程-10.50 m,结构加固改造后前沿需要浚深至-13.20 m。由于码头前沿距离驳岸仅33 m,且驳岸处现有重力式挡墙及其下部抛石棱体基础,经综合考虑设计将前沿岸坡局部坡比由1:2调整为1:1.5,并设置了500 mm厚的袋装混凝土护面,经验算码头整体岸坡稳定满足规范要求。

2. 钢板桩接岸加固

以往重力式挡土墙结构是高桩码头接岸结构中最广泛使用的一种,由斜坡式岸坡、护面和顶部的挡土墙等组成,有施工简单、耐久性好、不需要复杂的施工设备等优点,但对于既有码头前沿浚深后的接岸结构加固,存在岸坡较缓、宽度较大、施工周期开挖工作量大等缺点。

对于既有码头的接岸加固,可采用打设钢板桩进行加固的措施。钢板桩施打工艺成熟,质量易控制,施工速度较快,施工完成即可进行疏浚工作。钢板桩驳岸在现有码头护岸

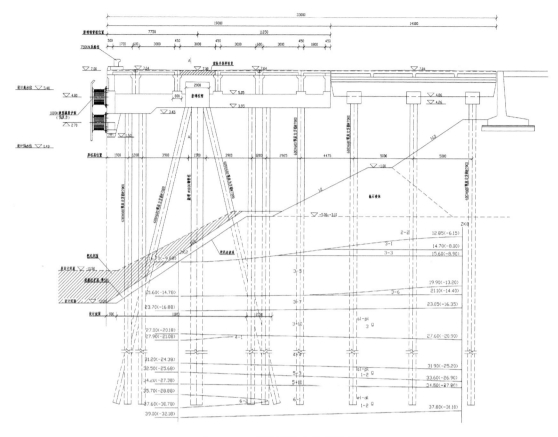

图 4-17 袋装混凝土加固护岸

加固中具有一定的优势,如断面开挖少、占用施工空间小以及现场装配施工等。

在镇江港大港港区镇江港务集团码头 8♯泊位结构加固改造中,8♯泊位前沿原泥面设计高程 −11.0 m,结构加固改造后前沿需要浚深至 −12.50 m。经设计计算分析,8♯泊位处的驳岸在不采取加固措施的情况下,岸坡稳定安全度较低。由于本工程距离后方驳岸较近,岸坡坡度只能在 1∶2.5~1∶3.0之间,采用放缓坡度、地基加固、水下压

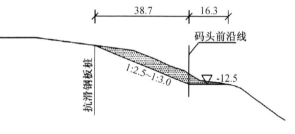

图 4-18 钢板桩结构加固护岸

载和减载的可行性不大,经综合考虑,设计采取了钢板桩抗滑加固措施,钢板桩采用 QZ20型冷拉钢板桩,单根钢板桩长度为 28 m,加固驳岸范围 140 m。

4.2.6.3 结构计算应注意的问题

1. 空间结构计算

分离式改造法受力明确,船舶系靠泊力由新建系靠船墩承受,新建系靠船墩与原结构受力独立,计算相对容易。

结合式改造法主要通过增加码头节点桩基提高码头整体水平承载力。该方案改造结

构与原结构整体受力,且改造过程中只增大了部分排架的水平承载能力,由此带来了改造排架与非改造排架水平承载能力不一致的问题。对于空间特征显著的码头,结构内力宜按空间结构进行计算。

2. 结构作用荷载

对在役港口水工建筑物混凝土结构按承载能力极限状态和正常使用极限状态验算时,首先需要考虑如何确定符合实际情况的作用(荷载)。由于在役建筑物与新建建筑物不同,必须对结构上的作用进行调查核实,再按《港口工程荷载规范》(JTS 144—1—2010)规定的原则确定。若此项工作已在安全性评估中完成,可加以引用。

3. 结构材料强度取值

计算抗力时应采用结构材料的实际强度标准值。考虑到确定已有建筑物构件材料实际强度标准值需要大量取样检测,因此规范规定,一般验算时构件材料的标准值可采用现行规范规定的标准值。若对材料强度有怀疑时,才进行现场检测并按现行国家标准《港口工程结构可靠度设计统一标准》(GB 50158—2010)规定的原则确定。

4. 原码头结构承载力的控制标准

我国港口规范先后发布了JTJ的1978年规范、1987年规范、1998年规范,到目前执行的是2008年以后陆续发布的JTS规范,也就有说我们的港口项目在不同的设计时期执行的是不同时期的规范,规范也从安全系数计算方法发展到结构可靠度设计体系,有了较大的变化。按照交通运输部的要求,需要采用现行规范对已经存在的老码头承载能力进行计算验证,确定合理的计算方法和原则,合理地界定原有结构的承载能力。

本书研究提出老码头结构承载力的控制标准:将原设计条件下的老码头按照现行规范核算出的原有码头结构承载力作为改造后码头结构的内力控制标准。

首先对原有老码头结构进行原设计等级条件下的结构能力计算,按照现行规范计算得出老码头结构在原设计等级条件下的能力计算结果,将该计算结果作为老旧码头结构承载力的控制标准。当靠泊的船型加大、荷载增大、水深加深后,对原有结构按照新的荷载条件进行重新计算,当计算的结构内力大于上述控制标准时,就认定原有承载力不能满足要求,需要对原有结构进行加固改造。在进行相应的结构加固改造后,须控制改造后高桩梁板结构的原构件内力均不超过原有结构受力。

4.3 高桩码头结构加固改造的构造要求

4.3.1 构造一般要求

(1) 高桩码头结构加固改造用的混凝土、钢筋、焊条、碳纤维复合材料、粘胶剂、钢材和耐久性修补材料等应按照现行行业标准《港口水工建筑物修补加固技术规范》(JTS 311—2011)的有关规定执行。

(2) 高桩码头结构加固改造设计时新老混凝土结构分缝处的缝宽可取20~30 mm。当有抗震要求时缝宽应根据计算确定。伸缩缝内应采用柔性材料填充。

(3) 高桩码头加固改造时,上部结构底面高程应在综合分析施工水位、波浪对结构的作用和检修等因素后确定。

4.3.2 不同改造方式的具体要求

高桩码头通常采用设置分离式墩台、设置局部加固、设置前方桩台等方式，各加固改造方式的具体要求应符合以下内容。

1. 设置分离式墩台加固改造方式应符合下列要求。

(1) 采用实体式的墩体高度应根据使用要求和受力情况确定，但不小于 1.5 m。

(2) 墩体结构边缘至最外一排基桩外边缘的距离，当桩径或桩宽小于等于 600 mm 时，不小于 300 mm；当桩径或桩宽大于等于 1 000 mm 时，不小于 0.4 倍桩径或桩宽，且不得小于 500 mm。

(3) 墩体底部沿桩周应设加强构造筋，必要时应对基桩与底板连接处的挤压应力和剪应力进行验算。当桩深入墩体、底层主筋被部分切断时，应增设补强受力钢筋。

(4) 桩与墩体连接的构造要求应符合现行行业标准《码头结构设计规范》(JTS 167—2018)的有关规定。

2. 设置局部加固改造方式应符合下列要求。

(1) 增设的桩基宜进入良好持力层，同一桩台的基桩桩端宜位于同一土层，且桩底高程不宜相差太大。

(2) 增设的桩帽平面形状采用矩形、圆形或多边形等形式。桩帽外包最小宽度，截面小于或等于 600 mm×600 mm 的方桩取 150 mm，管桩与桩帽为铰接连接时取 0.25 倍桩径，与桩帽为嵌固连接时取 0.4 倍桩径。

(3) 桩帽的高度应根据计算确定，并考虑桩伸入桩帽的长度，以及桩顶钢筋长度、预应力混凝土管桩桩芯钢筋长度或钢管桩锚固铁件锚固长度等构造要求。桩帽高度不宜小于 0.5 倍桩帽宽度，且不得小于 600 mm。

3. 设置前方桩台加固改造方式应符合下列要求。

(1) 前方桩台伸缩缝间距应根据本地区的温度差、平面布置形式、上部结构的特性、桩的自由长度和刚度等因素综合确定，宜取 60～70 m。当上部结构为现场整体浇筑混凝土时，不宜大于 35 m。有实践经验或经可靠论证，伸缩缝的间距可适当增减。

(2) 当前方桩台采用有轨装卸设备时，应防止桩台相邻两段水平位移差异影响有轨装卸机械行驶，分段处可采用悬臂结构，悬臂分缝处宜做成凹凸缝。

(3) 预制构件的搁置面宜采用水泥砂浆找平，砂浆厚度宜取 10～20 mm，砂浆强度等级不低于 M20。

(4) 凹凸缝的齿高可取 200～400 mm，齿宽不宜过短；沿桩台宽度方向应紧密接触。

(5) 板的搁置长度应根据计算确定，简支板不宜小于 200 mm，叠合板不宜小于 150 mm，单向板沿宽度方向的搭接长度不应小于 25 mm。

(6) 预制纵梁、横梁的搁置长度应根据计算确定，且不应小于 200 mm。

4. 设置柔性靠船桩加固改造方式应符合下列要求。

(1) 柔性靠船桩的设计桩长应满足计算要求且应根据加固结构的重要性、地质条件和冲刷情况等因素适当增加，桩长加长可取 2～5 m。

(2) 柔性靠船桩在泥面附近内力较大的部位应采取增加局部刚度的措施。

5. 扩大护舷改造方式宜采用标准产品。护舷采用非标产品时，其性能参数应通过试验核定。

4.3.3 码头加固改造注意事项

1. 新老混凝土结构连接宜符合下列要求。
（1）施工缝宜采用设置凹凸缝、插筋等方法。
（2）施工缝宜采用设置剪力槽、传力杆、嵌缝材料等方法。
2. 桩基础的加固改造构造应符合下列规定。
（1）混凝土单桩加固补强段的高度应在受损分布带的位置上下至少 50 cm。缺陷严重时，宜在桩明显缺陷的部位用钢套筒进行保护，并在其中放入钢筋后浇筑混凝土，原桩和钢套筒应形成一个整体。
（2）当钢管桩锈蚀或损坏时应采用粘贴钢板、焊接钢板或外包钢筋混凝土等补强加固措施，应对补强加固区域做除锈处理。修补后应采取与原结构等效的防腐措施。
3. 高桩码头结构构件加固改造后，应避免局部加强或刚度突变而形成新薄弱部位。
4. 混凝土构件加固改造中新增受力钢筋与既有受力钢筋应保持整体受力。新老构件之间钢筋的连接宜采用焊接，当采用植筋形式连接时，除钢筋锚固深度满足设计要求外还须进行钢筋抗拔力试验。
5. 采用植筋技术，原构件的混凝土强度应符合下列规定。
（1）当新增构件为悬挑结构构件时，其原构件混凝土强度等级不得低于 C25。
（2）当新增构件为其他结构构件时，其原构件混凝土强度等级不得低于 C20。
（3）锚固部位的原构件混凝土不得有局部缺陷。若有局部缺陷，应先进行补强或加固处理后再植筋。
6. 承重结构植筋的锚固深度应经设计计算确定，不得按短期抗拔试验值或厂商技术手册的推荐值采用。

4.4 高桩码头结构加固耐久性设计

4.4.1 结构加固耐久性设计内容

高桩码头结构加固改造新增结构应按结构所处的环境条件和设计使用年限进行相应的耐久性设计。

高桩码头结构加固改造既有结构应按结构所处的环境条件、既有结构剩余使用年限和设计使用年限进行相应的耐久性设计。

结构耐久性设计应包括下列内容。
（1）按照现行行业标准《海港工程混凝土结构防腐蚀技术规范》（JTJ 275—2019）进行混凝土结构防腐蚀耐久性设计，按照现行行业标准《码头结构设计规范》（JTS 167—2018）和《海港工程钢结构防腐蚀技术规范》（JTS 153—3—2007）对钢管桩及其他钢结构进行防腐蚀耐久性设计。
（2）明确高性能混凝土和特殊防腐蚀措施施工质量控制的要求。
（3）明确使用过程中需要进行正常维护的内容与要求；对于特殊重要的结构物或处于

严重侵蚀环境下的结构,提出使用期内定期检测的要求。

4.4.2 结构所处环境类别划分

1. 混凝土结构

(1) 水运工程混凝土结构所处环境可按表4-9的规定进行环境类别划分。

表4-9 混凝土结构环境类别划分

序号	环境类别	腐蚀特征
1	海水环境	氯盐作用下引起混凝土中钢筋锈蚀
2	淡水环境	一般淡水水流冲刷、溶蚀混凝土及大气环境下混凝土碳化引起钢筋锈蚀
3	化学腐蚀环境	硫酸盐等化学物质对混凝土的腐蚀

(2) 不同环境类别混凝土结构应按腐蚀作用程度进行部位或腐蚀条件划分,所处部位或腐蚀条件的划分可按表4-10、表4-11的规定进行。

表4-10 海水环境混凝土部位划分

掩护条件	划分类别	大气区	浪溅区	水位变动区	水下区
有掩护	按港工设计水位	设计高水位加1.5 m以上	大气区下界至设计高水位减1 m之间	浪溅区下界至设计低水位减1 m之间	水位变动区下界至泥面
无掩护	按港工设计水位	设计高水位加(η_0 +1 m)以上	大气区下界至设计高水位减η_0之间	浪溅区下界至设计低水位减1 m之间	水位变动区下界至泥面
无掩护	按天文潮位	最高天文潮潮位加0.7倍百年一遇有效波高 $H_{1/3}$ 以上	大气区下界至最高天文潮潮位减百年一遇有效波高 $H_{1/3}$ 之间	浪溅区下界至最低天文潮潮位减0.2倍百年一遇有效波高 $H_{1/3}$ 之间	水位变动区下界至泥面

注:1. η_0值为设计高水位时的重现期50年 $H_{1\%}$(波列累积频率为1%的波高)波峰面高度;
   2. 当浪溅区上界计算值低于码头面高程时,应取码头面高程为浪溅区上界;
   3. 当无掩护条件的海港工程混凝土结构无法按港工有关规范计算设计水位时,可按天文潮潮位确定混凝土结构的部位划分。

表4-11 淡水环境混凝土部位划分

水上区	水下区	水位变动区
设计高水位以上	设计低水位以下	水上区和水下区之间

注:1. 水上区也可按历年来平均最高水位以上划分;
   2. 库区工程分为水上区和水下区,以设计低水位为分界。

2. 钢结构

不同环境类别钢结构应按腐蚀作用程度进行部位或腐蚀条件划分,所处部位或腐蚀条件的划分可按表4-12和表4-13的规定进行。

表 4-12　海水环境钢结构部位划分

掩护条件	划分类别	大气区	浪溅区	水位变动区	水下区	泥下区
有掩护	按港工设计水位	设计高水位加1.5m以上	大气区下界至设计高水位减1m之间	浪溅区下界至设计低水位减1m之间	水位变动区下界至泥面	泥面以下
无掩护	按港工设计水位	设计高水位加(η_0+1 m)以上	大气区下界至设计高水位减η_0之间	浪溅区下界至设计低水位减1 m之间	水位变动区下界至泥面	泥面以下
无掩护	按天文潮位	最高天文潮加0.7倍百年一遇有效波高$H_{1/3}$以上	大气区下界至最高天文潮汐减百年一遇有效波高$H_{1/3}$之间	浪溅区下界至最低天文潮位减0.2倍百年一遇有效波高$H_{1/3}$之间	水位变动区下界至泥面	泥面以下

注：1. η_0值为设计高水位时的重现期 50 年 $H_{1\%}$（波列累计频率为 1% 的波高）波峰面高度；
2. 当无掩护条件的海水环境钢结构无法按有关规范计算设计水位时，可按天文潮潮位确定钢结构的部位划分。

表 4-13　淡水环境钢结构部位划分

水上区	水下区	泥下区
设计高水位以上	设计低水位以下至泥面	泥面以下

4.4.3　耐久性措施

1. 高桩码头加固改造新增结构设计时应考虑设置检测、维修的通道和空间。

2. 海港高桩码头加固改造新增结构的布置和构造宜采取提高结构耐久性措施，并符合下列规定。

（1）结构的形状、布置和构造应有利于避免水、水汽和有害物质在混凝土表面的积聚，且便于混凝土的振捣和养护。

（2）混凝土构件截面几何形状应简单、平顺，少棱角、少突变。

（3）暴露于海洋环境中的混凝土构件的最小截面尺寸应满足下列要求：

① 直线形构件的最小边长不小于保护层厚度的 6 倍；

② 曲线形构件的最小曲率半径不小于保护层厚度的 3 倍。

3. 对处于海水环境水位变动区、浪溅区和大气区的新增混凝土构件宜采用高性能混凝土，也可同时采用其他防腐措施。

4. 海港高桩码头加固改造新增结构可采用表面涂层、混凝土表面硅烷浸渍、环氧涂层钢筋、钢筋阻锈剂、阴极保护等特殊防蚀措施。特殊防腐蚀措施可以单独使用，也可联合使用。

5. 高桩码头加固改造新增钢结构除设置必要的腐蚀裕量外，宜联合采用防腐蚀措施。

（1）水位变动区及以下的钢结构宜采用相同的钢种。当采用不同钢种时，应采取消除电偶腐蚀的措施。

（2）密闭的钢结构内壁可不考虑腐蚀裕量。

（3）预埋件外露部分的涂层应延伸至混凝土内不小于 30 mm 的范围。

（4）埋于混凝土桩帽、墩台或胸墙中的钢桩应进行电连接，电连接施工应在浇筑混凝土之前完成。

(5) 钢结构防腐蚀定期检测与评估方法应按现行行业标准《港口水工建筑物检测与评估技术规范》(JTJ 302—2006)的有关规定执行。检测评估周期应符合表4-14的规定。

表4-14 钢结构检测评估周期

使用10年以内	使用10年以上
5年	2～3年

(6) 钢结构防腐蚀措施应进行经常检查和适时维修。

6. 海港高桩码头既有结构可采用表面涂层、硅烷浸渍、阴极保护等防腐蚀措施。防腐蚀措施可以单独使用，也可联合使用。

4.5 高桩码头结构修复方法

高桩码头加固改造中对码头检测中发现的受损构件提出修复方案(图4-19、图4-20)，对因检测(如混凝土取芯、桩基完整性检测等)导致的码头结构局部损坏提出相应的修复措施。

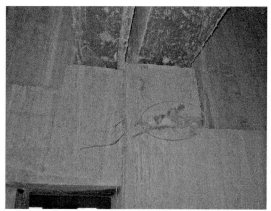

图4-19 纵梁局部破损

图4-20 横梁局部破损

4.5.1 上部结构的修复及补强

对于高桩码头,应根据现场调查及检测的结果评定构件的安全性等级与耐久性等级,根据相应的使用要求对构件进行相应的维修加固。根据码头的使用情况,加固方式分为普通修复与结构加强两种措施。

4.5.1.1 裂缝修复措施

对于普通修复的措施主要是对结构构件裂缝等受损部位进行修复,一般出现的裂缝若不影响受力性能,均以"包裹法"处理封闭裂缝即可。可采用涂刷化学涂料、枪喷高强砂浆等方法。对于宽裂缝,可采用压力灌浆修复的方法。上述方法对水环境中的钢筋混凝土裂缝修复还存在较大的局限性。近年来,国际上出现了一种修复混凝土裂缝的新技术——电化学沉积法。

裂缝通常分为静止裂缝和活动裂缝。

静止裂缝指裂缝形态、尺寸和数量均已稳定,不再发展的裂缝。

活动裂缝指裂缝宽度在现有环境和工作条件下始终不能保持稳定,易随结构受力、变形或环境温湿度变化而发展的裂缝。

1. 非耐久性破损修补

对宽度为 0.2~0.3 mm 的非耐久性破损裂缝,采用封闭方法进行修补,修补方法如下。

(1) 沿裂缝走向骑缝凿除深度不小于 30 mm、宽度不小于 20 mm 的 U 形凹槽。

(2) 清除槽内松散层、油污、浮灰及其他不牢附着物。

(3) 在槽内的混凝土表面涂刷界面黏结材料。

(4) 涂刷界面黏结材料后,2 h 完成聚合物砂浆对拟修补面进行填充,然后在砂浆表面涂覆养护剂,并至少护 7 d。

对于 0.3~1.0 mm 的无锈蚀裂缝或贯穿性非耐久性破损裂缝,采用化学灌浆法进行修补,修补方法如下。

(1) 清除混凝土裂缝表面松散物和缝内异物。

(2) 按 200~500 mm 间距设置灌浆嘴。裂缝的端部、裂缝交叉处及贯穿裂缝的两个侧面均应埋设灌浆嘴。埋设灌浆嘴可使用钻孔法沿缝的两侧斜向成孔,孔身应交叉穿过裂缝,并使灌浆嘴密封胶垫有足够的埋置深度,确保密封效果。

(3) 对裂缝进行封缝处理后,进行压气检查灌浆嘴的连通和密封效果。

(4) 按试验配比准确称量配置灌浆液,根据灌浆液的固化时间和灌浆速度随配随用。按竖向缝自下而上、水平缝自一端向另一端的顺序进行压力灌浆,灌浆压力为 0.2~0.8 MPa。

(5) 待浆液固化后,拆除灌浆嘴,并对混凝土表面进行修整。

2. 耐久性破损修补

应及时进行维修,否则破坏程度进一步加重,严重影响混凝土结构的耐久性以及安全性,修补步骤如下。

(1) 凿除混凝土保护层,深度为锈蚀钢筋周围 20~30 mm 混凝土,范围至钢筋未锈蚀处,钢筋除锈 St2.0 级。

(2) 如钢筋锈蚀严重,钢筋截面损失超过原有钢筋截面积 10% 时,须补焊钢筋,补筋强度利用系数可取 0.9。

(3) 用高压淡水冲洗钢筋及混凝土表面并喷洒渗透型阻锈剂。

(4) 对修补断面涂覆界面黏结材料，涂刷时应尽量不使黏结材料附在钢筋上；涂刷界面黏结材料后，2 h 完成混凝土填充修补。

(5) 当构件损坏处易于安装模板时，宜采用立模浇筑混凝土法进行断面修补；其他采用聚合物砂浆进行断面修补。

(6) 在修补后的混凝土表面涂覆养护剂，并至少养护 7 d。

3. 水下混凝土裂缝修复

常见的裂缝修复方式大部分是针对水上混凝土裂缝的修复，而对水下混凝土裂缝的修复具有局限性，而电化学沉积法对于水下裂缝的修复具有良好适应性。

该方法是充分利用钢筋混凝土自身特性及水环境条件，施加一定的弱电流，产生电解沉积作用，在混凝土结构裂缝中、表面上生长并沉积一层化合物（如 ZnO、$CaCO_3$ 和 $Mg(OH)_2$ 等），填充、愈合混凝土的裂缝，封闭混凝土的表面。

4.5.1.2 破损结构修复措施

使用喷射混凝土法进行断面修补时应满足下列要求：

(1) 凿除破损部位松散混凝土至露出坚硬部分，用压力不小于 20 MPa 的高压淡水清除混凝土表面浮灰、松散物和其他不牢附着物；

(2) 准确称量和配制混凝土界面黏结材料，按规定用量施涂于待修补的混凝土表面；

(3) 按要求配置喷射混凝土，并于界面黏结材料未固化前喷补；

(4) 喷射混凝土时先喷底面，后喷侧面，并分层喷补，第一层将钢筋覆盖住，第二层再喷至设计断面，喷射轨迹为直线，自梁一端向另一端推进，喷射时将钢筋周围空间喷实，并及时清除滞留的回弹砂浆。

4.5.1.3 结构补强措施

混凝土结构的强度长期受到临界荷载作用，或者结构本身的强度不能满足荷载作用变化所要求的强度时，为保证结构中的裂缝不会继续扩大影响寿命和安全，需要对结构进行加强处理。

常见的混凝土加固方法有以下四种。

(1) 加大截面加固。加大原构件截面面积和增配钢筋，以提高其承载力和刚度的加固方法。

该方法可以较多地提高构件的承载力和刚度，常用来加固桩、梁、板及连接节点等。外包混凝土加固受压构件的方法有四周外包加固、单边加固和双面加固等几种。如果构件仅是受压边较薄弱，可仅对受压边加固；反之，可对受拉边加固。多数情况下，采用双面加固或四周外包混凝土加固。

新浇的混凝土和新配置的钢筋与原构件相比，存在着应力滞后，其滞后的程度与加固施工时原构件的负荷水平、加固后构件的受力状态等因素有关。因此，在承载力计算时，应视具体情况对补加的混凝土和钢筋的强度进行折减。

加固构件的构造设计应注意如下几点：

① 新浇筑混凝土的最下厚度，加固板时宜为 4 cm，加固桩时宜为 6 cm（当采用喷射混凝土施工时为 5 cm）。

② 加固钢筋直径，加固板时一般为 φ6、φ8，加固梁时 ≥φ12，加固桩时 ≥φ14～25，封闭

箍筋直径不宜小于 Φ8。

③ 新增纵向受力钢筋两端应锚固可靠。

④ 新浇混凝土的强度等级宜比原构件设计的强度等级提高一级,且不低于 C25 级。

⑤ 在施工前应尽量减小原构件的负荷,若施工时原构件的负荷不能降低到原构件承载力的 60% 之内,应采用临时预应力支撑进行卸荷。

⑥ 原构件在新旧混凝土结合部位的表面应凿毛、洗净。加固方案的优劣对修复加固的效果影响很大,要慎重选择,使其满足局部效果和总体效应两方面的要求。局部效果要求是指对结构局部所采取的加固方法,应能保证结构的使用功能。总体效应要求是指在选取加固方案时,要考虑加固后的总体效果,如结构整体动力特性等。选择修复加固方案时,要综合考虑构件受损情况、施工条件、经济效益、加固效果以及结构的整体稳定性和耐久性等。

(2) 外粘型钢加固。钢筋混凝土梁、柱外包型钢、扁钢焊成构架并灌注结构胶粘剂,以达到整体受力,共同约束原构件的加固方法。

(3) 粘贴钢板加固。通过采用结构胶粘剂将钢板粘合于原构件的混凝土表面,使之形成具有整体性的复合截面,以提高其承载力的一种加固方法。

(4) 粘贴碳纤维复合材料加固。通过采用结构胶粘剂将碳纤维复合材料粘合于原构件的混凝土表面,使之形成具有整体性的复合截面,以提高其承载力和延性的一种加固方法。

经修补或加固的结构,应定期跟踪检查,检查时间间隔应满足下列要求:

① 破损修补每 2 年至少检查一次;

② 加固每 1 年至少检查一次。

修补、加固后,港口水工建筑物未经技术鉴定或评估,不得提高使用荷载或改变使用条件。

4.5.1.4　结构防腐措施

完成混凝土结构的修补与补强后,为增加结构的耐久性,对结构的底部迎水面增加防腐涂层,涂层防腐年限设计为 10 年。

(1) 涂层实施的范围为浪溅区和潮差区,即表湿区。由于构件仍处于浪花飞溅、潮位涨落等湿度较高的范围,设计采用湿表面固化涂层。

(2) 底层及中间层涂料选用湿固化长效的重防腐涂料,底层封闭漆厚度 $\geqslant 50~\mu m$,中间漆厚度 $300~\mu m$,表层采用丙烯酸聚氨酯面漆 $90~\mu m$,总干膜厚度 $390~\mu m$。采用碳纤维布加固表面,仅须涂覆面漆。施工前须在表湿区选择试验区。值得注意的是,由于聚氨酯的固化时间较长,在水位变动区内的混凝土表面,往往潮差时间不能满足聚氨酯面漆的固化时间,可用环氧面漆代替。

4.5.2　桩基的修复及补强

高桩码头基础采用桩基结构,桩基码头存在一些质量问题,主要原因是前期设计对结构耐久性方面要求不严。桩基主要表现在钢桩防腐涂层薄弱、牺牲阳极或阴极保护电流措施缺失等,上部结构由于钢筋保护层偏小、混凝土强度等级及密实度不够、表面无防腐涂层等措施,导致钢桩腐蚀穿孔,混凝土构件受氯离子侵蚀后表面胀裂,结构力学性能下降等。

4.5.2.1 混凝土桩基的修复措施

对于混凝土桩基的修复主要有两个方面,一是对局部破损的修复,二是对桩体裂缝的修复,另外对部分桩基破损严重的还需进行补强。以下为码头桩基破损和局部产生裂缝的图片。

图 4-21 桩基破损及裂缝

1. 桩基破损常规处理方案

对于有小面积破损和裂缝的桩基,一般的处理程序如下:

(1) 原结构混凝土基面处理,即对粘贴的混凝土基面进行打磨处理,如果在潮湿的环境应对表面进行干燥处理,应清除表面的浮灰并把转角打磨成圆弧状;

(2) 涂刷碳纤维底胶;

(3) 涂刷碳纤维找平胶,对混凝土进行缺陷补平;

(4) 涂刷面胶;

(5) 粘贴一层碳纤维布;

(6) 涂刷面胶;

(7) 粘贴多层碳纤维布,每层须重复(4)~(6)步骤;

(8) 在碳纤维布涂面胶未干时撒上黄沙,以增加水泥砂浆粉面时的黏结强度(即增加粗度);

(9) 最后用 20 mm 厚的 M15 水泥砂浆将碳纤维布保护起来。

2. 大管桩破损的修复方案

李勇等人在浙江北仑电厂输煤码头工程中对大直径管桩破损的修复进行了详细的研究。浙江北仑电厂输煤码头工程分一期和二期两部分,一期码头 1990 年竣工投产,运行至今已 15 年,其卸船码头长 274 m,宽 32 m,分 4 个结构分段,排架间距为 10.5 m,桩基为 287 根 A1 型大管桩;装船码头长 131 m,宽 18 m,分 2 个结构分段,排架间距 10.5 m,桩基为 81 根 A1 型大管桩。二期码头由一期码头向东延伸而成,始建于 1996 年,2000 年竣工投产,码头长 256 m,宽 30 m,分 4 个结构分段,桩基为 221 根 B1 型大管桩。

通过桩基检测发现,桩基纵向裂缝沿桩轴线平行走向分布,无拓展迹象,缝深较浅(小于 25 mm);周向裂缝大体上呈垂直于桩轴线分布,存在明显拓展现象,缝深已越过钢绞索。同时,一期码头大管桩的裂缝破损重于二期码头的大管桩,斜桩重于直桩,56 根出现周向裂缝的均为斜桩,且以斜度最大的 4.5∶1 类桩居多。对于这 2 种裂缝分别提出了不同的修复方案。

(1) 纵向较浅裂缝的大管桩封闭保护方案

纵向裂缝的缝深较浅,未深及高强钢绞索,对应于钢绞线深度处的氯离子含量较低,仅须进行封闭保护处理,阻止外界氯离子进一步侵入,就可满足目前条件下的使用要求。但该码头桩帽高程较低(3.25 m),平均潮位大管桩表面,尤其是平均潮位以下,经常处于潮湿状态,设计经济的涂层封闭方案时,必须选用固化快、对潮湿基础适应性强的材料,方可在单个潮位变化的时间内完成操作。据此设计喷涂聚脲弹性体保护方案,具体如下:将潮差、浪溅区的已有裂缝全面清基,经喷砂去除表面碳化层,设计采用喷涂聚脲弹性体(厚度≥500 μm)保护。

材料性能特点:

① 100%固含量,不含有机溶剂和高挥发性物质,符合环保要求。

② 防腐性能优异,特别适合于刚性基材如钢材的防锈、防腐蚀。耐 20%硫酸溶液和 20%浓度的碱溶液,耐汽油,耐低极性溶剂。

③ 涂层无接缝,美观实用。可厚涂至数毫米,一次施工即可达到厚度要求。

④ 固化快,数十秒内凝胶。可在不规则基材、垂直面及顶面连续喷涂而不产生流挂现象,一般数分钟后可在喷涂聚脲表面行走,1 h 后强度可达到通常的使用要求。

⑤ 聚脲反应体系对环境湿度和温度不敏感,在施工时不受环境湿度的影响。可在寒冷环境下施工,适应性强,只是在低温环境达到最高强度所需的时间稍长。

⑥ 附着力强。通过对基材适当的清洁和其他处理,在钢、铝、混凝土等各类常见底材上具有优良的附着力。

⑦ 耐候性好,耐冷热冲击,耐雨雪风霜。聚脲涂层在−50~150℃下长期使用,可承受 350℃的短时热冲击。

⑧ 聚脲的 A 组分为透明至半透明黏稠液体,B 组分为带色的浆料。使用配合比(体积) 1∶1。

(2) 出现周向裂缝的大管桩修复加固方案

永久荷载产生的桩力在桩基修复前传递已经完成,修复后并不改变其传力性质,因此桩基修复设计主要考虑可变荷载产生的桩力。本次桩基修复加固,承载能力按照达到原设计能力的原则进行设计。因复核计算的桩顶弯矩小于 A1 和 B1 型直径 1 200 mm 预应力大管桩的正截面抗弯能力,故对外包钢筋混凝土的抗弯承载力按达到原预应力大管桩的正截面抗弯能力进行加固设计。

修复采用了贴钢板+外包混凝土方案。外包混凝土($f_c=15$ MPa)厚度取 25 cm,主筋混凝土保护层取 8 cm,外包混凝土内配主筋 $\Phi22@22$($f_y=310$ MPa),其抗弯承载力为 $M_U=1\ 700$ kN·m(>389 kN·m)。主筋上端 30 cm 区段锚固于桩帽内,下端向内侧弯曲后焊固于钢套箍上,主筋外侧点焊安置 $\Phi10@250$ 的箍筋,视外包区段高度,于钢筋笼内焊置 15~20 根 XP 型钢筋混凝土专用的牺牲阳极保护钢筋。粘贴钢板加固主要材料为钢板、结构胶和辅助材料(焊条、螺栓)等,其中钢板通常采用 10 mm 厚的 A3 钢,而粘贴用结构胶是决定加固效果的关键。预应力大管桩结构加固用的建筑结构胶,必须强度高、黏结力强、耐老化、弹性模量高、线膨胀系数小,具有一定弹性。目前,环氧树脂为弹性模量较高、温度变形较小的首选刚性胶种。

4.5.2.2 钢管桩的修复措施

钢管桩基存在的主要问题是原设计中未考虑防腐措施或经多年使用后桩基的防腐涂层已破坏,对桩基不能起到保护作用,对于钢桩基的修复主要分为两类,以下做简要说明(图4-22)。

图 4-22 钢管桩破损图示

1. 破损较小,以防腐为主的修复措施

阴极保护是防止钢结构局部腐蚀最为有效的方法,《海港工程钢结构防腐蚀技术规范》(JTS 153—3—2007)的第 3.0.5 条规定"承受交变应力的水下区钢结构必须进行阴极保护"。因此,对于 B 级腐蚀还不严重的裸钢进行牺牲阳极保护。牺牲阳极采用铝-锌-锡-镁牺牲阳极,采用水下焊接,牺牲阳极性能指标:①开路电位<-1.18 V;②工作电位<-1.05 V;③实际电容量$>2\,400$ A·h/kg;④电流效率$>85\%$。全部阳极焊接完成后进行验收,包括水下电视录像等,并在阳极焊接完成 7 d 后,采用便携式海水 Ag/AgCl 参比电极对所有钢桩的保护电位进行全面检测,测定钢管桩的上、中、下 3 个高程的保护电位。钢管桩的保护电位需<-0.85 V(相对于 Ag/AgCl 海水电极)。

2. 破损较严重的桩基的修复措施

C 级腐蚀的钢管桩对开裂面积较大的桩进行修补,并对修补后的钢管桩按 B 级腐蚀等级进行牺牲阳极阴极保护。开裂修补采用焊接与原钢材相同或相近的钢材处理。修复措施可按下述流程进行:

① 清除裂缝周边 80 mm 以上的海生物和锈层等杂物,露出洁净的金属面;

② 将裂缝边缘加工出坡口以便焊接;

③ 用小直径底氢焊条分层逆向施焊,焊缝高度与钢管桩齐平。验收时应逐一进行水下摄像记录,对于不符合要求的焊缝应及时补焊。

第五章 码头结构加固改造施工技术

码头结构加固改造不同于新建项目,码头结构加固改造施工项目不仅受空间、环境的限制,同时受到传统的技术方法的局限。码头结构加固改造施工主要涉及原结构部分拆除、新增桩基施工、新建上部结构施工以及原结构破损部位的加固和修复等。

5.1 码头结构拆除施工技术

5.1.1 码头上部结构拆除方法

5.1.1.1 常规混凝土机械拆除方法

混凝土拆除可分为爆破拆除和非爆破拆除两大类。非爆破拆除包括机械拆除和人工拆除,其中机械拆除是利用专用或通用的机械设备经更换工作装置直接将建筑物破碎或解体,是目前常用的拆除方法。机械拆除方法主要包括破碎机拆除法、破碎钳(剪)拆除法、摆锤撞击拆除法、机械锯切拆除法、高压水射流切割拆除法、液压劈裂机拆除法、静态破碎剂拆除法等。

1. 破碎机拆除法

该方法所用的机械由破碎锤和承载机械组成。破碎锤按动力可分为风动破碎锤和液压破碎锤,承载机械可以是挖掘机、装载机、推土机等。目前在拆除工程中最常用的破碎机由通用的液压挖掘机和液压破碎锤组成。液压挖掘机的液压系统给破碎锤提供动力,推动破碎锤中的活塞快速运动,活塞冲击破碎钎具(凿钎)的尾端并通过钎具将冲击能传递到混凝土结构上,将其破碎。液压破碎锤有多种规格,小的有手持式破碎机,大的本身质量达 6 t 多,需要 70 t 以上的液压挖掘机与之相匹配。

目前破碎锤已发展到智能型,它能根据被破碎物的情况,自动监控和调整其输出冲击能和冲击频率特性。当破碎坚固的结构物时,自动增大单次冲击功、降低冲击频率,以使其有更大的破裂能力;当破碎非坚固的结构物时,自动加快冲击频率、降低单次冲击能,使破碎锤具有更高的工作效率;当结构物被破裂后,它又会减少或停止输出,以达到保护破碎锤、延长使用寿命的目的。

破碎机拆除法具有能量利用率高、冲击功大、使用经济方便、机动性好、安全可靠、噪声小、适应性强等优点,可用于解体破碎各种混凝土结构物。在许多情况下,用破碎机拆除法综合拆除费用低于爆破拆除费用。

2. 破碎钳(剪)拆除法

该方法所使用的机械由通用的液压挖掘机和破碎钳组成。液压挖掘机为破碎钳提供液压动力和承载底盘。破碎钳可分为拆除剪、粉碎剪、钢材剪 3 大类型。拆除剪的鄂板前部带有钢齿,用于破碎混凝土,鄂板端部装有刀片,用于剪断钢筋等金属材料,而且鄂板可以360°旋转,便于抓取被拆除物;粉碎板的鄂板较宽,主要用于拆除板类结构物、二次破碎和材料回收;钢材剪结构类似于剪刀,主要用于拆除钢结构建筑物。

与破碎机拆除方法相比,破碎钳(剪)拆除法具有如下特点:①在拆除过程中几乎没有噪声,可实现无公害拆除;②拆除梁、柱、壳体等结构物时,用破碎钳拆除效率高、成本低;③在拆除高层建筑时,若用破碎机拆除,则反冲力比较大,同时钎具对准被拆除物也比较困难,而用破碎钳拆除法则不存在这些问题;④建筑构件层层叠合,钢筋像蜘蛛网,破碎钳具有破碎和剪断钢筋的功能,非常适用于这类拆除。

3. 摆锤撞击拆除法

该方法是利用大型吊车悬吊 1 个大铁球(质量可达 22 kN),大铁球通过缆绳和快放卷扬机拉动,使其发生前后来回摆动,当铁球撞击建筑物构件时,建筑物便解体破碎。铁球单次冲击能很大,拆除速度快,但是摆锤拆除噪声大,不易操作,看起来不安全,已逐步被破碎钳(剪)拆除法取代。

4. 机械锯切拆除法

该方法主要是利用金刚石圆盘锯、金刚石线锯或钢丝绳锯加磨料切割混凝土构件,使构件与原建筑物分离。锯机所用的动力可以是电力、液压或压缩空气。该方法的最主要特点是可以准确地切除建筑物,对保留下的建筑物不会产生损伤,施工过程对环境影响小。因此非常适合部分保留、部分拆除的工程,如在墙上、混凝土坝体上开挖孔洞、桩头切除等。

机械锯切拆除还可用于高层建筑物拆除。其方法是先用锯机锯断建筑物构件,使构件与原建筑物分离,然后用吊车等吊装设备将解体后的构件吊至地面或直接装车运至指定地点。锯切设备非常轻巧,很容易送到指定位置,因此其拆除高度基本不受限制。

5. 高压水射流切割拆除法

该方法是利用高压水发生器(泵)将水压升高至 $70\sim400$ MPa,然后使高压水通过喷嘴以 $1\sim2$ 倍声速从喷嘴喷出形成水射流,当水射流产生压力超过混凝土的破坏强度时,即可将混凝土切削掉。水射流可以是纯水射流,以纯水作为切割能量载体;也可以是磨料水射流,这种水射流中含有磨料颗粒,所用的磨料为硅砂、氧化铝、石榴石等。纯水射流切割能力较低,在混凝土切割中较少使用。目前商品化的混凝土切割水射流以磨料水射流为主,提高了切割能力。如在切割厚 200 mm 的钢筋混凝土板时,水射流水压达到 200 MPa,水射流流量为 20 L/min,磨料流量 2.6 kg/min,其切割速度可达到 200 mm/min。

高压水射流切割噪声小,粉尘少,切割时不产生振动,易于实现自动化,可切割任意弧线,切割时不会对周围混凝土结构强度造成损坏,适合于部分拆除、保留拆除工程。与机械切割相比,高压水射流切割的特点是对切割形状、位置及施工作业面等要求低,可进行曲线、立面切割或纵深部分切割等。

高压水射流另一重要用途是清除混凝土表面风化层、腐蚀破损层。这种清除工作一般要求破碎掉损坏的混凝土表面,露出钢筋或新鲜的混凝土表面,不能损害需要保留的结构物部分。若用风镐、人工凿除,不但费时,而且质量难以保证;而用高压水射流清除则可以做到速度快、质量好。

6. 液压劈裂机拆除法

该方法是在已钻好的钻孔中应用液压劈裂机将混凝土胀裂。其施工过程简单,首先用普通凿岩机在要拆除的结构物上钻出1个特定直径和深度的孔,钻孔直径和深度由所用劈裂机型号决定,一般直钻孔径为40 mm,深度为700 mm。然后将劈裂器放入孔中,在液压力的驱动下,可在几秒内产生超过4 000 kN的劈裂力,进而将混凝土劈裂。当有粗钢筋时,可用气割等热切割方法通过已胀开的裂缝将钢筋切断,再加入扩张楔块使裂缝进一步扩展直至整个结构破坏。该方法拆除过程不会产生飞石,可控制破裂方向,最适合大体积混凝土拆除及与破碎机配合进行开挖。

7. 静态破碎剂拆除法

该方法先用普通凿岩机在混凝土上钻孔,然后将与水搅拌好的膨胀剂填入孔内,随着膨胀剂水化反应的进行,膨胀剂产生压力并作用于孔壁直至将混凝土破裂。这种膨胀剂化学反应慢,破裂过程不会产生震动、飞石等。但膨胀剂破碎能力有限,目前用于拆除钢筋混凝土结构还有困难,且拆除时间较长。

5.1.1.2 高桩码头上部结构拆除施工技术

随着港口城市的发展和交通运输部提出老港区转型升级,越来越多的码头需要进行拆除或改造。与一般建筑物相比,码头结构复杂且位于水陆交汇处,施工受风、浪的影响,码头结构拆除较为困难。尹向顶提出了采用锤冲击法拆除钢筋混凝土墩台的施工工艺,杨志君开发了一种新颖、快捷的码头拆除施工工艺拆除350吨码头系缆墩,殷景燕等采用陆上作业为主的方案进行了天津港19♯、20♯码头前方承台的拆除,蔡基农等通过爆破法成功拆除了沪东船厂2♯码头全部和3♯码头大部分结构。

1. 高桩码头上部结构拆除施工工艺

在港口码头加固改造工程中需要拆除的结构类型比较多,有较薄的面板也有大体积的横梁、纵梁、墩台等结构,拆除过程中还要尽量减少对原保留结构的影响,目前通常采用切割+风镐凿除的方式进行。

(1) 面层及面板

码头上部面层结构可采用敲拆机配合人工进行分块凿除、吊运。

面板结构在拆除时要确保不能使拆除物掉至水中,避免污染水体环境及对后期加固改造施工造成影响,因此需要选用液压墙锯对面板进行小块分解切割,然后再在完成分解切割后将整块吊起装车(船)运出,至指定地点进行破碎处理。锯片最大直径及最大切割深度可根据需求进行选择,在条件允许的地方可利用镐头机同步配合施工。

(2) 横梁拆除

横梁的切割可采用液压金刚石链锯进行无振动直线切割,局部必要的地方利用镐头机配合施工。液压金刚石链锯和墙锯设备轻便、高效,切割时无粉尘、无振动且非常灵活,能切割钢筋含量小于1%的普通混凝土构件,适应不规则构件、大面积及大体积构件的切割。

(3) 纵向梁系及支撑拆除

纵梁及支撑拆除时,要注意避免拆除物及碎片掉入水中,拆除施工同样可采用液压金刚石链锯进行。由于纵梁等上部结构拆除后,码头桩基本身的稳定性受到一定影响,因此在上部结构(含桩帽)拆除后,有针对性地在四周未拆码头采用围囹措施对部分桩基进行稳固。

桩帽、下横梁拆除与纵梁及支撑拆除工艺相同,可采用液压金刚石链锯进行切割,并需要确保拆除物及其他破碎体不掉入水中。

2. 绳锯切割静力拆除技术

为减少整体拆除构件对环境的影响,码头结构加固改造中引进了绳锯切割静力拆除技术。该项技术具有速度快、环境影响小、噪声低、无粉尘污染等特点,可采用遥控操作,切面整齐,切割块体大小不受限制(图5-1)。

下面对目前常用的金刚石绳锯切割方法做简要介绍。

(1) 金刚石绳锯工作原理

金刚石绳锯切割技术又称无损性拆除技术,是近几年发展起来的一种环保、高效、安全的新型静力拆除施工工法,是专门针对切割分离大型钢筋混凝土构筑物而设计的。它的主要原理是通过液压马达高速驱动带有金刚石串珠的钢丝绳索(金刚石锯绳)绕着被切割物体运转,在一定张拉力的作用下,高速磨削被切割物体,产生的磨屑和热量被冷却水带走,最终达到分离被切割物体的目的(图5-2)。

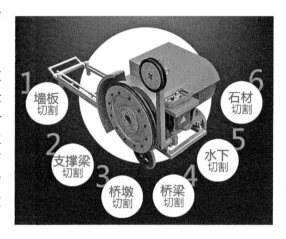

图5-1 绳锯切割机

图5-2 金刚石绳锯切割现场图片

(2) 施工特点

① 由于采用金刚石作研磨材料,所以可以切割分离任何坚硬混凝土。

② 切割是在液压马达带动下进行的,液压泵运转平稳,并且可以通过高压油管远距离控制液压马达,所以切割过程中的震动和噪音很小,被切割体能在平稳的情况下被静态分离。

③ 切割过程中高速运转的金刚石绳索采用水冷却,并将研磨碎屑带走,产生的循环水可以收集重复利用。

④ 不受被切割物体的形状和大小的限制,可以任意方向切割,如对角线方向、竖向、横向等。

⑤ 液压金刚石绳锯切割速度快、功率大,是其他类型切割方法较难比拟的。

(3) 施工工艺流程

施工工艺流程见图 5-3。

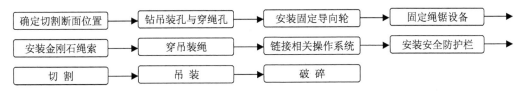

图 5-3 施工工艺流程图

① 确定切割断面位置。依据图纸现场放样,规划切割单元、切割路线和断面位置。

② 钻吊装孔与穿绳孔。依据吊装位置和切割线路,采用金刚石水钻分别钻吊装孔和穿绳孔。

③ 安装固定导向轮及绳锯设备。用化学螺栓固定绳锯主脚架及辅助脚架。

④ 安装金刚石绳索。依据已确定的切割断面,将金刚石绳索按照一定的顺序缠绕在主动轮、辅助轮上,并穿入穿绳孔。

⑤ 穿吊装绳。确保拆除混凝土能安全吊装。

⑥ 链接相关操作系统及安装安全防护栏。根据现场情况,连接水、电和机械设备等相关管路和安全防护设备。

⑦ 切割。启动开始按钮,调整主动轮提升张力,保证金刚石绳索适当绷紧,供应冷却水,再启动驱动主动轮,带动金刚石绳索回转切割。

⑧ 吊装及破碎。切割完成后,整体将混凝土构件吊装到指定的场地破碎,并及时清运出施工现场。

(4) 施工操作要点

① 导向轮要严格执行安装精度,导向轮固定要稳,轮缘要与穿绳孔的中心线对准,确保切割面的有效切割速度。

② 在安装金刚石绳索时,须正确区分绳锯的使用方向,按照卡子上箭头方向前进,不可反方向切割,避免串珠前后端产生锥度,金刚石绳锯使用前必须连接成一个闭合的回路,接头与相邻串珠间应无缝隙。

③ 绳子运动方向前面一定要用安全防护栏防护,并设安全标志。

④ 在切割过程中,应通过操作盘调整切割绳锯运转线速度在 20 m/s 左右。另外,要保证足量的冷却水使绳子冷却,并把粉屑带走。同时,还应密切观察设备状况,随时调整导向轮,确保切割绳在同一个平面上。

5.1.2 码头桩基拆除方法

在码头改造施工中,桩基水下拆除工序是拆除工程中的重要一环。目前码头改造工程中的桩基拆除方法大体可分为拔桩和割桩两类。

5.1.2.1 拔桩拆除方式

拔桩拆除可以大致分为两类:直接拔桩法、间接拔桩法。直接拔桩法就是在桩顶用夹套夹住桩身作为拔桩的受力点,然后用起重设备直接拔出。这种施工方法简单,但对于设备要求较高,拔桩力大。间接拔桩法就是在拔桩前,用振动、开挖等措施减小桩身与土体的摩擦力,然后用较小的力将其拔出。间接拔桩法费用低、应用广,是拔桩施工中常常采用的方式。

按照桩基拔除时的破坏形态,拔除桩的极限抗拔力主要受以下几方面因素控制:桩本身的强度、桩周岩土的性质、接触面上的几何特性和材料的物理力学性能等。归纳起来,其破坏形态可分为下图所示四类。

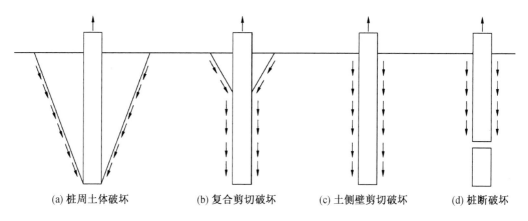

图 5-4 桩基拔除破坏形态

1. 振动拔桩法

振动拔桩法的原理就是在拔桩之前用振动设备使得桩身周围的土体破坏液化,减小土体与桩身之间的摩擦力,然后利用起重设备将桩身拔除。

振动拔桩的主要设备有振动锤和起重机。振动设备的作用是靠振动使得桩身周围的砂土液化,以降低桩身的侧摩阻力。其中振动设备的选取要考虑拔桩力、振幅、频率、偏心距的要求。

起重设备的选取原则是起吊力要大于总阻力,总阻力为振动锤重力、夹桩器重力、桩身重力、桩身摩阻力的总和。

施工步骤如下:①施工准备→②桩顶抄平→③起重船绞锚就位→④起吊振动锤,夹桩→⑤启动振动锤,桩身下沉(约 10 cm)→⑥振动拔桩,桩身上升(约 15 cm)→⑦起重船直接拔桩、桩体脱离泥面→⑧桩身落驳→⑨振动锤松开桩身,完成拔桩。

2. 高压旋喷振拔法

高压旋喷振拔法是水力切割与振拔法相结合的方法。施工时先在桩身周围 30 cm 左右施工 4~6 根高压旋喷桩,旋切土体,以实现桩土分离,同时喷入膨润土浆以置换旋切土体产生的钻渣,并保护孔壁的稳定与完整。高压旋喷桩施工完成后用桩头夹具夹住桩身,然后用振动锤将桩体拔出。该方法的总体施工效率不高,施工工艺复杂,费用高,对周边环境影响大。

3. 振动沉管高压水射流拔桩法

这种方法是使用普通的沉管桩机,用直径 600~800 mm 的无缝钢管作沉管,管底安装 6~8 个高压喷水喷嘴,通过震动和高压水流的切割作用,将沉管沉至桩基的底部,使得桩身与桩周土体剥离,然后使用夹具夹紧桩头用振动锤将桩身拔出。

4. 爆破拔桩法

爆破拔桩法就是先用炸药将桩体周围的土体破坏,以降低桩身的摩阻力,然后将桩体吊离。这种施工方法需要多种船机设备的有机配合,特别是爆破作业的炸药用量测算非常关键。

爆破拔桩的施工工序如下:①使用挖泥船等挖泥设备对桩基周围进行清淤,挖出表层软弱层→②在桩体周围均匀钻孔,孔的深度与桩长度相当→③安装炸药并起爆(炸药用量要做到既能破坏桩周土体又不炸坏桩身)→④起重船开始拔桩。

5.1.2.2 割桩拆除方式

割桩拆除一般利用风镐等凿除混凝土后再割除钢筋或直接割除。

1. 风镐等凿除混凝土后再割除

传统上常采用潜水员用水下风镐凿除混凝土和潜水员用水下电割条切断桩基主筋相结合的工艺。施工前在确定好方桩截断位置后,首先由潜水员下水利用风镐将需截桩的直桩的江侧两角混凝土凿除,凿除深度以钢筋保护层为准,露出两边主筋为宜,根据实际情况,凿至两角处主筋内侧位置,严禁超凿。然后利用起重吊机索住方桩,水下切割露出的两根主筋截断,同时起重船或挖掘机就位,向陆侧将直桩拉倒,起重吊机将方桩吊住后,潜水员利用水下电焊将残余钢筋截断,所有设备及人员撤出安全区域后进行起吊,运至指定位置存放。

斜桩的施工工艺略有不同,主要体现在凿除混凝土的部位,凿除方桩左右两侧根部混凝土,以露出根部两根主筋为宜,其他部位严禁凿除。

水下截桩的施工顺序如下:①确定切割面位置→②潜水员在水下凿除直桩江侧两个角混凝土(斜桩凿除左右两侧根部混凝土)→③吊机就位吊住桩基→④水下切割两角钢筋(斜桩切割根部两根钢筋)→⑤吊机吊住桩基→⑥水下切断钢筋→⑦起吊桩基(图5-5、图5-6)。

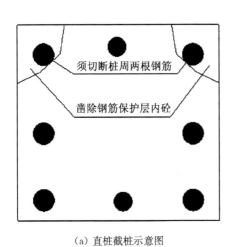

(a) 直桩截桩示意图　　(b) 斜桩截桩示意图

图 5-5　桩基截除示意图

2. 无振动直接切割

码头桩基拆除可采用水下钢筋混凝土静力切割,考虑施工条件的特殊性以及钢筋混凝土桩基的结构构造,通常采用绳锯静力切割配套设备,在起重机的配合下对桩基实施水下静力切割截除。与传统钢筋混凝土凿除工艺相比,钢筋混凝土绳锯静力切割工艺的优势突出,具有安全、高效、环保的特点。

(a) 水下风镐截桩

(b) 吊机就位切除钢筋

图 5-6 水下风镐截桩现场施工照片

现场施工采用的设备包括绳锯切割机和配套金刚石绳锯、自制导向架装置以及起重设备(图 5-7)。

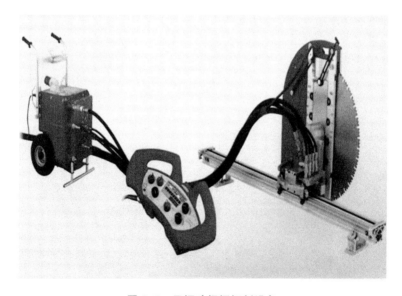

图 5-7 无振动绳锯切割设备

(1) 施工流程

前期准备工作→导向架系统制作→绳锯切割机就位→吊机下放导向架→桩头和导向架生扣→金刚石绳锯切割→隔断后吊离现场→重复下一根桩→破碎桩体→清理现场。

(2) 导向架制作

首先实测泥面至桩顶的距离,并制作相应长度的绳锯切割导向架。导向架制作时,根据桩基直径的尺寸,用角钢设置上下 2 道卡口,卡口宽度大于桩基直径约 50 mm,用于固定导向架和桩。导向架高度基本与桩顶平。

设置顶部和底部滑轮装置,其中顶部1对滑轮与码头面上的1对滑轮组合成一个转向系统,主要功能是把绳锯从码头面水平方向状态斜向转换到导向架,再由顶部转向至导向架的底部滑轮系统,最后由底部2对滑轮系统完成绳索的竖直运动转化为水平运动。在导向架和码头面滑轮的作用下,完成绳索从码头面水平运动至水下切割水平运动的转换,最终在切割机主滑轮的驱动下,绳索形成一个闭合回路,从而实现有效的水下桩体切割运动。

(3)主要施工方法

① 切割机就位

切割机就位时,根据所需截除桩位的位置,采用吊机将机体放在码头面的对应桩体位置。

② 码头面安装转向滑轮

于码头面邻近水域约 10 cm 处,植入膨胀型螺栓固定单个滑轮支座,安装转向滑轮。安装时,注意两个滑轮的高度一致,并保持良好的垂直度。

③ 下放安装导向架、桩头和导向架生扣

吊机吊起导向架,在人工的配合下缓慢移动至待截除桩顶;穿好绳索后将桩体套住,然后贴着待截除的桩体下放导向架沉入至泥面;用钢丝绳生扣绑住导向架和桩体。

④ 金刚石绳锯切割

进给速度控制:进给速度是由后退锯机来实现的,可以通过观察码头面上的绳索水平度进行操作,一直让绳索处于保持少量下垂度的优点。

绳索线速度控制:开始锯切阶段,进给速度为生产进给速度的 3/4,当锯缝深达 100 mm 以上,锯切曲线比较圆滑时,即可增加进给速度达到正常值。锯切结束阶段速度应降低。操作时密切监视控制仪表,使压力值处于锯切的最佳状态。

(4)切断桩后起吊

吊机选择必须考虑足够的安全系数,能够承受切断后的桩体和导向架总重。割断后,慢慢起吊桩体和导向架至码头面,待完成1根桩的截除工作后,再重复下一根(图5-8)。

图 5-8 水下切除桩基

5.2 码头清淤施工技术

相对于新建工程,码头结构加固改造受现有码头结构的影响,其挖泥设备的选择有着很大的限制性。通常按照码头清淤部位划分为码头后沿、码头结构下方、码头前沿三块区域。对于码头后沿近岸区域的岸坡,可采用长臂液压反铲进行开挖,废弃土方可由土方车运至指定堆场;对于码头结构下方区域,可采用小型绞吸式挖泥船或水陆两栖挖泥船进行开挖;对于码头前沿部分,可采用抓斗挖泥船等进行开挖,疏浚土方可通过泥驳装载运输。

本节重点针对码头结构下方的区域清淤技术进行介绍。

5.2.1 小型绞吸式挖泥船

受原码头横梁、纵梁及面板净空高度的限制,较大的船舶无法进入码头平台下方,可以采用小型绞吸式挖泥船在码头平台下进行挖泥施工,小型绞吸式挖泥船铰刀小、功率低,在挖泥过程中不能一次到位,须分多次分层绞吸挖泥,虽工效较低,但采用该设备可满足码头平台下挖泥的施工要求(图5-9)。

图5-9 小型绞吸式挖泥船

5.2.2 水陆两栖挖泥船

水陆两栖挖泥船可在码头后沿及码头平台下挖泥,在水位较低、后沿泥面露滩时可施工,在潮位上涨时也可施工。因该设备带有液压可伸缩的车轮,可在泥潭里移动。在涨潮时,该设备还具有在水中浮动的船舶功能,设备较灵活,受水位影响较小。该设备挖泥抓斗小、工效低,但可满足码头后沿及平台下挖泥施工的需要(图5-10)。

5.2.3 气力清淤技术

码头气力清淤技术是一项新工艺,主要是为了解决码头生产与码头清淤施工的矛盾以及码头清淤难的问题。码头气力清淤技术是指采用气力泵搅动码头下淤泥,而后使用吸泥管将淤泥输送至泥驳,外运至抛泥区。

采用潜水泥沙气力泵以及专用浮箱进行水下清淤施工,工程浮箱定位后,前后用八字锚稳固,前后移位定位使用四台卷扬机进行,因施工区域位于码头结构下,高度受水位及码

图 5-10　水陆两栖挖泥船

头板梁底限制,移位受桩位限制,必须时刻有专人观察并及时采取措施防止碰撞等事故发生。使用潜水泥沙气力泵及专用浮箱进行水下清淤时,由靠岸侧依次向外分层绞吸,根据水位潮汐表、GPS 测深仪及人工测量动态确定水面下挖深度及卷扬机控制潜水泥沙泵绞吸深度,误差控制在±0.2 m 内(图 5-11、图 5-12)。

图 5-11　码头后方气力设施

5.3　码头沉桩施工技术

本书码头沉桩施工主要针对预制桩沉桩施工,对于钻孔灌注桩等通过打设平台或利用已有码头平台即可满足现场施工要求。由于码头加固改造工程中新增桩基一般设置于已有结构的中间或后部,受到已有结构的限制,桩基施工的空间受限,甚至水上打桩船无法进入施工,因此选择合适的沉桩工艺、沉桩设备和施工方法,对码头加固改造工程的实施起着至关重要的作用,直接影响加固改造整体方案的可行性。沉桩施工是高桩码头结构加固改

图 5-12 码头气力系统和泥驳

造工程的重点与难点。

加固改造工程施工的桩基相对新建码头的桩基施工受场地条件限制,针对具体的情况在施工时须做出多样化的选择。预制桩沉桩施工可分为水上和陆上两种施工方式。水上沉桩施工主要受原结构的空间限制,对打桩船的性能提出了更高的要求;陆上沉桩施工相对较为灵活,可以利用老码头平台作为沉桩设备施工场地,但由于沉桩设备重量大,且陆上沉桩设备锤击能量、沉桩长度较水上沉桩设备小,因此对老码头平台结构影响大,且不一定满足长桩基的施工要求。

5.3.1 水上打桩船沉桩施工

1. 水上锤击法沉桩

(1) 打桩船

随着泊位的大型化,码头前沿水深越来越深,桩身也越来越长,基桩截面和自重不断增大,一次锤击沉桩设备也趋向大型化,沉桩技术日趋成熟。1949 年以来,打桩架由最初的 30 m 左右增加到目前接近 100 m。打桩船最大船型的满载排水量为 2 541 t,其单钩起吊能力为 400~800 kN,两钩合用最大为 1 600 kN,可以施打目前已有的各类桩型和各种布置形式的桩基,吊龙口外伸距最大为 15 m。此外,根据需要也可采用起重船吊打工艺。在今后实施高桩码头施工时,为适应大水深码头的需要,高桩架打桩船、大能量柴油锤、液压锤将担当主要角色。

(2) 打桩定位

随着打桩设备和沉桩工艺的改进,定位及桩位计算等工作也相应发生了很大变化。1960 年代定位用经纬仪配合拉尺或交会法施工,1980 年代引进激光测距仪等高精度测量仪器,并采用电子计算机计算桩位,测量精度的控制和桩的正位率及打桩效率均得到很大提高;1990 年代引进的全站仪、研制开发的微波定位以及近年来开发的 GPS 三维定位均应用于桩位控制,越来越多的打桩工程采用了"GPS 打桩定位系统"。

2. 码头加固改造水上沉桩

在码头改造施工中,由于老码头部分构件须保留,施工水域狭窄,常规打桩工艺受到了很大限制。而且由于桩基承受船舶荷载水平力,新增桩基大多采用斜桩,更是加大了现场水上沉桩的施工难度。

采用水上打桩船沉桩对打桩船的性能提出了比较高的要求。由于新增桩基可能位于原有排架中部,新增桩基距离码头前沿最远可达6 m以上,单桩最大重量可到80 t。根据实际调研,有两类打桩船可以满足该类型桩的水上沉桩要求,一类为打桩平台外挑出船前舷较长的常规打桩船,如中交第一航务工程局"打桩18号""打桩19号""打桩20号"以及中交第三航务工程局"三航桩7""三航桩15""三航桩18"等;另一类为全回旋打桩船,如中交第二航务工程局"宁波海力801号"(图5-13)、中交第一航务工程局"天威号"(图5-14)。

图5-13 中交第二航务工程局"宁波海力801号"全回旋打桩船

5.3.2 陆上沉桩施工

1. 陆上打桩机沉桩

在老码头两榀排架间沉钢管桩增设靠船墩台,是一种常见的码头结构加固改造形式。这种结构形式的桩基可采用陆上打桩机进行沉桩。根据钢管桩桩长、直径以及码头区地质情况,并结合设计要求的沉桩控制标准,选择配备合适锤型的陆上打桩机。因码头桩基较长,普遍在30 m以上,而陆上打桩机桩架高度有限,所以钢管桩须分节沉放,上下两节现场焊接。钢管桩在制作时,须计算好分节长度,做好接口位置的坡口加工。根据图纸设计桩顶平面位置,测量放出码头面层上的下桩孔位,然后根据斜桩设计斜率,开长方形孔位,以便调整下桩后的斜率(图5-15)。

图 5-14　中交第一航务工程局"天威号"全回旋打桩船

图 5-15　陆上打桩机沉桩

2. 导向架配合振动锤沉桩

振动锤是桩基础施工中的重要设备之一,广泛应用于工业与民用建筑、港口、码头、桥梁等的基础施工中,具有打桩效率高、费用低、桩头不易损坏、桩变形小等优点。振动锤不仅可以沉拔混凝土预制管桩、各类型钢板桩、钢护筒和钢管桩,还可用于振动沉管灌注桩、薄壁防渗墙、地表压实和深层土层致密工程的施工。振动锤除具有其他各类沉桩设备的优点如低震感、低噪音、无水气污染、高效、机动性强等外，还具有以下优点：①具有更强的地基穿透性，高频率振动可大幅度地减小土层的阻力，适用地质范围广；②锤身为全封闭设计，完全防尘和防污物影响，可在水下沉拔桩作业；③自振频率及振幅可在较大范围内进行调节，对于不同的施工地段地质、不同的桩型，可以选择最佳的振动频率及振幅，以获取最佳的工效；④在施工时，其激振力用来破坏土的结构及克服端阻力，桩的下沉力依靠桩身的重量与振动锤的重量及激振力。当桩端接触到硬岩层时，振动在原处进行，桩不下沉，作用在桩身上的合力基本不变，对桩破坏小（图5-16）。

振动锤工作时锤与桩刚性连接形成一个振动体系。振动锤运行时，总数为偶数的偏心轮高速旋转产生振动力，这个力使桩体产生正弦波的垂直振动，强迫桩体的周围土体产生液化、位移，由于土层移动，在桩体自身重量和振动锤重量的作用下，桩体切入地层。当振动停止，土壤逐渐恢复原样。同理，在施工中通过起重机吊钩的吊力，也可将桩体拔出。

最适合进行振动法沉桩的土质为非黏性土、砾石或砂，特别是饱水的非黏性土、砾石或砂。对于混合土或黏性土，只有当它们具有很高的含水量时，才可使用振动锤沉桩。在干硬性的黏土或经人工排水的砂中实施振动法沉桩，其沉桩阻力可能很大，故振动锤往往无法一次性将桩沉到位，这时需要继续用柴油锤施打。

图5-16 振动锤沉桩

在具体沉桩过程中，根据钢管桩设计斜率，采用型钢加工制作导向架，配合振动锤进行沉桩施工。导向架由工字钢和槽钢制成，竖向滑槽高度约3 m。首先将沉桩位置的梁板拆除，在沉桩两侧的码头平台固定2根工字钢，然后将导向架放置于工字钢上作为沉桩工作平台。在码头上放出控制点位，根据斜桩的桩顶平面位置和扭角，调整好导向架的位置和角度。用履带吊将钢管桩吊起放入导向架中，开启振动锤沉桩。开始沉桩时起锤激振应力较小，通过观察确定桩身、导向架、振动锤等中心轴线一致后，逐渐加大激振力进入正常施打。

3. 柴油锤与振动锤联合沉桩

由于码头加固改造中的钢管桩规格一般都较大,桩径可达 1.2~1.4 m,桩长可达 50 m,当出现沉桩区域土质砂层较厚、地质变化较大等情况,用振动锤可能无法直接打到设计高程,会造成桩顶普遍超高的情况,成为制约后续码头上部结构施工的重大技术问题。因此,可采用柴油锤吊打的施工方案对超高桩进行复打沉桩。根据现场实际情况,充分考虑设备桩锤和桩架质量、起重能力、起吊高度、停靠位置,可选用浮吊配合柴油锤进行沉桩。通过采用柴油锤与振动锤联合沉桩的工艺,可以解决钢管桩沉桩难以到位的问题(图 5-17)。

图 5-17 柴油锤吊打钢管桩

在码头改造区域增设钢管桩,提高老码头靠泊能力,是常用的一种设计方案。较为常见的有陆上打桩机沉桩和振动锤沉桩,但这两种工艺均存在局限性。陆上打桩机沉桩工艺需要打桩机的作用平台,且打桩机自重较大,对码头结构影响较大;由于打桩机桩锤大小的限制,可能不满足大直径、长钢管桩的沉桩施工。振动锤沉桩施工工艺主要通过振动锤的高频振动,产生高能量来液化钢管桩内外壁周围的土体,达到钢管桩沉入土体的目的。但振动锤沉桩很难满足长桩及复杂地质区域的沉桩需要。柴油锤吊打工艺基本用于施打直桩,直接施打斜桩的情况未见案例。

采用柴油锤与振动锤联合沉桩的工艺,在高桩码头改造项目的施工中具有通用性,尤其在地质条件较为复杂,采用单桩沉桩工艺无法满足沉桩要求时,联合沉桩是一种解决类似沉桩难题的可选方案。

4. 沉桩工艺特点分析

在码头改造施工中,由于老码头部分构件须保留,常规工艺打桩较困难,传统的水上打桩船工艺可能不适用。陆上打桩机沉桩法、导向架配合振动锤沉桩法、柴油锤与振动锤联合沉桩法,较好地解决了在硬质土层采用振动锤、吊打法等单一沉桩工艺无法完成沉桩任务的问题,具有很好的适用性。

几种陆上沉桩工艺特点比较见下表。

表 5-1 几种陆上沉桩工艺特点对比

施工工艺	工艺特点
陆上打桩机沉桩	可在老码头上开下桩孔,利用老码头面层作为施工平台,但不适合较大斜率斜桩的沉设
导向架配合振动锤沉桩	适用于任何斜率的钢管桩的沉设,靠高频振动液化土体沉桩,但桩长受地震影响大,且采用振动锤沉设斜桩无法做高应变检测
柴油锤与振动锤联合沉桩	锤击能量较大,尤其适用于振动锤无法直接沉设到位的桩基的跟进复打,可解决地质条件复杂的斜桩沉桩,但桩锤及吊笼自重较大,通常需要水上浮吊配合

5.4 码头新、老结构结合施工技术

在码头加固改造过程中,新、老结构连接一般采用两种方法。方法一是常规的凿除原有结构混凝土露筋后,将新增钢筋与原有钢筋焊接后连接的方式;方法二是目前应用较广的植筋施工技术。本节重点介绍植筋技术及新、老结构连接的注意事项。

5.4.1 植筋施工

近年来,混凝土新技术和新材料在工程改扩建和加固中普遍开始应用,植筋技术作为一种新型的加固技术,不仅具有施工方便、工作面小、工作效率高的特点,而且还具有适应性强、适用范围广、锚固结构整体性能良好、价格低廉等优点。由于在钢筋混凝土结构上植筋锚固已不必再进行大量的开凿破除,只需要在植筋部位钻孔后,利用化学锚固剂作为钢筋和混凝土的黏合剂就能保证钢筋与混凝土的良好黏结,从而减小对原有结构的损伤,也减小了加固改造工程的工程量,缩短了施工周期。植筋胶对钢筋的锚固作用不是靠锚筋与基材的胀压与摩擦产生的力,而是利用其自身黏结材料的锚固力,使锚杆与基材有效地锚固在一起,产生黏结强度与机械咬合力来承受拉拔荷载。当植筋达到一定的锚固深度后,植入的钢筋就具有很强的抗拔力,从而保证了锚固强度。目前,在水运工程中利用植筋技术加固的应用越来越广泛。

5.4.1.1 植筋技术原理

植筋技术是一项新型的钢筋混凝土结构加固技术,可以较简捷、有效地对混凝土结构进行连接与锚固。植筋是在已有混凝土结构或构件上以适当的直径和深度钻孔,并采用专用植筋胶,利用其黏结和锁键原理使新增的钢筋与原混凝土黏结牢固,使作用在植筋上的拉力通过化学黏合剂向混凝土中传递,从而形成整体受力体。在加固过程中,新旧混凝土界面的抗剪力主要由以下几部分组成:界面混凝土内部结合力、界面摩擦力、植筋的抗剪力。当外力作用达到一定程度,界面混凝土内部结合力被抵消,新增混凝土与原混凝土面理论上分离,产生相对位移,此时植筋受拉力和剪力产生的弯矩作用,作用值的大小依赖于界面的粗糙度和强度。如果界面足够粗糙,此时会产生附加的混凝土层间的内连锁作用(包括摩擦力和内部结合力),起到部分抵消外部剪力的功效(图 5-18)。

图 5-18 植筋施工

5.4.1.2 植筋施工顺序

植筋的施工顺序如下所示:清理结构、构件表面→结构加固部位的划线定位→钻孔、清孔→钢筋调直,除锈、除油污、清洗→调配胶粘剂→孔内注胶粘剂→植筋,静置固化→植筋质量检验(图 5-19)。

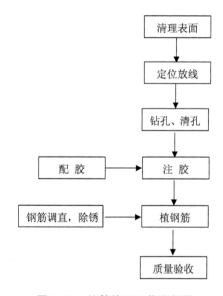

图 5-19 植筋施工工艺流程图

5.4.1.3 植筋材料

种植锚固件的胶粘剂必须采用专门配置的改性环氧树脂类胶粘剂或改性乙烯基酯类胶粘剂(包括改性氨基甲酸酯胶粘剂),其安全性检验指标必须符合表 5-2 的规定。在进场时,需要抽取试样按照相关规定做钢套筒法拉伸抗剪强度检验,其性能指标应符合表 5-2 的规定。

检查数量:按进场批次和产品抽样方案抽检。

表 5-2 锚固用胶粘剂安全性检查合格指标

性能项目			性能要求		试验方法标准
			A级胶	B级胶	
胶体性能	劈裂抗拉强度(MPa)		≥8.5	≥7.0	GB/T 2570—1995
	抗弯强度(MPa)		≥50	≥40	GB/T 2570—1995
	抗压强度(MPa)		≥60		GB/T 2569—1995
黏结能力	钢套筒拉伸抗剪强度标准值(MPa)		≥16	≥13	
	约束拉拔条件下带肋钢筋与混凝土的黏结强度(MPa)	C30、φ25 L=150 mm	≥11	≥8.5	
		C60、φ25 L=125 mm	≥17	≥14	
不发挥物含量(固体含量)(%)			≥99		GB/T 2793—1995

注：1. 表中各项性能指标，除标有强度标准值外，均为平均值。
2. 当按现行国家标准《树脂浇铸体弯曲性能试验方法》(GB/T 2570—1995)进行胶体弯曲强度试验时，其试件厚度 h 应改为 8 mm。

5.4.1.4 植筋施工

1. 划线定位

钻孔植筋前，应在构件植筋部位放线定位，探测其对钻孔有无影响，若有钢筋则应适当调整钻孔位置。在定位前先对原结构表面进行凿毛处理。

2. 钻孔

根据预先弹出的钻孔位置，用电锤钻孔，电锤要垂直于结构表面均匀钻入，以便控制钻孔的垂直。在钻孔过程中，当遇到钢筋或预埋件时应立即停钻，并适当调整钻孔位置；当钻孔位置偏离不能满足设计要求时，应通知设计单位处理。孔壁应完整，不得有裂缝和损伤。

3. 清孔

钻孔完毕后检查孔深、孔径，合格后将孔内粉尘用洁净无油的压缩空气或手动气筒吹出，然后用毛刷清孔，再次压缩空气吹孔，应反复进行 3～5 次，直至孔内无灰尘碎屑。孔壁的干湿程度应符合产品使用说明书的要求。清孔时严禁用水冲刷。

4. 钢筋除锈

植入孔内部分钢筋上的锈迹、油污必须打磨清除干净。对锚固筋端部用钢丝刷进行除锈，除锈的长度应大于锚固件的锚固长度。

5. 配胶

植筋胶粘剂的配制应根据施工条件，按胶粘剂供应厂商提供的配比和工艺要求进行。配制植筋胶由专人负责，在室内或封闭环境中进行，周围环境保持干净、无尘土飞扬，配制严格按照产品使用说明书规定的配合比和工艺要求执行。

6. 注胶

注入胶粘剂时，应使用专门的灌注器或注射器进行灌注，灌注方式应不妨碍孔中的空气排出，灌注量应保证在植入钢筋后有少许胶粘剂溢出。将充分混合的胶注到孔内 2/3 后即可把钢筋插入孔中,孔四周有树脂溢出表明胶已彻底充满钻孔,保证植钢筋时孔洞的胶饱和。

7. 植筋

注入胶粘剂后,应立即单向旋转缓缓插入钢筋,并尽量使植入的钢筋与孔壁间的间隙均匀,直至达到规定的深度。胶粘剂完全固化前,不得触动或振动已植钢筋。

植筋的钢筋需要接长时,宜先焊后种植。若有困难必须后焊时,其焊接点位置距植筋孔口不应小于 25d,且不应小于 200 mm,并采取有效措施,防止胶粘剂碳化。

5.4.1.5 植筋注意事项

1. 采用植筋锚固时,其锚固部位的原构件混凝土不得有局部缺陷,若有局部缺陷,应先进行补强或加固处理后再植筋。
2. 采用胶粘剂植筋施工,施工环境温度和混凝土基材表层含水率应符合植筋胶粘剂产品使用说明书的规定。若未作规定,施工应在环境温度大于 5℃、混凝土基材表层含水率小于 4% 的条件下进行。
3. 承重结构植筋的锚固深度必须满足设计要求,严禁只采用短期拉拔试验值或厂商技术手册的推荐值。
4. 施工中钻出的废孔应采用高于构件混凝土一个强度等级的水泥砂浆、树脂水泥砂浆或锚固胶粘剂进行填实。

5.4.1.6 植筋质量检验

1. 植筋施工完成后,钢筋应进行锚固承载力的现场抽样检验,其质量必须符合设计和规范要求。检验可采用油压千斤顶、锚具、钢支架组合系统做非破坏拉拔试验。一般加载至设计钢筋强度的标准值,无松动、无破损即合格,检验结果较直观、可靠、简便。
2. 锚孔内粘接材料应饱满,不得有未固结、碳化等情况。
3. 须对全数植筋进行摇拔检查,已植钢筋不得有松动。
4. 采用胶粘剂植筋直径与钻孔直径应满足表 5-3 的要求,直径允许偏差为 +2 mm、-1 mm。每种规格钻孔直径抽查 5%,且不少于 3 个。

表 5-3 采用胶粘剂植筋直径与钻孔直径   单位:mm

钢筋公称直径	钻孔直径	钢筋公称直径	钻孔直径
6	10	18	22
8	12	20	25
10	14	22	28
12	16	25	30
14	18	28	35
16	20	32	38

5. 钻孔深度、垂直度和位置的允许偏差应满足表 5-4 的要求。每种规格钻孔直径抽查 10%,且不少于 5 个。

表 5-4　植筋钻孔深度、垂直度和位置允许偏差

植筋位置	钻孔深度允许偏差(mm)	钻孔垂直度允许偏差	位置允许偏差(mm)
基础	+20.0	5°	10
上部构件	+10.0	3°	5
连接节点	+5.0	2°	5

5.4.1.7　影响因素

植筋技术的成败主要取决于混凝土基材质量、钢筋质量、黏合剂强度、钢筋植入混凝土深度(锚固长度)、施工温度等因素。

1. 混凝土本身强度如果很低,植入高强度钢筋没有大的意义。所以结合《混凝土结构加固技术规范》(GB 50367—2013),建议当植筋为新增悬挑结构构件时,混凝土强度等级不得低于C25;当植筋为新增其他结构构件时,原构件混凝土强度等级不得低于C20。

2. 钢筋一般选用Ⅰ、Ⅱ、Ⅲ级钢筋,其强度应符合现行国家标准,即《碳素结构钢》(GB/T 700—2006)的规定,黏合剂的自身强度及黏结强度必须满足使用要求。

3. 混凝土植筋的破坏形式主要取决于植筋的锚固深度。就植筋的埋置深度而言,试验研究表明,埋深较小时,植筋发生混凝土锥形破坏,承载力较低,不但不能发挥钢筋的作用,而且呈脆性破坏;埋置深度较大时,钢筋发生断裂破坏,钢筋植入部分没有发生丝毫滑移,强度未充分发挥,容易造成材料浪费;只有埋置深度达到适当的深度时,植筋破坏始于钢筋屈服,有明显的预兆,符合工程需要。

4. 植筋的施工温度直接影响黏合剂的固化时间。一般情况下,植筋所用黏合剂的固化时间随温度的升高而缩短,植筋的环境温度直接影响黏合剂的固化时间和力学性能的发挥,故应确定环境温度不要过高。

5.4.2　新、老结构连接处理施工

在高桩码头加固改造中,很多情况下会采用局部拆除原结构,新增桩基、墩台、轨道梁等设计方案。新老混凝土结合面易出现裂缝一直是工程上的难点,目前普遍认为其机理是相对薄弱的界面过渡区的形成使黏结强度达不到相应整浇混凝土的强度,从而产生更多的附加应力。

受老码头结构的限制,新增混凝土结构普遍为现浇结构。由于新浇混凝土收缩应力较大,而原老码头结构收缩基本可以忽略,当新浇结构经历升温、降温过程后,会均匀地产生收缩应变,在受到连接处老混凝土结构的约束限制后,收缩应力自然于限制处附近产生应力集中现象,当应力超过早期混凝土表面的抗拉应力时,裂缝则随之产生于节点处。

1. 增大结合面面积是提高新老混凝土结合力的主要手段,因此对老结构切割后的光滑界面必须进行凿毛处理。老结构表面可能存在长期的碳化衰老,混凝土在开凿过程中容易脆裂,因此不可一味追求凿毛效果而忽略对老结构的破坏。根据经验,当凿毛的槽深在1~1.5 cm、槽宽在2.5~3 cm时结合效果最佳。同时为消除老混凝土表面吸水特性对新老混凝土黏结力的影响,采用加固型界面剂进行表面处理可作为辅助措施。

2. 节点处除了做好新老混凝土断面结合处凿除处理外,采用膨胀混凝土技术能起到较

好的防裂效果。不同龄期对比试验表明,膨胀混凝土的干缩变形小于普通混凝土,但随着膨胀剂掺量的增加,膨胀混凝土的干缩变大。膨胀混凝土自生体积变形为膨胀型,随着膨胀剂掺量的增加,膨胀混凝土的自生体积变形变大,膨胀稳定期变长,一般到 90 d 龄期时自生体积变形已稳定。

由于节点四周老混凝土结构构成的限制面类似后浇带结构,利用膨胀混凝土的上述特性在节点处采用膨胀混凝土可以抵消混凝土干缩和应力集中带来的不利影响,有效防止新老混凝土结合面出现裂缝。

5.5 码头破损结构加固修复施工技术

码头混凝土构件经过多年使用后,由于构件本身或者受外部环境、荷载因素的作用,会出现不同程度的破坏,直接影响港口码头结构稳定和安全生产。码头混凝土结构常见的几种破坏形式如下:

(1) 由于施工过程中养护不当而形成的干缩裂缝;
(2) 由于水泥中碱含量超标等原因而造成的化学破坏;
(3) 由于撞击、承压等外力作用而出现的损伤;
(4) 由于钢筋锈蚀而出现的裂缝或剥落。

本节针对码头混凝土构件的常见破坏形式,着重介绍一些修复加固方法。一般可以将修复过程分为两部分,首先是进行表面和钢筋处理的修复措施,然后再进行加固施工。

5.5.1 修复措施

5.5.1.1 表面处理

处理待修部分的表面是修复钢筋混凝土构件的首道工序。对于直接进行表面加固的构件,草率的表面处理使得黏结强度降低,难免在新老材料之间出现"两张皮"现象。对于受损伤混凝土构件,一般应铲除至坚实的结构层为止,否则会产生"夹馅"现象,严重影响新旧结构层之间的黏结和共同受力,从而影响其耐久性。

码头水下及水位变动区混凝土的修复是码头混凝土修复的重点和难点。水下混凝土修复前的表面处理可分为两步进行:第一是清除受损混凝土,包括清走油、污物和水生物;第二步是对待修表面进行彻底清洗。

1. 受损混凝土的清除

确定受损混凝土的清除方式时,既要考虑混凝土的破坏形式、程度和部位等,还要注意技术可靠、施工简便、经济合理,尤其要注意的是所选择的方式是否会对码头结构产生不良影响。最常用的是机械切割方式,包括使用机械锯、风镐、高压水枪或高压气体,以切割待清除混凝土的周边。高压水枪因构造简单且使用方便在国外应用广泛,在我国更多使用风镐。

受损混凝土的清除有以下几种方式。

(1) 撞击方式,适用于大面积表层松动混凝土的清除。
(2) 爆破方式,具有无燥、快速的特点。需要考虑炸药在爆孔中的安放位置。高压力的二氧化碳爆炸物产生的高压二氧化碳气体可破碎大片的材料,适用于大范围修复。

(3) 预切方式,用机械装置、水压脉冲或膨胀剂插入已有的裂缝或爆孔里。爆孔沿着预定的直线打好,以产生一个裂缝平面,便于较为整齐地清除混凝土。

2. 混凝土表面清洗

在清除了受损伤的混凝土之后,对待修复表面的处理也是必需的。一般情况下,根据待修的范围、有质量问题的混凝土体积以及破坏或变质的程度等确定清洗方式。清除受损伤混凝土及处理表面可以在一个阶段完成。清洗方式大致可归纳为以下几种。

(1) 酸(碱)洗法,只限于水上部分及对环境有要求的地方。

(2) 水冲法,特别适用于浇筑新混凝土前的表面清洗。高压水枪用于清洗表面的海生物及其他污物。

(3) 机械法,对清洗修复表面很有效,并可提供一个粗糙表面以利于黏结。

(4) 喷砂法,仅用于水面以上,因环境及费用因素,已逐渐被淘汰。

(5) 化学处理法,在黏结施工前,用混凝土砂浆界面处理剂进行表面处理,可以代替对混凝土表面或表层的碱洗、除油和凿毛处理,不仅可以减少施工步骤,减轻劳动强度,而且可以提高黏结能力。

在许多情况下,混凝土构件是否应修复和加固,主要取决于混凝土构件的破坏程度和受力状态。除非那些修复只是为了装饰性的短期目的,否则须对修复表面做彻底清除。

5.5.1.2 钢筋的处理方法

1. 清洗

对于已裸露生锈的钢筋,必须最大限度地去除钢筋表面的锈蚀物,使钢筋表面清洁。可以采用喷水进行除锈,工作量不大时,也可用钢丝刷进行人工除锈。钢筋必须充分暴露其表面,以保证新材料能与其牢固黏结。钢筋也可以在表面涂上保护层以防止进一步锈蚀,但在水下这种方法是受到限制的。最具代表性的是在钢筋的表面涂上一层物质,让这些物质充满钢筋表面的空隙,并完全覆盖钢筋。

2. 镀锌

在暴露、干净的钢筋表面镀锌是一种新的处理钢筋锈蚀的方法。在海水中,特有的环境导致混凝土特有的导电性,对钢筋产生电化学腐蚀。根据阴极保护原理,用牺牲锌(阳极)的办法,达到保护钢筋(阴极)的目的。

3. 替换或补强

经过结构评定,认为需要加配钢筋时,在进行了表面处理之后可更换或补绑钢筋。

5.5.2 加固措施

修复加固技术包括多种措施,一般可分为化学灌浆加固、水泥灌浆加固、喷射混凝土加固、外包混凝土加固、外包钢加固、粘贴钢板加固、预应力拉杆加固、预应力撑杆加固等。下面主要介绍在码头结构修复加固中常用的三种措施。

5.5.2.1 化学灌浆加固

化学灌浆技术结合了工程学和化学,主要通过工程技术、化学材料以及化学应用科学合理地处理混凝土缺陷。化学灌浆是利用压力,通过使用钻孔、埋管、贴嘴等设施,将化学浆液注入混凝土裂缝、结构缝等需要处理的工程部位,使其充填、扩散、胶凝、固化,固化后的化学浆液具有较高的黏结强度,与混凝土能较好地黏结,从而增强构件的整体性,使构件恢复正常的使用功能,提高耐久性(图 5-20)。

图 5-20　化学灌浆

1. 施工工艺流程

化学灌浆施工工艺流程:裂缝处理 → 埋设灌浆嘴 → 封缝 → 准备灌浆泵 → 试压 → 配置灌浆材料 → 灌浆 → 检验及表面处理。

2. 施工方法

(1) 裂缝处理

灌浆前需要对裂缝进行处理,处理方法根据裂缝具体情况确定。

① 表面处理法:当混凝土构件上的裂缝较细小时(小于 0.3 mm),可沿着裂缝把缝口修宽,用钢丝刷等工具清除裂缝表面的灰尘、浮渣及松散层等污物,然后用毛刷蘸甲苯、丙酮等有机溶液,把裂缝两侧擦洗干净并吹干,保持干燥。

② 凿槽法:当混凝土构件上的裂缝较宽(大于 0.3 mm)较深时,宜采用凿槽法,即用钢钎或风镐沿裂缝凿成"W"形槽,槽宽 50~100 mm,深 30~50 mm。凿完后用钢丝刷及压缩空气将混凝土碎屑、粉尘清除干净。

③ 钻孔法:对于大体积混凝土或大型构筑物上的深裂缝,采用钻孔法。孔径的大小:风钻一般为 56 mm,机钻孔宜选 50 mm。裂缝宽度大于 0.5 mm 时,孔距可取 2~3 m;裂缝小于 0.5 mm 时,适当缩小孔距。钻孔后,清除孔内的碎屑和粉尘,并用适当粒径(一般取10~20 mm)的干净卵石填入孔内,这样既不缩小钻孔与裂缝相交的"通路",又可节约浆液。

(2) 埋设灌浆嘴(管)

灌浆嘴(管)是裂缝与灌浆管之间的一种连接器。在裂缝交叉处、较宽处、端部以及裂缝贯穿处,钻孔内均应埋设灌浆嘴。其间距一般为 350~500 mm,在一条裂缝上必须有进浆嘴。

埋设时,先在灌浆嘴(管)的底盘上抹一层厚约 1 mm 的环氧树脂浆液,将灌浆嘴的进浆孔骑缝粘贴在预定的位置上。

(3) 密封及试漏

对于不凿槽的裂缝:当裂缝细小时,可用环氧树脂胶泥直接封缝。其做法是先在裂缝两侧(宽20~30 mm)涂一层环氧基液,然后抹一层厚约1 mm、宽度为20~30 mm的环氧树脂胶泥(环氧树脂胶泥是在环氧基液中加入水泥制成的)。当裂缝较宽时,可粘贴玻璃丝布封缝。做法是先在裂缝两侧宽80~100 mm内涂一层环氧树脂基液,后将已除去润滑剂的玻璃布沿缝从一端向另一端粘贴密实,不得有鼓泡和皱纹,玻璃丝布可粘贴1~3层。

对凿"W"形槽的裂缝:可用水泥砂浆封缝。先在"W"形槽面上用毛刷涂刷一层1~2 mm厚的环氧基液,涂刷要平整、均匀,防止出现气孔和波纹。然后用水泥浆封闭,封缝3 d后进行压气试漏,以检查密闭效果。试漏前,沿裂缝涂刷一层肥皂水,从灌浆嘴通入压缩空气(压力与灌浆压力相同)。如封闭不严,可用快干水泥密封堵漏。

(4)配浆及灌浆

现阶段常用的化学灌浆材料主要分为防渗止水类和加固补强类,其中加固补强类包括环氧树脂、甲基丙烯酸甲酯、非水溶性聚氨酯浆等。浆液可根据不同裂缝及环境条件配置。

在一定时间内,以较高压力将修补裂缝用的注浆料压入裂缝腔内,此法适用于处理大型结构贯穿性裂缝、大体积混凝土的蜂窝状严重缺陷以及深而蜿蜒的裂缝。沿着裂缝把缝口修宽,用钢刷、丙酮洗刷干净后用吹风机吹干,再用胶带沿缝口贴满。找到缝口最宽的部位安灌浆嘴,然后用胶封牢胶带的部位,等胶达到凝固时间。此时采取压力灌浆(灌浆之前排除缝内空气再灌浆),灌浆效果达到出浆口出浆才算密实,然后把胶管和出胶管用扎丝绑牢。根据气温条件,气温高时24 h能达到凝固强度,气温低时则需更长的时间才能达到凝固强度。

待缝内浆液达到初凝而不外流时,可拆下灌浆嘴,再用环氧树脂胶泥或渗入水泥的灌浆液把灌浆处抹平封口。

5.5.2.2 喷射混凝土加固

喷射混凝土就是用压缩空气将水泥或细石混凝土喷射到受喷面上,保护、参与加强或替代原结构工作,以恢复或提高结构的承载能力和耐久性。喷射混凝土常用于局部或全部更换已损伤混凝土,填补混凝土结构中的孔洞、缝隙、麻面等。喷射混凝土有如下特点:

(1)喷射面以原有结构作为附着面,不需要另设模板,对板、梁的底面或复杂曲面等施工较方便;

(2)对混凝土、坚固的岩石有较强的黏结力;

(3)喷射层密度大、强度高、抗渗性好;

(4)工艺简单、施工快速、高效;

(5)可在拌合料中加入外加剂,满足特殊需要。

1. 施工准备

(1)加固修复的混凝土结构的表面必须清除表面装饰层,露出原结构层后进行凿毛处理,再用压缩空气和水交替冲洗干净。

(2)当结构加固部位的钢筋有锈蚀现象时,钢筋表面应除锈;当结构中钢筋锈蚀造成的截面面积削弱达原截面的1/12以上时,应补配钢筋。

(3)喷射混凝土前应支设边框模板,边框模板应牢固。在大面积加固时应设置喷射厚度标志,其间距宜为1~1.5 m。

(4)喷射混凝土前应对空压机、喷射机进行试运转。经检验运转正常后,应对混凝土拌合料输送管道进行送风试验,对水管进行通水试验,不得出现漏风、漏水情况。

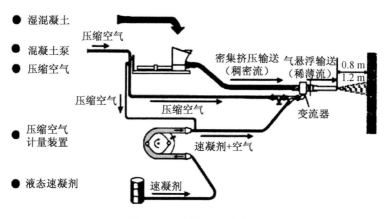

图 5-21　喷射作业模式图

2. 喷射作业

(1) 在喷射作业前应对受喷面进行喷水湿润。喷射作业要按照施工技术方案要求分片、分段进行,且应按先侧面后顶面的喷射顺序自下而上施工。

(2) 当设计的加固修复层厚度大于 70 mm 时,可分层喷射。一次喷射厚度可按表 5-5 的规定选用。

表 5-5　一次喷射厚度表　　　　　　　　　　　　　　　　　　　　　　单位:mm

部位	不掺速凝剂	掺速凝剂
侧立面	50	70
顶面	30	50

当分层喷射时,前后两层喷射的时间间隔不应少于混凝土的终凝时间。当在混凝土终凝 1 h 后再进行喷射时,应先喷水湿润前一层混凝土的表面。当在间隔时间内,前层混凝土表面有污染时,应采用风、水清洗干净。

(3) 喷射方法

喷射混凝土可分为干法喷射、湿法喷射和半湿法喷射三种。

① 干法喷射

将水泥、砂、石在干燥状态下拌和均匀,用压缩空气送至喷嘴并与压力水混合后进行喷灌。此法须由熟练人员操作,水灰比宜小,石子须用连续级配,粒径不得过大,水泥用量不宜太小,一般可获得 28~34 MPa 的混凝土强度和良好的黏着力。但因喷射速度大,粉尘污染及回弹情况较严重,使用上受一定限制。

施工时应注意以下几点。

a. 骨料级配要好。

b. 混合物在进入喷嘴与水混合之前,其含水率控制在 2%~5%。如果小于 2%,会增大粉尘;如果大于 5%,易造成管道堵塞。

c. 喷嘴距喷面应保持 0.9~1.2 m 的距离。

② 湿法喷射

将拌好的混凝土通过压浆泵送至喷嘴,再用压缩空气进行喷灌。施工时宜用随拌随喷的办法,以减少稠度变化。此法的喷射速度较低,由于水灰比增大,混凝土的初期强度亦较低,但回弹情况有所改善,材料配合易于控制,工作效率较干法喷射高。将预先配好的水泥、砂、石子和一定数量的速凝剂装入喷射机,利用高压空气将其送到喷头和水混合后,以很高的速度喷向混凝土的表面而形成。

施工时应注意以下几点。

a. 水灰比是控制混凝土强度的关键因素,应控制在 0.4~0.5。当水灰比小于 0.35 时,强度会急剧降低,喷射面出现干斑;当水灰比大于 0.5 时,会出现流淌、下坠现象。

b. 喷枪与受喷面之间的距离应在 1 m 左右,距离过大或过小都会增加回弹量。

c. 喷射机使用压力为喷射墙处气压与输送管道内气压损失之和。喷枪处气压一般以 0.1~0.13 MPa 为宜。

d. 当喷枪与受喷面相垂直时,回弹最小,喷射密度最大。

③ 半湿法喷射

为了减少喷射粉尘,在距喷嘴数米处供给压力水,这样拌合的材料为干料,而喷嘴喷出的材料为湿料。

(4) 刮抹修平

喷射混凝土厚度达到设计要求后,应刮抹修平。修平应在混凝土初凝后及时进行。修平时不得扰动新鲜混凝土的内部结构及其与基层的黏结。

3. 有关施工作业要求

(1) 凿除破损部位松散混凝土至露出坚硬部分,用压力不小于 20 MPa 的高压淡水清除混凝土表面浮灰、松散物和其他不牢附着物。

(2) 准确称量和配置混凝土界面黏结材料,按规定用量施涂于待修补的混凝土表面。

(3) 按规定配制喷射混凝土,并于界面黏结材料未固化前喷补。

(4) 喷射混凝土时先喷底面,后喷侧面,并分层喷补,第一层将钢筋覆盖住,第二层再喷至设计断面,喷射轨迹为直线,自梁一端向另一端推进,喷射时将钢筋周围空间喷实,并及时清除滞留的回弹砂浆。

(5) 喷射过程中控制好水胶比,喷射混凝土密实均匀、表面明亮,无流浆、起砂和露石现象。

(6) 掌握好喷射角度、喷射距离、风压和水压等,喷射角度通常为 90°,喷射距离为 0.8~1.2 m,水压为 0.3~0.4 MPa。

(7) 在修补喷射混凝土喷补完成后 2 h 即开始喷雾养护,并保持湿润,24 h 后用喷水养护,潮湿养护不少于 7 d。

(8) 喷射混凝土完成后及时进行外观检查,喷层外观密实均匀,无裂缝和孔洞,用锤击无哑声。

5.5.2.3 外包混凝土加固

外包混凝土加固,也称为混凝土构件加大截面加固,就是用混凝土加大构件的截面面积,并适量配筋。这种方法可以较多地提高构件的承载力和刚度,常用来加固桩、梁、板及连接节点等。外包混凝土加固受压构件的方法有四周外包加固、单边加固和双面加固等几种(图 5-22)。如果构件仅是受压边较薄弱,可仅对受压边加固;反之,可对受拉边加固。

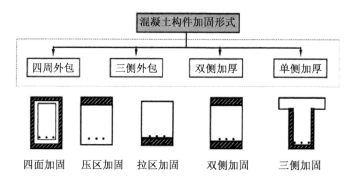

图 5-22 混凝土加大截面形式

图 5-23 混凝土立柱加大截面施工图

1. 施工流程

外包混凝土加固法施工应按下列工序流程进行:清理、修整原结构、构件→界面处理→新增钢筋制作与安装→安装模板→浇筑混凝土→养护及拆模→手工质量检验。

2. 主要施工方法

(1) 表面处理

外包混凝土加固应对原构件混凝土存在的缺陷清理至密实部位,并将结合面凿毛或打成沟槽,采用砂轮打磨的沟槽其方向应尽量垂直于构件受力方向,沟槽深度不宜小于 6 mm,间距不宜大于箍筋间距且不大于 200 mm。当采用三面或四面新浇混凝土层外包梁柱时,应凿除梁柱截面的棱角。在完成上述工序后,用清洁的压力水将结合面冲洗干净。

(2) 钢筋安置

对原有受力钢筋进行除锈处理,在受力钢筋施焊前应采取卸荷或支顶措施,并应逐根分区分段进行焊接。新增受力钢筋、箍筋及其连接件与原构件的连接应符合设计要求的规定。

(3) 模板搭设

混凝土模板支架的搭设不应影响原结构的安全,且应便于施工操作、拆卸;模板与原构件的搭接周边应封闭密实,防止浆液外漏,混凝土浇筑进料口应设置于便于操作的部位。

(4) 混凝土浇筑

新混凝土的浇筑应符合现行行业标准《水运工程混凝土施工规范》(JTS 202—2011)的有关规定,根据混凝土强度等级、耐久性和工作性等要求进行配合比设计。

在浇筑混凝土前,原构件混凝土的界面应按设计要求处理。若设计未提出要求,应涂刷一遍水泥浆,且应在混凝土浇筑前 24 h 保持界面湿润。水泥浆应采用不低于 42.5 级的水泥配制。

(5) 养护措施

混凝土浇筑完毕后,应按施工技术方案及时采取有效的养护措施,并符合下列规定:

① 应在浇筑完毕后 24 h 内对混凝土加以覆盖并保湿养护。

② 混凝土浇水养护的时间:对采用硅酸盐水泥、普通硅酸盐水泥拌制的混凝土,不得少于 7 d;对采用矿渣硅酸盐水泥拌制的混凝土,不得少于 14 d;对有抗渗要求的混凝土,不得少于 21 d。

③ 浇水次数应能保持混凝土处于湿润状态,混凝土养护用水应与拌制用水相同。

④ 采用塑料布覆盖养护的混凝土,其敞露的全部表面应覆盖严密,并应保持塑料布内表面有凝结水。

⑤ 混凝土强度达到 1.2 N/mm^2 前,不得在其上踩踏或安装模板及支架。

第六章　码头加固改造工程实践案例

6.1　实践案例一

实践案例一:镇江港大港港区镇江港务集团码头 6♯、8♯、9♯ 泊位结构加固改造工程,其中 6♯ 泊位采用结合式改造法,9♯ 泊位采用分离式改造法,8♯ 泊位拆除上部结构重建。

镇江港大港港区镇江港务集团码头 6♯、8♯、9♯ 泊位原为 2 个 5 000 吨级江海轮泊位、1 个 2.5 吨级化肥泊位和 1 个 2.5 吨级木材泊位,码头结构加固改造后 6♯ 泊位可安全靠泊 2 万吨级散货船,9♯ 泊位可安全靠泊 7 万吨级散货船(利用 8♯ 泊位部分岸线),8♯ 泊位靠泊能力限定为 5 000 吨级船舶。

6.1.1　码头现状

大港港区位于镇江长江下游大港河处,是 1980 年代为适应对外开放和内外贸发展的需要而开辟的以江海联运为主的港区。其一期工程于 1985 年建成投产,编号为大港港区 2♯~5♯ 泊位,2008 年 2♯~5♯ 泊位通过码头结构加固改造已达到安全靠泊 7 万吨级散货船舶。二期工程原设计为 5 000 吨级江船泊位和万吨级泊位,编号为大港港区 1♯ 及 6♯~9♯ 泊位。大港港区 6♯ 泊位原设计为 2 个 5 000 吨级江船泊位,8♯、9♯ 泊位原设计为 2.5 万吨级泊位,6♯ 与 8♯ 泊位之间的 7♯ 泊位已确定改造目标为 7 万吨级散货泊位。原工程开工日期为 1989 年 12 月 12 日,竣工日期为 1992 年 12 月 29 日。

大港港区 6♯、8♯、9♯ 泊位位于大港河东侧,码头前沿线呈多折线布置。6♯~7♯ 泊位为一直线,总长 432 m,其中 6♯ 泊位长 200.5 m,7♯ 泊位长 231.5 m;8♯ 泊位为一直线,长 182 m;9♯ 泊位为一直线,长 183 m。6♯~9♯ 泊位码头后沿共有 8 座引桥与后方相接。码头面标高 6.10 m(黄海高程,下同),码头前沿设计泥面标高为 −11.00 m,目前码头前沿设计泥面标高普遍为 −11.50 m,局部浚深至 −13.00 m(9♯ 泊位)。

6♯、8♯、9♯ 泊位码头结构均为高桩梁板式,码头总宽 28 m,分前后平台。前平台宽度 14.5 m,后平台宽度 13.5 m。排架基础均采用 600 mm×600 mm 预制混凝土方桩,码头排架间距为 7~7.1 m。前平台每榀排架布设 5 根基桩,其中有 1 对叉桩,后平台布设 2 根桩基。前平台上部结构由现浇横梁、预制预应力轨道梁、空心板组成;后平台上部结构为现浇横梁和空心板。

6♯、8♯、9♯ 泊位码头前沿系靠设施均采用 550 kN 系船柱和 H500D 型橡胶护舷。
原码头平面及典型结构断面见图 6-1、图 6-2。

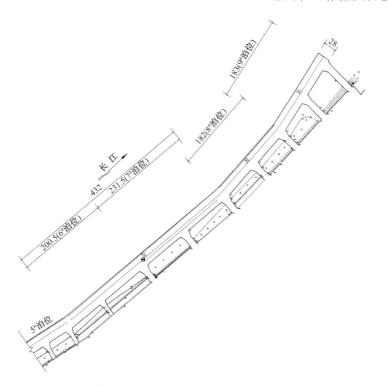

图 6-1　6#、8#、9#泊位码头平面图

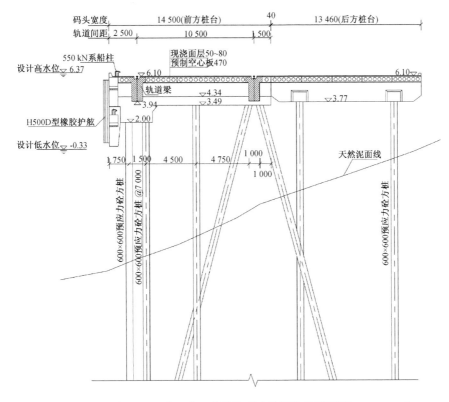

图 6-2　6#、8#、9#泊位码头典型结构断面图

6.1.2 码头结构检测评估

武汉港湾工程质量检测有限公司 2012 年 4 月编制的《镇江港大港港区二期工程 6♯、7♯ 泊位码头检测报告》,以及 2012 年 6 月编制的《镇江港大港港区二期工程 9♯ 泊位码头检测报告》的主要内容如下。

1. 结论

(1) 混凝土结构耐久性评估:码头及引桥外观情况较好,综合评定该码头结构耐久性等级为 B 级。

(2) 混凝土结构使用性评估:各类构件使用性评估及挠度评估等级评定均为 A 级。

(3) 混凝土结构安全性评估:各类构件安全性评定等级均为 A。

(4) 码头长度、前沿水深、系船柱及橡胶护舷均能满足设计船型靠泊要求。

2. 建议

(1) 严格按照设计条件使用码头。

(2) 加强使用期对码头的沉降位移观测,确保码头的安全使用。

(3) 对混凝土构件裂缝、破损及露筋等缺陷进行修补加固,恢复其安全使用功能。

(4) 对损坏的橡胶护舷进行更换,以免影响船舶靠泊时对码头造成损坏。

(5) 在后期使用过程中,对港池冲刷进行监测,确保码头的使用安全。

6.1.3 加固改造方案

1. 码头平面改造方案

6♯、7♯ 泊位为一直线,泊位长度为 432 m;8♯ 泊位为一直线,长 182 m,与 6♯、7♯ 泊位夹角为 171°;9♯ 泊位为一直线,与前者夹角为 171°。8♯、9♯ 泊位长度均小于 190 m,且与相邻泊位存在夹角,无法相互借用,现泊位长度只能满足 1.5 万吨级船舶的泊位长度要求,该船型不能充分利用深水岸线和满足船舶大型化发展的需要。

(1) 6♯ 泊位

6♯ 泊位长 200.5 m,可满足 1 个 2 万吨级散货船的停靠要求。

6♯ 泊位和 7♯ 泊位总长为 432 m,可满足 1 个 1 万吨级散货船和 1 个 7 万吨级散货船或 1 个 2 万吨级散货船和 1 个 3.5 万吨级散货船同时靠泊的要求(图 6-3、图 6-4)。

(2) 8♯、9♯ 泊位改造后方案

9♯ 泊位借用 8♯ 泊位岸线向上游延伸 78 m 后,9♯ 泊位加上原 8♯ 泊位下游段共 261 m,改造后 9♯ 泊位与 8♯ 泊位的夹角为 164.4°,可利用 8♯ 泊位下游系船柱作为系缆设施停靠 1 艘 7 万吨级散货船。

8♯ 泊位改造后长 105.7 m,改造后 8♯ 泊位与 7♯ 泊位的夹角为 177.6°,可利用 7♯ 泊位系船柱作为系缆设施停靠 1 艘 5 000 吨级驳船。

8♯、9♯ 泊位可满足 1 个 7 万吨级散货船和 1 个 3 000 吨级驳船或 1 个 3.5 万吨级散货船和 1 个 5 000 吨级驳船同时靠泊的要求(图 6-5、图 6-6)。

停靠 2 万吨级散货船时码头前沿设计底高程 −11.50 m,停靠 7 万吨级散货船时码头前沿设计底高程 −15.74 m。结合航道条件,6♯ 泊位前沿设计底高程 −11.50 m,8♯、9♯ 泊位前沿设计底高程 −12.50 m。

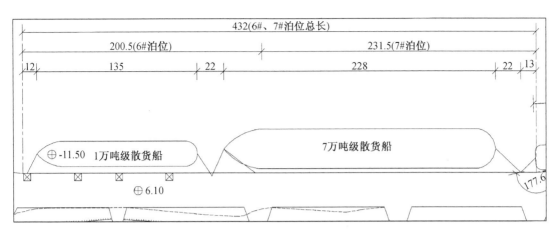

图 6-3 6♯、7♯泊位同时停靠1个1万吨级散货船和1个7万吨级散货船

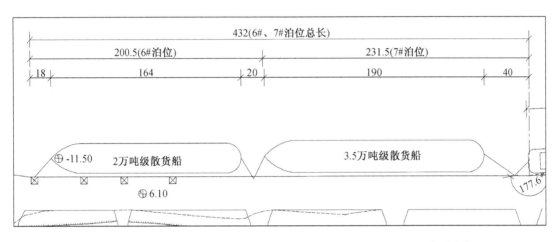

图 6-4 6♯、7♯泊位同时停靠1个2万吨级散货船和1个3.5万吨级散货船

2. 码头结构改造方案

6♯泊位采用结合式改造方式，9♯泊位采用设置分离式墩台方式，8♯泊位采用拆除后重建改造方式。

(1) 6♯泊位

6♯泊位改造后，停靠船型由5 000吨级提高到2万吨级，超过原设计船型的船舶系靠在新设计的系靠泊点处，码头前沿设计泥面标高－11.50 m，近期装卸设备为10 t门机，结构按3 000 t/h装船机预留。经验算现轨道梁强度、抗裂和抗剪均不能满足装船机作业要求，轨道梁采用拆除新建的改造方案。

码头靠泊船型增大后，船舶荷载也相应增加。加固改造船型停靠码头是利用新增系靠泊点，系靠泊点处主要承受船舶荷载，码头其他结构不承担大型船舶系靠泊的船舶荷载，新增系靠泊点处结构加固考虑利用原码头结构。

在每个靠泊点处排架的前端增设4根直径800 mm PHC桩，上部用混凝土浇筑节点与原横梁连成一体，PHC桩采用水上打桩架施工。为使打桩船沉桩，施工前改造排架及相邻排架端部(4跨3榀)，需要拆除码头前沿5 m范围内的面板、边梁、轨道梁、系靠设施、横梁，

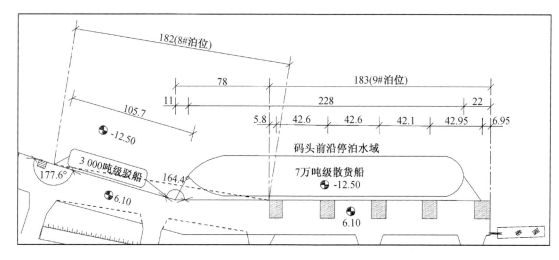

图 6-5 8#、9#泊位同时停靠1个7万吨级散货船和1个3 000吨级驳船

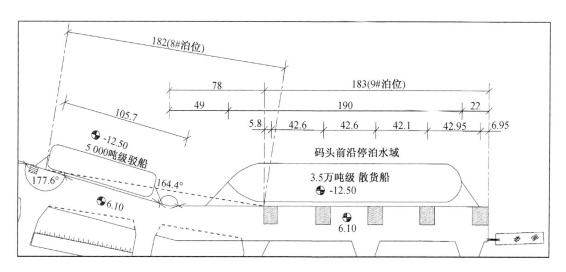

图 6-6 8#、9#泊位同时停靠1个3.5万吨级散货船和1个5 000吨级驳船

沉桩后现浇节点使新增桩基和原码头结构连成一体,并在新浇节点上方设置 750 kN 系船柱和直径 1 200/600 mm 圆筒型橡胶护舷(三只一组)。其他结构按原样恢复(图 6-7、图 6-8)。

(2) 8#泊位

8#泊位分别改造为 105.7 m 分段和 9#泊位延长段,码头前沿泥面标高近期为 −12.50 m。上游 105.7 m,装卸设备为 10 t - 30 m 门机,轨距为 10.5 m;下游 78 m 为 9#泊位延长段,近期装卸设备为 10t 门机,结构按 25 t - 5 m 门机预留。

由于原 8#泊位与相邻的 7#、9#泊位存在 9°的角度,原有桩基大部分较难利用,因此在部分利用原码头桩基的基础上新建高桩梁板式码头,排架间距 7 m(局部 5 m),新增桩基采用直径 800 mm PHC 桩。上部为现浇横梁、预制叠合式纵梁、叠合式面板结构。上游 105.7 m 主要系靠设施为直径 900/450 mm 圆筒型橡胶护舷(3 只为 1 组)、1 000 kN 系船柱和

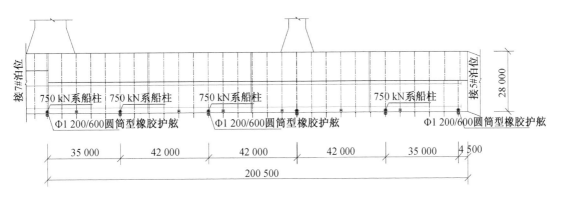

图 6-7　6#泊位码头加固改造结构平面图

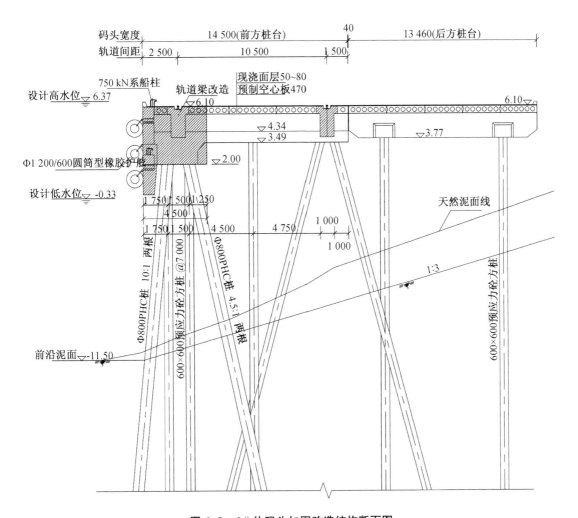

图 6-8　6#位码头加固改造结构断面图

450 kN 系船柱,下游 78 m 作为 9#泊位延长段,主要系靠设施为 900H 锥型橡胶护舷(二鼓一板)和 1 000 kN 系船柱(图 6-9～图 6-11)。

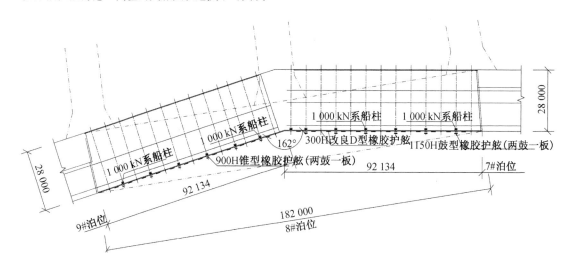

图 6-9　8#泊位码头加固改造结构平面图

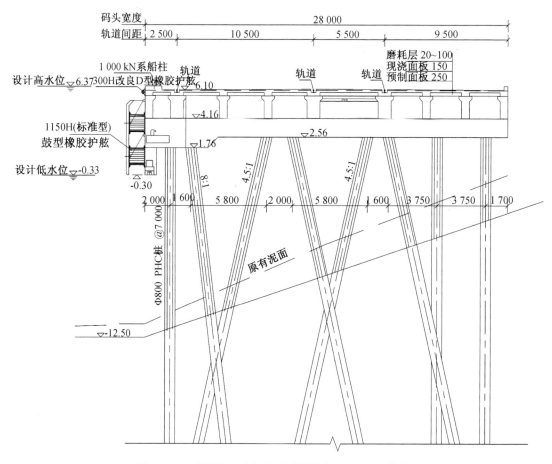

图 6-10　8#泊位码头加固改造结构断面图一(上游段)

(3) 9#泊位

9#泊位加固改造后,停靠船型由2.5万吨级提高到7万吨级,超过原设计的船型,系靠在新设计的系靠泊点处,近期装卸设备为10 t门机,结构按25 t-35 m门机预留,码头前沿

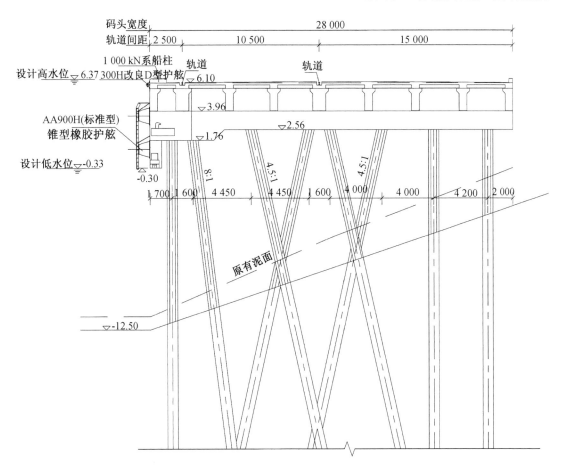

图 6-11　8#泊位码头加固改造结构断面图二（下游段）

设计泥面标高为－12.5 m。

经验算轨道梁强度、抗裂和抗剪均不能满足 25 t 门机作业要求，轨道梁采用拆除后新建改造方案。

加固改造船型停靠码头是利用新增系靠泊点，系靠泊点处主要承受船舶荷载，码头其他结构不承担大型船舶系靠泊的船舶荷载。码头靠泊船型增大后，船舶荷载也相应增加，因为该泊位改造后靠泊船型由 2.5 万吨级增大到 7 万吨级，原码头桩基和横梁较单薄，新增系靠泊点处结构加固不考虑利用原码头结构，采用独立墩式加固方案。

每个系靠点设独立墩台 1 个，布置大型船舶靠泊设施，系船柱为 1 000 kN，护舷为 900H 锥型（两鼓一板），在系靠船墩处拆除原码头上部结构，基础采用 6 根直径 1 800 mm 钢管桩（桩内嵌固点以上灌混凝土），全直桩布置，上部为现浇混凝土墩台（图 6-12、图 6-13）。

3. 岸坡稳定措施

大港段岸线深水贴岸，－40 m 等深线以上岸坡较陡，一般为 1∶1.6～1∶2.2。一期码头建于 1980 年代，为保证岸坡稳定，码头前沿线布置在－11.0 m 等深线后 33 m 处，并以 1∶3.5 削坡，该码头建成后，淤积量较大。二期码头建设时曾讨论岸线前移和 1∶3 削坡等方案，后因岸坡稳定和后建码头可能存在冲刷等问题，二期码头前沿线基本按一期码头前沿线布置原则设计。

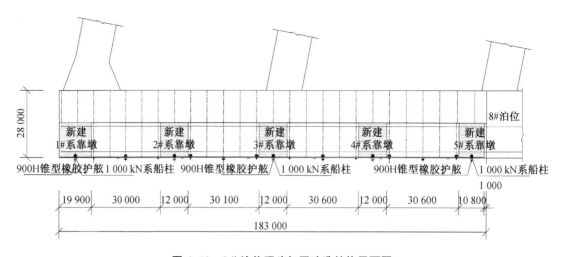

图6-12 9#泊位码头加固改造结构平面图

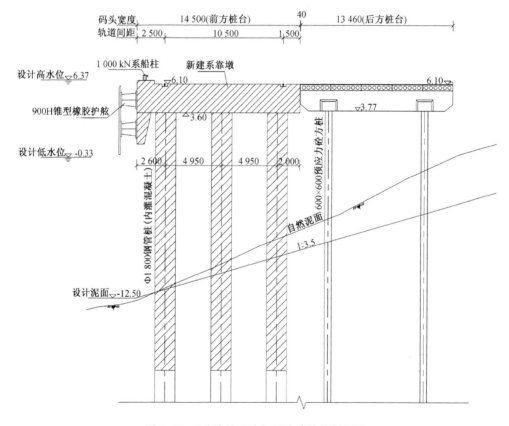

图6-13 9#泊位码头加固改造结构断面图

6#、8#、9#泊位原设计码头前沿泥面标高−11.0 m,按1∶3.5削坡,在码头区存在Ⅲ层淤泥质土,标高2~−24 m,厚度2.7~23.3 m,含水量约为39%,$I_p=13.6$,$I_l=1.15$,标准贯入击数一般为1~4击。该土层是控制岸坡稳定的主要因素。

6#泊位码头前沿实际泥面标高为−10.5~−12.7 m,设计泥面标高为−11.5 m,码头前沿有宽为20~33 m、标高−10~−15 m的平台,码头前沿线到驳岸距离为50 m。该码头岸坡情况基本同2#～5#泊位,因此岸坡处理方案仍采用1:3削坡,后方驳岸加宽部分消除到原驳岸位置。

9#泊位码头前沿泥面标高为－11.5～－14 m,设计泥面标高近期为－12.5 m,码头前沿有宽15～27 m、标高－10～－15 m的平台,码头前沿线到驳岸距离大于68 m,因此岸坡处理方案按1:3.5削坡,远期泥面按－15.74 m,疏浚时须采取钢板桩抗滑加固措施。

8#泊位码头前沿实际泥面标高为－11.7～－12.3 m,码头前沿有宽17～28 m、标高－10～－15 m的平台,码头前沿线到驳岸距离为50～60 m左右(营运期间驳岸线外移10 m,作为设备堆放场地)。根据总平面布置,加固改造后8#泊位后退约12 m,整体坡度为1:3左右,码头下为1:2.5。该驳岸处存在驳岸前移、泥面挖深、施工期、大量沉桩以及前沿线后退的情况,是整体稳定安全系数最低的地段。经计算分析,8#泊位处驳岸在不采取措施的情况下,岸坡稳定安全度低。设计提出采用钢板桩抗滑加固措施,范围140 m,岸坡稳定分项系数大于1.2,满足要求。

4. 码头结构修复方案

本工程位于淡水区,无须对码头构件进行特殊的防腐处理,根据检测评估对本工程码头结构的检测结果,主要部位修复方案如下:

(1) 上部结构修复方法

方法1:对于混凝土破损,凿除疏松、风化混凝土,压力灌浆,采用水泥基裂缝修补材料修补,用碳纤维加强表面封闭处理。

方法2:对于混凝土破损且外露钢筋的,凿除疏松、膨胀混凝土,钢筋除锈,涂阻锈剂,焊接钢筋补强,压力灌浆,采用水泥基裂缝修补材料修补,用碳纤维加强表面封闭处理。

(2) 附属设施修复

根据检测报告,附属设施主要为橡胶护舷、系船柱和护轮坎的破损。对于严重破坏的护舷,应更换新护舷;局部螺栓脱落的,应予以重新固定。

对码头护轮坎、系船柱基础等剥落损坏部位局部凿除混凝土,重新浇筑。

6.1.4 结构计算

1. 设计荷载

(1) 均布荷载

两轨之间10 kN/m²,其余部位20 kN/m²。

(2) 装卸机械荷载

6#泊位:近期10 t-30 m门机,结构按3 000 t/h装船机预留,轨距10.5 m,基距12 m,6轮/腿,轮距0.765 m,最大轮压300 kN/轮。

8#泊位:上游105.7 m,装卸设备为10 t-30 m门机,轨距10.5 m;下游78 m,近期10 t-30 m门机,结构按25 t-35 m门机预留。轨距10.5 m,基距10.5 m,8轮/腿,轮距0.85 m,最大轮压250 kN。

9#泊位:近期10 t-30 m门机,结构按25 t-35 m门机预留,轨距10.5 m,基距10.5 m,8轮/腿,轮距0.85 m,最大轮压250 kN。

(3) 流动机械荷载

总重30 t汽车,40 t平板车,70 t汽车吊。

(4) 船舶荷载(加固改造后)

6#泊位升级后设计船型为2万吨级散货船,船舶荷载按2万吨级散货船考虑;9#泊位及8#泊位下游78 m段升级后设计船型为7万吨级散货船,船舶荷载按7万吨级散货船考虑;8#泊位上游段105.7 m的船舶荷载按5 000吨级船舶考虑。

系缆力:6#泊位按2万吨级散货船在9级风($V \leqslant 22$ m/s)考虑,受力系船柱取4个,计算系缆力559 kN,设计选用750 kN系船柱;9#泊位及8#泊位下游78 m段按7万吨级散货船在9级风($V \leqslant 22$ m/s)考虑,受力系船柱取5个,计算系缆力949 kN,设计选用1 000 kN系船柱;8#泊位上游105.7 m段按5 000吨级散货船在9级风($V \leqslant 22$ m/s)考虑,受力系船柱取3个,计算系缆力369 kN,设计选用450 kN系船柱。

撞击力:6#泊位原码头H500D型护舷不能满足2万吨级船舶的靠泊要求,须将码头护舷改造为直径1 200/600 mm圆筒型护舷。9#泊位及8#泊位下游78 m原码头H500D型护舷不能满足7万吨级船舶的靠泊要求,须将码头护舷改造为900H锥型(两鼓一板)橡胶护舷。8#泊位上游105.7 m码头护舷选用直径900/450 mm圆筒型橡胶护舷。

2. 主要结构计算结果

8#、9#泊位加固改造按远期泥面−15.74 m考虑,船舶荷载按改造后的系船柱及护舷计算。

6#泊位加固改造后桩基计算结果和横梁计算结果分别见表6-1、表6-2。

表6-1 6#泊位加固改造后桩基计算结果表

计算项目		直径800 mm PHC桩	原方桩	结论
码头桩基	最大设计桩力(kN)	1 404	1 702	桩基满足要求
	单桩抗压极限承载力(kN)	—	2 692	
	承载能力极限状态桩弯矩(kN·m)	280	403	
	正常使用极限状态桩弯矩(kN·m)	210	310	
	正常使用状态桩应力(MPa)	−2.20	−7.16	
	最大水平位移(mm)	5.75	5.75	

表6-2 6#泊位加固改造后横梁计算结果表

项目		弯矩(kN·m)		配筋验算			剪力	
		承载能力极限状态	正常使用极限状态	实际配筋	抗弯承载能力(kN·m)	最大裂缝开展宽度(mm)	承载能力极限状态(kN)	箍筋
设计	Max	1 391	539	支座:(7+2)φ25	5 610	0.08	653	4φ10@200 3根φ25钢筋弯起(1 500 kN)
	Min	−1 751	−682	跨中:(9+9)φ25	3 134	0.10	—	
结论		横梁承载力满足要求						

8#泊位上游105.7 m段结构计算结果见表6-3。

表6-3 8#泊位上游105.7 m段结构计算结果表

项目		计算值
上游105.7 m 结构段	最大桩轴压力(kN)	3 595
	桩基承载力(kN)	3 999
	横梁最大弯矩值(kN·m)	7 317
		−7 081
	横梁剪力(kN)	3 835
	最大水平位移(mm)	9.0

8#泊位下游78 m段及9#泊位计算结果分别见表6-4、表6-5。

表6-4 8#泊位下游78 m段结构主要计算结果表

项目		计算值
下游78 m 结构段	最大桩轴压力(kN)	2 958
	桩基承载力(kN)	3 274
	横梁最大弯矩值(kN·m)	2 939
		−4 423
	横梁剪力(kN)	2 158
	最大水平位移(mm)	8.2

表6-5 9#泊位系靠墩计算结果表

项目		计算值
直径1 800 mm 钢管桩	最大设计桩力(kN)	5 961.4
	单桩抗压极限承载力(kN)	8 120
	承载能力极限状态桩弯矩(kN·m)	5 822.3
	正常使用极限状态桩弯矩(kN·m)	2 407.1
	最大水平位移(mm)	20.97

3. 岸坡整体稳定计算

根据中交第三航务工程勘察设计院有限公司2007年1月《镇江港大港港区1#～9#泊位技术改造工程岩土工程勘探报告》的地质钻孔资料中的土层固快指标(施工期计算参数按固快指标折减计算),岸坡整体稳定满足规范要求。详见表6-6及图6-14～图6-22。

表6-6 6#、8#、9#泊位加固改造后码头岸坡稳定计算结果表

项目	最小抗力分项系数			结论
	施工期	使用期	地震期	
6#泊位	1.2	1.2	1.066	满足规范要求
8#泊位	1.244	1.244	1.15	
9#泊位	1.209	1.209	1.074	

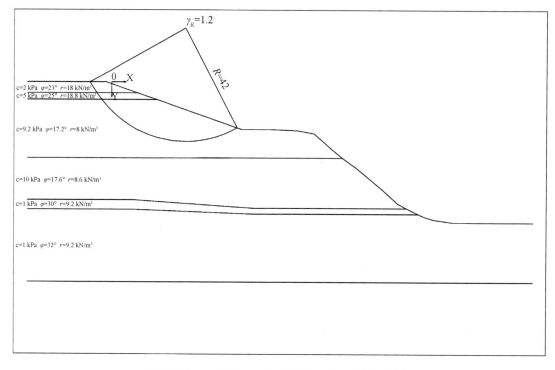

图 6-14　6#泊位岸坡整体稳定计算图示(施工期)

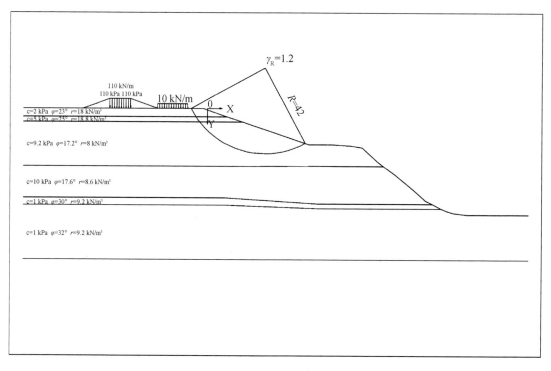

图 6-15　6#泊位岸坡整体稳定计算图示(使用期)

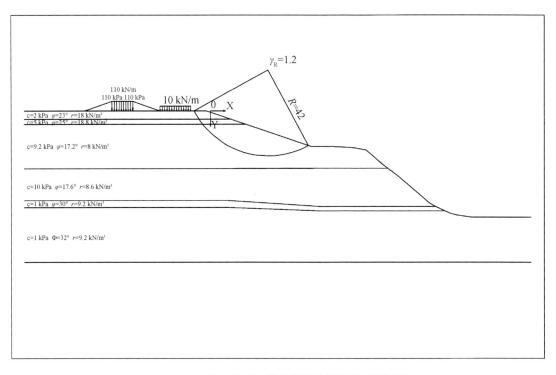

图 6-16　6#泊位岸坡整体稳定计算图示（地震期）

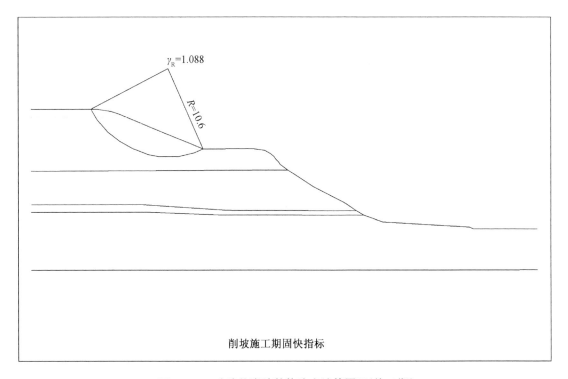

图 6-17　8#泊位岸坡整体稳定计算图示（施工期）

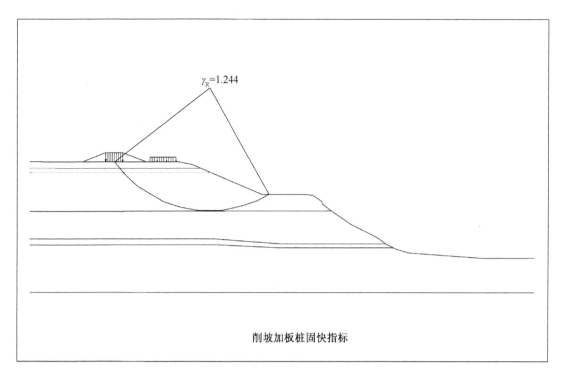

图 6-18 8#泊位岸坡整体稳定计算图示(使用期)

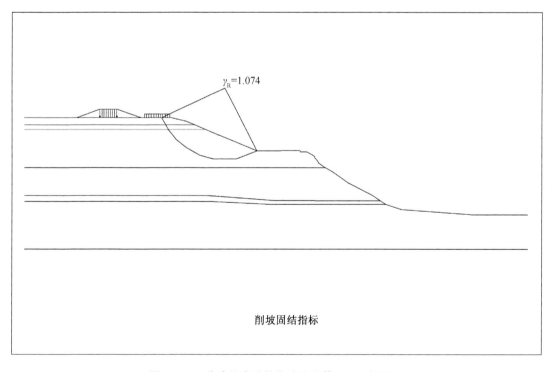

图 6-19 8#泊位岸坡整体稳定计算图示(地震期)

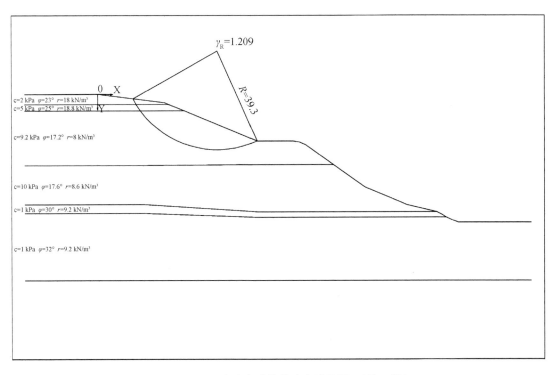

图 6-20　9♯泊位岸坡整体稳定计算图示(施工期)

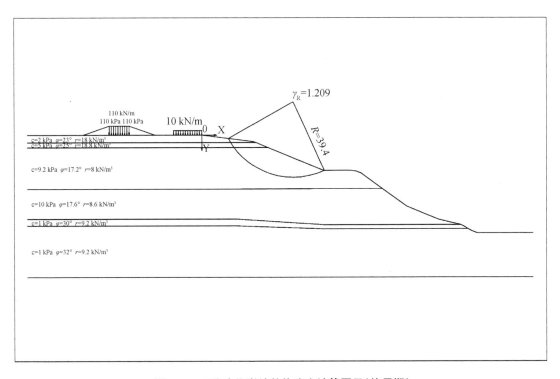

图 6-21　9♯泊位岸坡整体稳定计算图示(使用期)

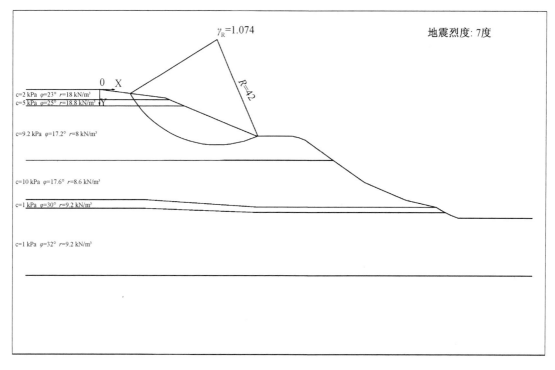

图 6-22 9#泊位岸坡整体稳定计算图示(地震期)

6.2 实践案例二

实践案例二:连云港港连云港墟沟港区一期工程1号～6号泊位(61#～66#)码头结构加固改造工程,采用结合式改造法。

原码头设计船型为1.5万吨级杂货船,码头结构加固改造后可安全靠泊5万吨级散货船。

6.2.1 码头现状

连云港墟沟港区一期工程1号～6号泊位(61#～66#)位于连云港港湾内西侧,1号、2号泊位(61#、62#)于1995年建成,3号～6号泊位(63#、64#、65#、66#)于1999年建成。原设计停靠1.5万吨级杂货船(水工结构兼顾2万吨级船舶),为墟沟作业区通用、杂货泊位。

连云港墟沟港区一期工程1号～6号泊位(61#～66#)共有码头岸线1 100 m。码头结构总宽度33.0 m,其中码头部分宽19.0 m,平台部分宽14.0 m,排架间距均为7.0 m。码头面高程为7.00 m(连云港零点为准,下同),码头前沿设计泥面标高为−10.5 m,码头前沿实际泥面标高为:61#～65#泊位−11.5 m,66#泊位−10.5 m。

码头为高桩梁板结构,采用现浇横梁,预制安装纵梁、面板,现浇面层的结构形式,基桩为600 mm×600 mm的预应力混凝土方桩,码头部分每榀排架7根桩,其中设置一对斜桩用以承受水平力。平台部分每榀排架3根桩,为全直桩。桩长视结构段所在区域的地质条件而异,分别为 30~33 m。平台后方还设有挡土墙结构。

码头前沿布置有 2 台直径 1 000/500 mm、长 1 000 mm 圆筒型橡胶护舷,每榀排架布置 2 只,隔跨布置,一般间距为 14 m,在伸缩缝处为 17 m,同时在水平方向成组不连续布置 H300D 型橡胶护舷。码头面上布置有 550 kN 系船柱。

原码头结构平面及断面见图 6-23、图 6-24。

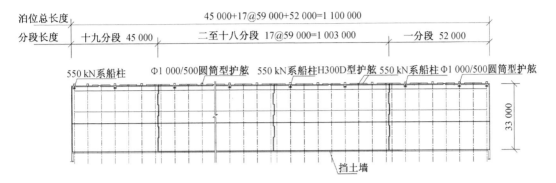

图 6-23　墟沟港区一期工程 1 号~6 号泊位(61#~66#)码头结构平面图

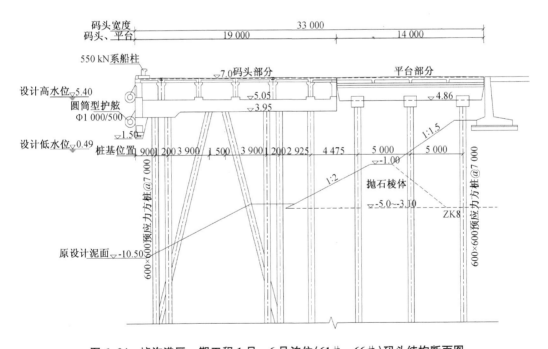

图 6-24　墟沟港区一期工程 1 号~6 号泊位(61#~66#)码头结构断面图

6.2.2　码头结构检测评估

根据南京水利科学研究院 2015 年 5 月编制的《连云港港连云港墟沟港区一期工程 1 号~6 号泊位(61#~66#)码头结构探摸检测评估报告》,主要有以下结论。

1. 结论

按照《港口水工建筑物检测与评估技术规范》(JTJ 302—2006),码头结构安全性评估须从上部结构构件承载力、桩基承载力、接岸结构承载力和稳定性、岸坡稳定性四方面进行。检测报告验算表明：上部结构构件承载力满足规范规定 $R_d/S_d>1$，其他各项荷载与原设计基本未发生变化，满足规范规定，此外码头各结构段之间分缝的错位、高差和缝宽变化的调查间接说明码头前桩台未发生明显的位移和沉降。码头结构安全性等级可评定为 A 级。

2. 建议

（1）检测结果表明，码头前桩台上横梁钢筋周围氯离子含量虽然低于临界值，但明显比其他构件氯离子含量高，由于上横梁处于浪溅区最不利区域，建议涂覆防腐涂层保护。

（2）建议在管理中采取有效手段进行位移观测，以便更好地了解今后码头位移状况。

6.2.3 加固改造方案

1. 码头平面改造方案

连云港墟沟港区一期工程 1 号～6 号泊位（61♯～66♯）现有码头总长 1 100 m，考虑 4 艘 5 万吨级散货船同时靠泊。5 万吨级满载散货船所需码头前沿设计泥面标高为 −13.20 m。码头前沿疏浚至设计水深后，对天然地基的斜坡采取袋装混凝土护面，以保证土坡稳定。

2. 码头结构改造方案

码头采用结合式加固改造方式。

将原码头系船柱位置 35 处直径 1 000/500 mm、长 1 000 mm 圆筒型橡胶护舷（标准反力型）更换为 1000H 鼓型橡胶护舷（两鼓一板，低反力型）。将原工程 550 kN 系船柱全部更换为 750 kN 系船柱。

当系船柱和护舷改造后，现有码头结构靠近边跨的四榀排架的桩基应力不满足设计要求。因此，除对现有系船柱和护舷改造外，对每个分段不满足要求的排架进行加桩处理。在排架斜桩两侧各增设一根直径 1 000 mm 钢管桩，斜度 8∶1，再浇注桩帽将横梁与新增钢管桩连接起来。在钢管桩施工前，凿除现有码头上相应位置面层，待基桩及桩帽施工完成后恢复。

由于连云港地区地形风较大，另在连云港墟沟港区一期工程 1 号～6 号泊位（61♯～66♯）后方陆域堆场中设置风暴系船柱，满足升级船舶在突发地形风情况下的带缆要求。风暴系船柱的设置应远离码头后沿挡土墙及避开行车道路。本次改造共设置 12 个 2 000 kN 风暴系船柱（图 6-25、图 6-26）。

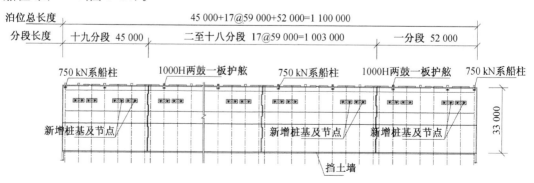

图 6-25　墟沟港区一期工程 1 号～6 号泊位（61♯～66♯）码头加固改造结构平面图

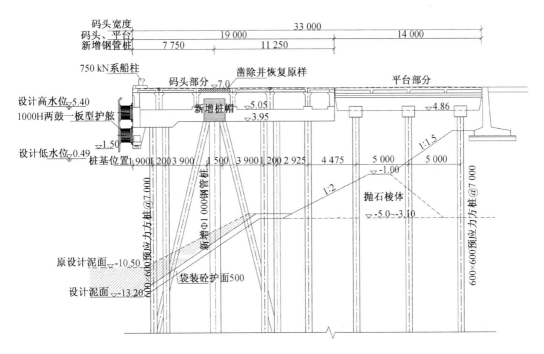

图 6-26　墟沟港区一期工程 1 号～6 号泊位(61♯～66♯)码头加固改造结构断面图

3. 码头结构修复方案

对于码头上部结构、构件局部有裂缝,首先注入合成类修补材料进行修补,再在裂缝处以二层高强度Ⅱ级碳纤维布进行包覆处理。对于有锈斑的码头上部构件,首先应凿除表面松动的混凝土,对外露钢筋进行人工除锈并喷涂阻锈剂,如外露钢筋断裂,应采用不低于原指标的钢筋焊接接长,然后采用 C40 海工混凝土重新浇筑至原状。如破损未露钢筋,则对破损处以环氧砂浆进行修补,最后在锈斑处以二层高强度Ⅱ级碳纤维布进行包覆处理。对于基桩裂缝,首先对破损处以环氧砂浆进行修补,然后在裂缝处以四层高强度Ⅱ级碳纤维布进行包覆处理。对上横梁涂防腐涂料进行保护。

6.2.4　结构计算

1. 设计荷载

(1) 均布荷载

均布荷载为 30 kN/m²。

(2) 装卸机械荷载

装卸机械荷载为 10 t 门机 MR-4-25,16 t 门机 Mh-5-25。

(3) 流动机械荷载

流动机械荷载为 10 t 木材装载机(175 BN)、16 t 轮胎吊、25 t 轮胎吊(限吊 10 t)、10 吨叉车、20 t 平板车。

(4) 船舶荷载(加固改造后)

升级后设计船型为 5 万吨级散货船,船舶荷载按 5 万吨级散货船考虑。

系缆力:连云港墟沟港区一期工程 1 号～6 号泊位(61♯～66♯)现有 550 kN 系船柱不

能满足5万吨级散货船在9级风($V \leqslant 24$ m/s)时的系泊要求。系有5个以上受力系船柱时,计算系缆力575 kN,按照《港口工程荷载规范》要求(JTS 144—1—2010),可选用750 kN系船柱。当风速$24 < V \leqslant 30$ m/s时,系船柱可选用码头后沿本次增设的2 000 kN风暴系船柱。

撞击力:按设计代表船型满载排水量及法向靠泊速度$V=0.10$ m/s(满载)计算,最大船舶有效撞击能量为281 kJ。选用1000H鼓型橡胶护舷(两鼓一板,低反力型),吸能为316 kJ,反力710 kN。

2. 主要结构计算结果

码头前沿设计泥面取-13.2 m,船舶荷载按改造后的系船柱及护舷计算。

(1)更换系船柱及护舷,原码头结构复核。结果详见表6-7、表6-8。

表6-7 系船柱及护舷改造后原码头横梁复核结果汇总表

	计算结果	横梁最大正弯矩	横梁最小负弯矩	横梁最大剪力
承载能力极限状况持久组合	改造后设计值	2 074 kN·m	$-3 057$ kN·m	1 711 kN
	原结构抗力	2 692 kN·m	$-4 407$ kN·m	6 338 kN
	复核结果	满足	满足	满足
	计算结果	横梁最大正弯矩	横梁最小负弯矩	
正常使用极限状况准永久组合	改造后设计值	1 082 kN·m	$-1 381$ kN·m	
	最大裂缝宽度	0.24 mm	0.17 mm	
	原结构允许最大裂缝宽度	0.20 mm	0.20 mm	
	复核结果	不满足	满足	

表6-8 系船柱及护舷改造后原码头基桩内力复核结果汇总表

桩号	承载能力极限状况持久组合 最大桩力设计值(kN)	正常使用极限状况标准组合 最大拉应力(MPa)	正常使用极限状况标准组合 原结构抗力	正常使用极限状况准永久组合 最大拉应力(MPa)	正常使用极限状况准永久组合 原结构抗力	复核结果
1#	2 027	0.71	6.51	0.96	4.84	满足
2#	1 876	0.36	6.51	0.69	4.84	满足
3#	2 073	-7.96	8.73	-7.18	7.06	不满足
4#	1 882	-5.31	8.73	-4.41	7.06	满足
5#	1 547	-0.70	6.51	-0.05	4.84	满足
6#	1 653	-0.82	6.51	-0.31	4.84	满足
7#	2 331	-1.58	6.51	-0.80	4.84	满足

注:桩应力受压为正,受拉为负。

根据计算结果,在新的船舶荷载作用下,原3#桩的拉应力不满足要求。因此,根据结构受力分析,在原码头靠近边跨的4榀排架进行加桩。

(2) 更换系船柱及护舷,加桩改造后码头结构复核。结果详见表6-9、表6-10。

表6-9 加桩改造后码头横梁计算结果汇总表

	计算结果	横梁最大正弯矩	横梁最小负弯矩	横梁最大剪力
承载能力极限状况持久组合	加桩改造后设计值	2 083 kN·m	−3 383 kN·m	1 680 kN
	原结构抗力	2 692 kN·m	−4 407 kN·m	6 638 kN
	复核结果	满足	满足	满足
	计算结果	横梁最大正弯矩	横梁最小负弯矩	
正常使用极限状况准永久组合	加桩改造后设计值	857 kN·m	−1 467 kN·m	
	最大裂缝宽度	0.19 mm	0.18 mm	
	原结构允许最大裂缝宽度	0.20 mm	0.20 mm	
	复核结果	满足	满足	

表6-10 加桩改造后码头基桩内力计算结果汇总表

桩号	承载能力极限状况持久组合	正常使用极限状况标准组合		正常使用极限状况准永久组合		复核结果
	最大桩力设计值(kN)	最大拉应力(MPa)	原结构抗力	最大拉应力(MPa)	原结构抗力	
1#	2 024	0.90	6.51	1.06	4.84	满足
2#	1 830	0.58	6.51	0.74	4.84	满足
3#	1 625	−7.39	8.73	−6.76	7.06	满足
4#	1 178	−4.31	8.73	−3.80	7.06	满足
5#	1 161	−0.57	6.51	−0.28	4.84	满足
6#	1 347	−0.69	6.51	−0.39	4.84	满足
7#	2 221	−1.00	6.51	−0.46	4.84	满足
1#钢管桩	1 132	−19.37	—	−15.44	—	满足
2#钢管桩	1 185	−12.21	—	−7.30	—	满足

3. 岸坡整体稳定计算

码头前沿泥面须浚深至−13.2 m,根据江苏省水文地质工程地质勘探公司1991年10月《连云港墟沟港区一期工程地质勘查报告》的地质钻孔资料及土层快剪指标,浚深之后,其整体稳定最小抗力分项系数为1.307,岸坡整体稳定满足规范要求(图6-27)。

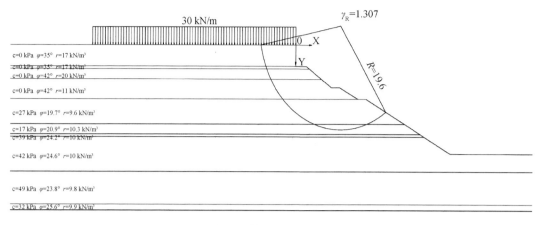

图 6-27 码头岸坡整体稳定计算图示(使用期)

6.3 实践案例三

实践案例三:江苏镇江发电有限公司码头 2#泊位结构加固改造工程,采用结合式改造法。

原码头设计船型为 2 000 吨级驳船,码头结构加固改造后可安全靠泊 5 000 吨级散货船。

6.3.1 码头现状

江苏镇江发电有限公司码头 2#泊位地处长江下游镇扬河段世业洲汊道右汊右岸的石闸口岸段,2#泊位原名大件码头,于 2007 年竣工验收。当时主要为电厂建设期接卸大件之用,生产期作为非电产品中转之用,码头原设计船型为 2 000 吨级驳船。

2#泊位长 105 m,宽 20 m,码头面高程 7.40 m(1985 国家高程),码头前沿设计泥面−8.6 m,码头前沿实际天然泥面标高约为−13.8 m。

2#泊位上游段 84.51 m 范围码头结构为高桩板梁式,排架间距 7.3 m,每榀排架 5 根桩,江侧第一、第二排基桩为直径 900 mm 钢护筒嵌岩桩,其余均为直径 900 mm 钢管桩。码头上部采用现浇横梁、预制纵向梁、叠合面板结构,通过现浇面层连成整体。

2#泊位下游段 20.49 m 范围为灰库平台,为高桩墩式结构。平台江侧第一、第二排基桩为直径 900 mm 钢护筒嵌岩桩,其余均为直径 900 mm 钢管桩,上部结构为现浇墩台。

码头上每榀排架设置 500H 拱型橡胶护舷,系船柱设置为上下两层,码头面层设 1 000 kN 系船柱,下层设 350 kN 系船柱,均为隔跨设置。

原码头结构平面及断面见图 6-28、图 6-29。

6.3.2 码头结构检测评估

根据南京水利科学研究院 2011 年 3 月编制的《江苏镇江发电有限公司 2#泊位原大件码头检测评估报告》,主要有以下结论。

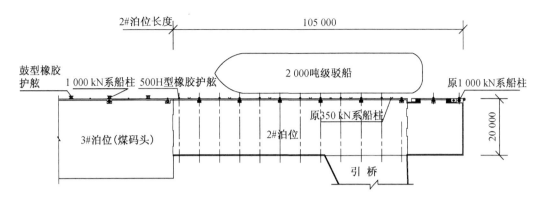

图6-28 镇江发电有限公司码头2#泊位结构平面图

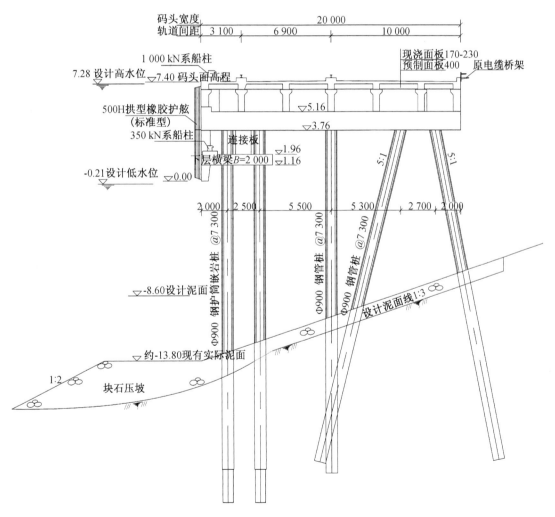

图6-29 镇江发电有限公司码头2#泊位结构断面图

1. 结构检测现状

(1) 码头、引桥基桩完好;码头、引桥未发生明显的相对平面位移和垂直沉降,未出现位移导致的相互挤靠和明显错位等现象;码头及引桥结构整体处于稳定状态。

(2) 码头钢护筒嵌岩桩与钢管桩未见明显变形、裂缝等,钢护筒与钢管桩水面以上不同高程的锈蚀情况基本相似,大部分表面涂层完好,钢管未锈蚀,少量部位涂层已剥落、脱空,可见明显锈皮、锈包,钢护筒和钢管桩的锈蚀率较小,根据外观检查与蚀余厚度检测结果,认为钢护筒嵌岩桩与钢管桩基本完好,腐蚀程度轻。

(3) 引桥预制方桩和灌注桩水面以上部分正常,抽检基桩桩身结构完整;桩身混凝土现有强度均大于原设计强度;实测方桩及灌注桩保护层厚度平均值小于原设计值。

(4) 码头横梁与纵梁整体外观正常,局部表面破损,码头预制面板、现浇面层、下层横梁、走道板、连接板外观正常。引桥横梁、联系梁、预制面板、现浇面层外观正常。

(5) 码头与引桥的横梁、纵梁、预制面板、现浇面板混凝土现有抗压强度推定值均大于原设计强度;灰库平台混凝土强度推定值为 27.0 MPa,小于设计强度 C30。

(6) 码头预制面板、引桥的预制面板与现浇面板实测保护层厚度略小于设计值,其余上部构件实测保护层厚度均大于设计值。灰库平台碳化深度较大,平均值为 23.5 mm,码头与引桥上部构件碳化深度平均值在 10~20 mm 之间,远小于各构件钢筋保护层厚度,钢筋处于未锈蚀阶段。

(7) 码头附属设施基本正常。500H 超级拱型橡胶护舷无松动,处于基本完好状态;系船柱未见破损、缺角、裂缝、螺栓松动等现象,处于基本完好状态;护轮坎、锚链铁梯、护角桩、路灯、供水口、消火栓、钢护角桩基本完好;码头水、电管线基本完好。

2. 检测评估结论

(1) 根据码头调查检测及承载力复核结果,按照《港口水工建筑物检测与评估技术规范》(JTJ 302—2006),原大件码头安全性评估等级为 A。

(2) 根据码头调查检测及纵梁挠度复核计算结果,按照《港口水工建筑物检测与评估技术规范》(JTJ 302—2006),原大件码头使用性评估等级为 A。

(3) 除灰库平台剩余使用年限为 22 年外,其余构件剩余使用年限均大于 30 年。根据主要构件的外观劣化度和结构使用年限,依照《港口水工建筑物检测与评估技术规范》(JTJ 302—2006),码头、引桥评估单元耐久性等级均为 A 级,故原大件码头耐久性等级为 A 级。

6.3.3 加固改造方案

1. 码头平面改造方案

2♯泊位总长 105 m,当 5 000 吨级船靠泊时所需泊位长度为 141 m,现有 2♯泊位长度不能满足 5 000 吨级船停泊的要求,须借用相邻的 3♯泊位长度约 16~36 m(主要是系艉艋缆)。3♯泊位总长 303 m,设计靠泊船型为 7 万吨级船舶,所以能够满足 5 000 吨级船的靠泊要求。2♯、3♯泊位总长 408 m,可以同时满足 2♯泊位停靠 5 000 吨级散货船和 3♯泊位停靠 7 万吨级船。

2♯泊位码头前沿设计泥面标高−8.6 m,2♯泊位码头前沿实际天然泥面标高最高为−13.8 m,现有泥面可以满足设计船型满载靠泊的吃水要求。

2. 码头结构改造方案

码头采用结合式改造方式。

2♯泊位进行加固改造源于码头靠泊船型等级的提高以及码头结构承受船舶水平荷载

的增加,在码头排架上加桩可以提高码头水平刚度和码头结构抵御水平荷载的能力,达到对码头结构进行加固改造的目的。

2♯泊位平台后沿新增桩基并接长横梁与原码头结构连成整体。在2♯泊位高桩梁板结构段1♯～8♯排架的横梁岸侧端后方各新增1根直径900 mm钢管桩,凿开原横梁向岸侧接长,包覆新增桩基,新老结构间钢筋通过焊接和种植钢筋连接(图6-30、图6-31)。

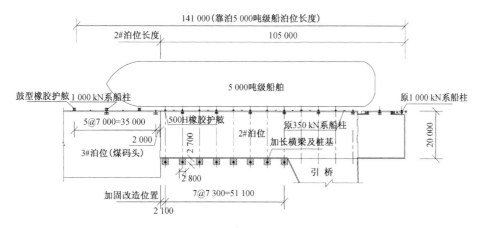

图6-30　镇江发电有限公司码头2♯泊位加固改造结构平面图

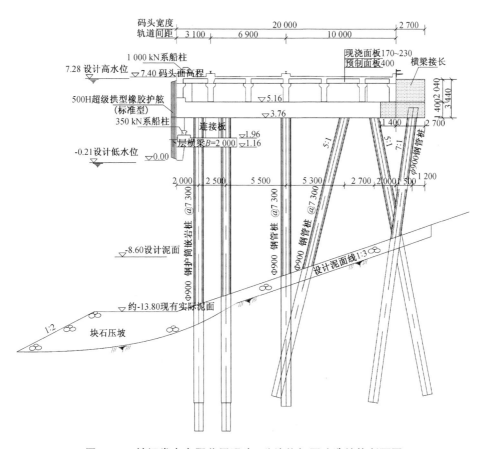

图6-31　镇江发电有限公司码头2♯泊位加固改造结构断面图

3. 码头结构修复方案

根据检测报告的结论对原码头损坏的结构采取措施进行修复加固,使其达到原设计标准。修复措施按《混凝土结构加固设计规范》(GB 50367—2013)和《港口工程混凝土粘接修补技术规程》(JTJ/T 271—1999)进行。

根据检测报告,码头及引桥桩基基本完好,码头附属设施基本正常,故无须修复。码头上部结构的破损主要集中在码头纵梁,且为表层破损。针对码头上部结构破损情况及性质采取修复措施如下。

混凝土表面凿毛,并露出混凝土坚硬部分,表面的松散层、附着物、油污、污垢、灰尘等应清洗干净。如有钢筋裸露应除锈,并薄涂一层环氧浆液,在尚未固化前再压抹修补材料,修补材料一次或分次嵌入缺陷,并抹平修整。修补材料宜采用聚合物水泥浆、砂浆或环氧水泥浆、防水材料等。对钢桩、栏杆及预埋铁件表面上防腐涂层脱落的部位,应在除锈后补涂防腐涂层,防腐涂层的修补可结合日常维修保养工作进行。局部撕裂、破损的护舷应予以更换,螺栓松动的护舷等应结合日常维修保养工作予以紧固。

6.3.4 结构计算

1. 设计荷载

(1) 均布荷载

均布荷载为 40 kN/m²(通常情况下),10 kN/m²(装船机工作时)。

(2) 装卸机械荷载

装船机:轨距 6.9 m,基距 10 m,轮距 1.125 m 和 0.75 m 间隔。轮压:135 N/轮,每个支腿 6 轮。水平荷载为每个支腿压力的 5%。

(3) 流动机械荷载

70 t 汽车吊(打支腿作业),40 t 汽车吊(打支腿作业),总重 30 t 汽车,20 t 平板车、500 t 组合式(装船机不工作时)。

(4) 船舶荷载(加固改造后)

升级后设计船型为 5 000 吨级散货船,船舶荷载按 5 000 吨级散货船考虑。

系缆力:靠泊船型作用在船舶上的风荷载按照 9 级风力($V=20.8$ m/s)考虑,作用在船舶上的水流力按水流速度 $V=2.0$ m/s 时计算,设计代表船型根据规范计算,最大系缆力标准值为 444 kN。现有码头面上层系船柱 1 000 kN。

撞击力:按设计代表船型满载排水量及法向靠泊速度 $V=0.15$ m/s(满载)计算,最大船舶有效撞击能量为 81 kJ。码头现有护舷为 500H 拱型护舷(标准反力型),设计低水位接触长度为 2 m 时,吸能为 144 kJ,反力 688 kN。

2. 主要结构计算结果

码头桩基桩力见表 6-11。

表 6-11 码头桩基桩力　　　　　　　　　　　　单位:kN

计算结果	N1	N2	N3	N4	N5	N6	Nmax	Nmin
加固后结构	3 472	3 598	2 881	2 749	4 241	1 850	4 241	−195

横梁弯矩、剪力见表 6-12。

表 6-12 横梁内力表

计算结果	使用期弯矩(kN·m)		剪力(含自重)(kN)	
	M+（含自重）	M−	Q	Q−
加固后结构	7 795	−3 081	3 007	−2 467

横梁配筋复核见表 6-13。

表 6-13 横梁结构配筋复核表

计算结果	使用期正弯矩			使用期负弯矩			剪力		
	M+ (kN·m)	配筋	结论	M− (kN·m)	配筋	结论	Q (kN)	配筋	结论
加固后结构	7 795	17ɸ32	满足	−3 081	14ɸ28	满足	−3 007	4ɸ14@200	满足

3. 岸坡整体稳定计算

2#泊位码头岸坡原设计了抛石护坡，码头前沿原设计抛石面标高为−13.5 m，2#泊位码头前沿现实际天然泥面标高最高为−13.8 m，靠泊5 000 吨级船时所需泥面标高为−8.6 m，本次加固工程无须对现有的码头前沿泥面及岸坡进行浚深。

验算结果表明，使用期抗力分项系数为 $R=2.15$，地震期抗力分项系数为 $R=2.11$，满足设计规范要求。岸坡稳定结果见图 6-32、图 6-33。

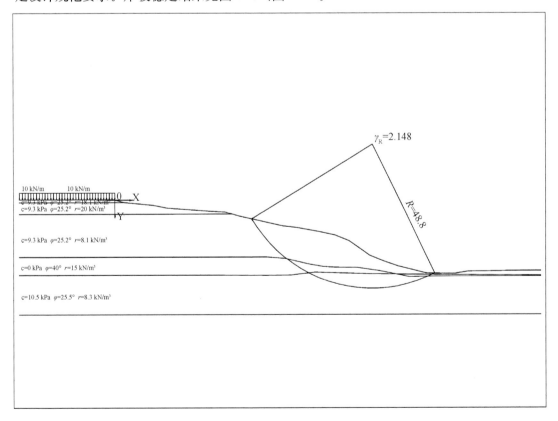

图 6-32 码头岸坡整体稳定计算图示(使用期)

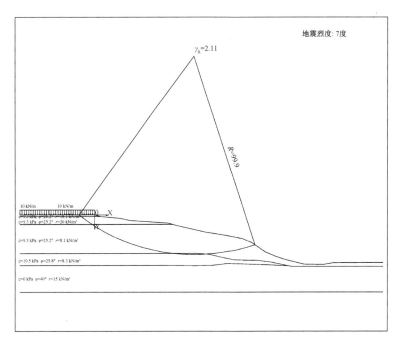

图 6-33　码头岸坡整体稳定计算图示(地震期)

6.4　实践案例四

实践案例四:扬州港扬州港区万吨级多用途码头 2#泊位结构加固改造工程,采用结合式改造法。

原码头设计船型为 1.5 万吨级杂货船舶,码头结构加固改造后可安全靠泊 5 万吨级散货船。

6.4.1　码头现状

扬州港扬州港区万吨级多用途码头 2#泊位位于江苏省扬州市境内,长江下游北岸。2#泊位于 1997 年建成营运,泊位长度 200 m,设计船型为 1.5 万吨级杂货船舶,2#泊位与其下游 1994 年建成的 1#泊位(1 万吨级杂货船舶)形成总长 370 m 的深水泊位。

2#泊位总长 200 m,当 5 万吨级船靠泊时所需泊位长度为 273 m,现有 2#泊位长度不能满足 5 万吨级船停泊的要求,须借用相邻的 1#泊位长度 73 m。

(1) 2#泊位现状

2#泊位建于 1997 年,设计船型为 1.5 万吨级船,码头长 200 m,宽 23.5 m,码头面高程 7.20 m(黄海高程,下同),码头前沿设计泥面 −10.40 m,通过 2 座引桥与陆域相连,引桥长 42 m,宽 12.0 m。

2#泊位码头采用高桩板梁式结构,排架间距为 6 m,桩基采用 600 mm×600 mm 预应力混凝土方桩。上部结构为现浇横梁、预制纵梁、钢筋混凝土空心板,并通过现浇面层连成整体的叠合结构。为适应停靠小船带缆的需要,设置了双层带缆结构。

2#泊位码头面上设置 500 kN 系船柱,前沿护舷设置为直径 1 200/600 mm 圆筒型橡胶护舷(3 个一组)与钢护舷间隔布置。

(2)借用的相邻1♯泊位现状

1♯泊位建于1994年,设计船型为1万吨级船,码头全长170 m,宽23.5 m,码头面标高7.20 m,码头前沿设计泥面标高-9.0 m,通过3座引桥与陆域相连,引桥长42 m,宽9 m。

1♯泊位码头部分采用高桩板梁式结构,排架间距为6 m,桩基采用600 mm×600 mm预应力混凝土方桩。上部结构为现浇桩帽节点、预制纵横梁、空心板,并通过现浇面层连成整体的叠合结构。为适应停靠小船带缆的需要,设置了双层带缆结构。

1♯泊位码头面上设置450 kN系船柱,前沿护舷设置为直径1 000/500 mm(3个一组)圆筒型橡胶护舷与钢护舷间隔布置。

原码头结构平面及断面见图6-34～图6-36。

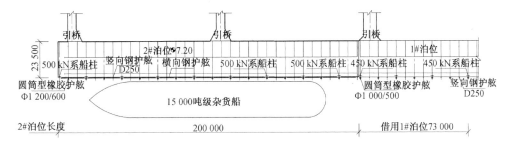

图6-34　扬州港扬州港区万吨级多用途码头结构平面图

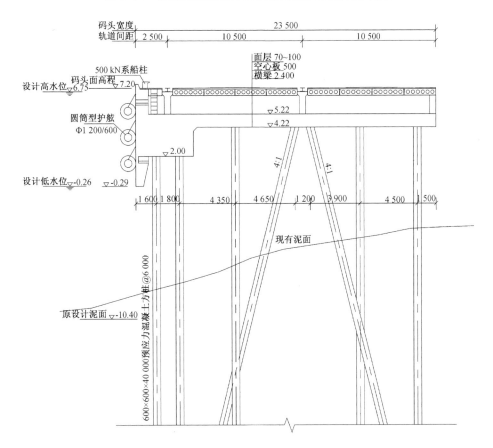

图6-35　扬州港区万吨级多用途码头2♯泊位结构断面图

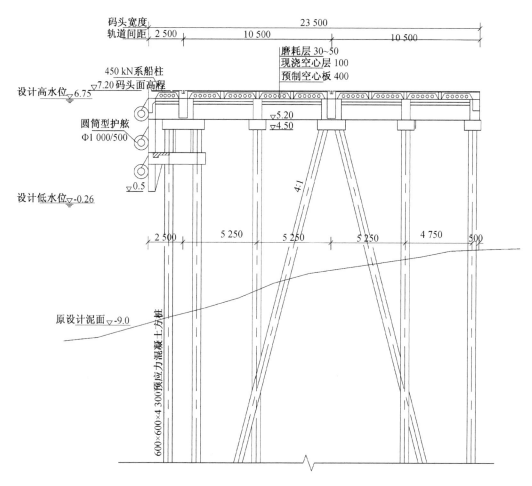

图 6-36 扬州港区万吨级多用途码头 1#泊位结构断面图

6.4.2 码头结构检测评估

根据江苏省交通规划设计院股份有限公司工程质量检测中心 2011 年 6 月编制的《扬州港 1#、2#、3#泊位码头加固改造工程检测评估报告》,主要有以下结论。

码头上部结构整体基本完好,构件存在一些局部性的破损或缺陷,主要为码头部分护轮坎破损、露筋;横梁局部混凝土破损、露筋,存在裂缝;部分基桩局部破损露筋;个别钢护舷及爬梯脱落。

参照《港口水工建筑物检测与评估技术规范》(JTJ 302—2006)和《港口设施维护技术规程》(JTJ/T 289—1997),码头安全性评估等级为 A,码头使用性评估等级为 A,码头结构耐久性评估等级为 A,即本码头技术状态良好,但码头构件存在一些局部性的破损或缺陷,需要尽早维修。

6.4.3 加固改造方案

1. 码头平面改造方案

2#泊位总长 200 m,当 5 万吨级船靠泊时所需泊位长度为 273 m,现有 2#泊位长度不能满足 5 万吨级船停泊的要求,需借用相邻的 1♯泊位长度 73 m。码头结构加固改造范围总长 273 m,宽 23.5 m。码头前沿泥面标高浚深至 −11.40 m,码头岸坡按 1∶3 削坡。

2. 码头结构改造方案

码头采用结合式加固改造方式(图 6-37~图 6-39)。

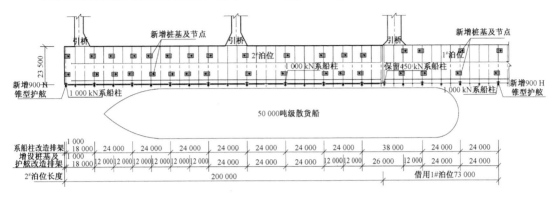

图 6-37　扬州港区万吨级多用途码头 2♯泊位加固改造结构平面图

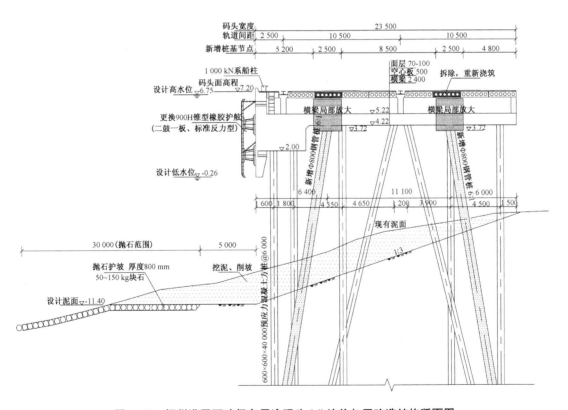

图 6-38　扬州港区万吨级多用途码头 2♯泊位加固改造结构断面图

(1) 新增桩基

在码头每榀系靠泊排架中部增加一对叉桩,相应地现浇横梁局部放大包覆桩基并与原码头横梁连为一体,新老结构间钢筋通过焊接和种植钢筋连接。

新增桩基采用直径 800 mm 钢管桩(Q345B),桩内灌钢筋混凝土到泥面下 5 m。共在

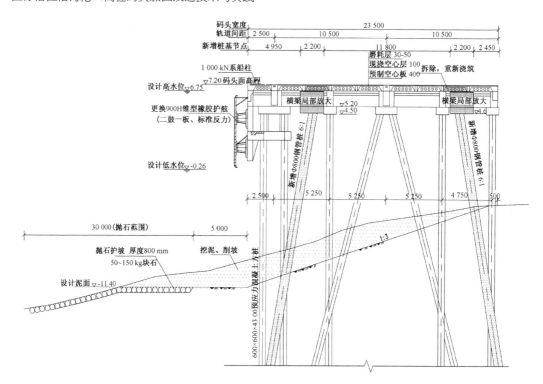

图 6-39　扬州港扬州港区万吨级多用途码头 1#泊位加固改造结构断面图

17 榀排架两侧增设钢管桩(其中 2#泊位 13 榀排架,2#泊位 4 榀排架),新增直径 800 mm钢管桩数量为 34 根(表 6-14)。

表 6-14　码头加桩排架一览表

泊位	加桩排架	总计
2#	1#、4#、6#、8#、12#、10#、14#、16#、20#、24#、28#、30#、32#	13×2
1#	3#、5#、9#、13#	4×2

（2）更换系船柱

将码头排架上原 450、500 kN 系船柱更换为 1 000 kN,更换系船柱采用种植螺栓、化学锚固的方式,更换系船柱共 12 榀排架,其中 2#泊位 9 榀排架,1#泊位 3 榀排架(表 6-15)。

表 6-15　码头更换系船柱一览表

泊位	加桩排架	总计
2#	1#、4#、8#、12#、16#、20#、24#、28#、32#	9
1#	5#、9#、13#	3

（3）更换护舷

将码头上护舷由原直径 1 200/600 mm、直径 1 000/500 mm 圆筒型橡胶护舷改造为900H 锥型橡胶护舷(二鼓一板、标准反力型),更换护舷采用种植螺栓、化学锚固的方式,更换护舷共 17 榀排架,位置同加桩排架(表 6-16)。

表 6-16　码头更换护舷一览表

泊位	加桩排架	总计
2#	1#、4#、6#、8#、12#、10#、14#、16#、20#、24#、28#、30#、32#	13
1#	3#、5#、9#、13#	4

（4）码头岸坡

2#泊位前沿向外约 6~10 m 范围内，泥面标高分别集中在 －8.63~－10.83 m、－9.43~－10.93 m 之间，该区域普遍存在不同程度的淤积现象；2#泊位前沿向外约 20~40 m 范围内，冲深现象明显，且往江侧方向水下泥面渐次变深。从现有测量资料分析，目前岸坡处于稳定状态。本次加固改造前沿泥面按业主要求浚深至 －11.40 m，岸坡按原设计 1:3 坡度削坡。

1#、2#泊位码头岸坡原设计了抛石护坡，码头前沿设计了抛石护底，码头岸坡浚深后仍须抛石护底，采用 50~150 kg 块石，800 mm 厚，距码头前沿 5~35 m 范围。

3. 码头结构修复方案

（1）裂缝修复措施

① 静止裂缝

a. 裂缝宽度 0.1~0.3 mm：采用水泥基裂缝修补材料；

b. 裂缝宽度 0.3 mm 以上：采用水泥基裂缝修补材料＋3 层碳纤维布加强＋喷射水泥砂浆 20 mm。

② 活动裂缝

a. 裂缝宽度 0.1~0.3 mm：采用水泥基裂缝修补材料＋2 层碳纤维布加强＋喷射水泥砂浆 20 mm；

b. 裂缝宽度 0.3 mm 以上：采用水泥基裂缝修补材料＋3 层碳纤维布加强＋喷射水泥砂浆 20 mm。

c. 不稳定裂缝：采用柔性材料＋3 层碳纤维布加强＋喷射水泥砂浆 20 mm。

（2）混凝土表面缺损（不露筋）修复措施

小面积缺损（不露筋）：对于破损长度≤300 mm 的混凝土小面积缺损（不露筋），采用凿除＋清洗＋聚合物砂浆；

大面积缺损（不露筋）：对于破损长度＞300 mm 的混凝土大面积缺损（不露筋），采用凿除＋清洗＋涂抹聚合物砂浆或立模浇筑混凝土或喷射混凝土。

（3）锈胀裂缝或层裂或露筋修复措施

对于混凝土锈胀裂缝或层裂或露筋，采用凿除＋清洗＋补筋＋钢筋防腐处理＋涂抹聚合物水泥砂浆或立模浇筑混凝土或喷射混凝土＋混凝土表面涂料。

6.4.4　结构计算

1. 设计荷载

（1）均布荷载

码头面均载维持原设计不变，前沿 14 m 范围 20 kN/m²，14 m 以外 40 kN/m²。

(2) 装卸机械荷载

40 t 门机：轨距 10.5 m，腿距 10.5 m，最大轮压 250 kN，每个支腿 8 个轮子。

(3) 流动机械荷载

40 英尺集装箱拖挂车、10 t 牵引平板车。

(4) 船舶荷载（加固改造后）

升级后设计船型为 5 万吨级散货船，船舶荷载按 5 万吨级散货船考虑。

系缆力：靠泊船型作用在船舶上的风荷载按 9 级风力（$V=20.8$ m/s）考虑，作用在船舶上的水流力按水流速度 $V=2.0$ m/s 时计算，设计代表船型及兼顾船型根据规范计算，最大系缆力标准值为 985 kN，更换系船柱后为 1 000 kN。

撞击力：按设计代表船型及兼顾船型满载排水量及法向靠泊速度 $V=0.12$ m/s（满载）计算，最大船舶有效撞击能量为 463 kJ，码头更换后护舷为 900H 锥型橡胶护舷（标准反力型），吸能为 638 kJ，反力 1 180 kN。

2. 主要结构计算成果

码头桩基内力设计值见表 6-17、表 6-18。

表 6-17　2#泊位码头桩基内力设计值总汇

计算结果		桩力 N(kN)	弯矩 M(kN·m)		应力 σ(MPa)
		承载能力极限状态 max/min	承载能力极限状态	正常使用极限状态	正常使用极限状态
原结构—原荷载		2 774/−733	343	228	−6
加桩后结构—新的船舶荷载	钢桩	1 806	268	110	−15
	原方桩	2 368/−411	329	223	−5

表 6-18　1#泊位码头桩基内力设计值总汇

计算结果		桩力 N(kN)	弯矩 M(kN·m)		应力 σ(MPa)
		承载能力极限状态 max/min	承载能力极限状态	正常使用极限状态	正常使用极限状态
原结构—原荷载		3 109/−737	329	223	−6.3
加桩后结构—新的船舶荷载	钢桩	1 147	198	85	−12.0
	原方桩	3 166/−711	334	226	−6.3

桩基承载力结果见表 6-19。

表 6-19　桩基承载力　　　　　　　　　　　　　　　　　　　　　　单位：kN

钻孔编号	直径 800 mm 钢管桩		600 mm×600 mm 预应力方桩	
	单桩垂直极限承载力设计值	单桩抗拉极限承载力设计值	单桩垂直极限承载力设计值	单桩抗拉极限承载力设计值
9514	4 004	2 535	3 972	2 421
9516	3 574	2 449	3 863	2 801

续表 6-19

钻孔编号	直径 800 mm 钢管桩		600 mm×600 mm 预应力方桩	
	单桩垂直极限承载力设计值	单桩抗拉极限承载力设计值	单桩垂直极限承载力设计值	单桩抗拉极限承载力设计值
9517	3 889	2 437	3 848	2 328
9518	3 874	2 484	3 907	2 372
ZK1	3 935	2 586	4 038	2 470

横梁弯矩、剪力结果见表 6-20、表 6-21。

表 6-20　2#泊位横梁内力

计算结果		弯矩 M(kN·m)		剪力 Q(kN)
		承载能力极限状态	正常使用极限状态	承载能力极限状态
原结构—原荷载	max	2 803	1 121	2 158
	min	−2 488	−1 203	
加桩后结构—新的船舶荷载	max	2 603	875	2 052
	min	−2 868	−1 387	

表 6-21　1#泊位横梁内力

计算结果		弯矩 M(kN·m)		剪力 Q(kN)
		承载能力极限状态	正常使用极限状态	承载能力极限状态
原结构—原荷载	max	1 797	768	1 874
	min	−2 026	−970	
加桩后结构—新的船舶荷载	max	1 626	723	1 829
	min	−1 829	−764	

横梁配筋复核结果见表 6-22、表 6-23。

表 6-22　2#泊位横梁内力及原结构配筋

计算结果		弯矩 M		剪力 Q		实际配筋	最大裂缝开展宽度(mm)
		承载能力极限状态 (kN·m)	正常使用极限状态 (kN·m)	承载能力极限状态 (kN)	箍筋是否满足		
原结构—原荷载	max	2 803	1 121	2 158	满足	13Φ25	0.18
	min	−2 488	−1 203			14Φ25	0.17
加桩后结构—新的船舶荷载	max	2 603	875	2 052	满足	13Φ25	0.14
	min	−2 868	−1 387			14Φ25	0.19

表 6-23 1♯泊位横梁内力及原结构配筋

计算结果		弯矩 M		剪力 Q		实际配筋	最大裂缝开展宽度 (mm)
		承载能力极限状态 (kN·m)	正常使用极限状态 (kN·m)	承载能力极限状态 (kN)	箍筋是否满足		
原结构—原荷载	max	1 797	768	1 874	4Φ12@200 满足	8Φ25	0.22
	min	−2 026	−970			8Φ28	0.20
加桩后结构—新的船舶荷载	max	1 626	723	1 829	满足	8Φ25	0.20
	min	−1 829	−764			8Φ28	0.15

注：经复核，原横梁配筋满足新荷载的要求，横梁无须新增配筋。

3. 岸坡整体稳定计算

根据地质资料以及设计坡度，对驳岸的整体稳定采用圆弧滑动总应力法验算。土层的抗剪强度采用固结快剪指标，水位采用设计低水位−0.26 m。堤后荷载：大堤后 0~10 m 为 10 kN/m²，10~30 m 为 20 kN/m²。

验算结果表明，使用期抗力分项系数 $\gamma_R=1.264$，地震期抗力分项系数 $\gamma_R=1.11$，满足设计规范要求。岸坡稳定结果见图 6-40、图 6-41。

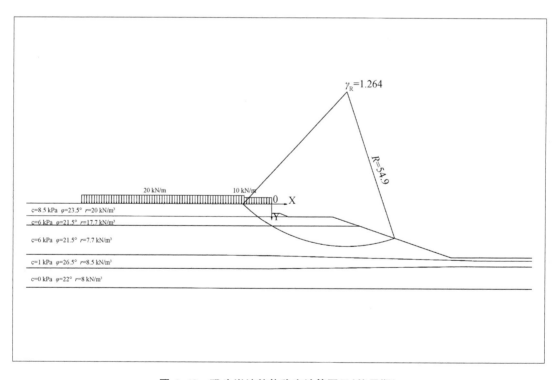

图 6-40 码头岸坡整体稳定计算图示（使用期）

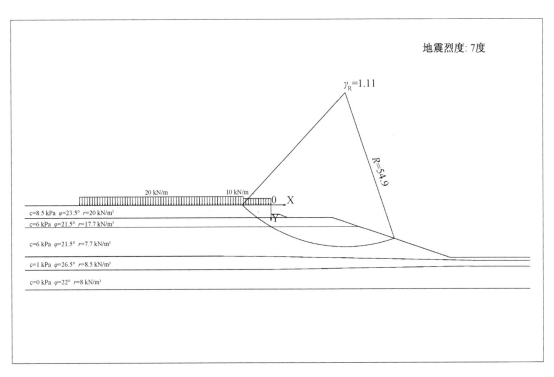

图 6-41 码头岸坡整体稳定计算图示(地震期)

6.5 实践案例五

实践案例五:无锡(江阴)港申夏港区件杂货码头 2♯泊位结构加固改造工程,采用结合式改造法。

原码头设计船型为 4 万吨级杂货船(水工结构均按 5 万吨级集装箱船舶设计),码头结构加固改造后可安全靠泊 10 万吨级散货船。

6.5.1 码头现状

无锡(江阴)港申夏港区件杂货码头 2♯泊位位于长江下游扬中河段江阴水道中部,上游临近申港河口,码头工程于 2012 年 12 月通过竣工验收。码头原设计船型 4 万吨级杂货船(水工结构均按 5 万吨级集装箱船舶设计)。

码头平台长 521 m,宽 45 m,码头面高程 6.0 m(1956 年黄海高程),码头前沿设计泥面 −12.0 m(近期)。

码头采用高桩梁板结构,分为前方平台、后方平台。前、后方平台长均为 521 m,前、后方平台宽分别为 30 m、15 m。

前方平台普通分段(1♯、2♯、5♯~8♯分段)排架间距为 7 m,运输重件分段(3♯、4♯分段)排架间距 6 m,每榀排架设 11 根桩基(其中直桩 5 根,叉桩 3 对),桩基采用直径 800 mm PHC(C 型)管桩。上部结构由横梁、纵向梁系靠船构件、叠合面板等组成。每榀排架竖向设置 SA-A800H 型橡胶护舷,水平向设置 SA-A300H 型橡胶护舷。码头面上设

2 000 kN系船柱。

码头后方平台1♯、2♯分段排架间距为7 m,每榀排架设5根桩基(其中直桩3根,叉桩1对),桩基采用直径800 mm PHC(B型)管桩;码头后方平台3♯、4♯分段排架间距为6 m,每榀排架设4根桩基为(全直桩),桩基采用直径800 mm PHC(AB型)管桩;码头后方平台5♯、6♯分段排架间距为7 m,每榀排架设4根桩基(全直桩),桩基采用直径800 mm PHC(AB型)管桩;码头后方平台7♯、8♯分段排架间距为7 m,每榀排架设4根桩基(2根直桩,2根半叉桩),桩基采用直径800 mm PHC(B型)管桩。

原码头结构平面及典型断面见图6-42、图6-43。

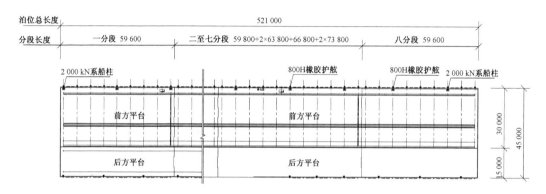

图6-42 申夏港区件杂货码头2♯泊位结构平面图

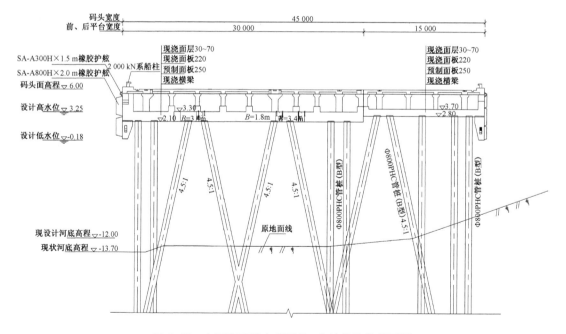

图6-43 申夏港区件杂货码头2♯泊位结构断面图

6.5.2 码头结构检测评估

根据江苏省交通规划设计院股份有限公司2012年4月编制的《江阴申夏港区件杂货码

头海轮泊位结构检测报告》,主要有以下结论。

1. 检测评估结论

(1) 码头结构安全性评估

该码头工程主要受力构件基本完好,但对外观调查中发现的劣化问题仍须及时加以修补,建议在码头竣工验收前由原码头施工单位进行相关质量缺陷的修复工作,以防劣化问题进一步发展可能造成的码头耐久性和安全性不足。

依据《港口水工建筑物检测与评估技术规范》(JTJ 302—2006)港口水工建筑物安全性评估分级标准,安全性符合行业有关标准要求,在原设计荷载下具有足够的承载能力,该码头安全性综合评估等级为 A 级。

(2) 码头结构使用性评估

该码头目前总体变形稳定,现场码头外观调查中梁系未发现明显裂缝。依据《港口水工建筑物检测与评估技术规范》(JTJ 302—2006),判定该码头各工程使用性综合评估等级为 A 级。

(3) 码头结构耐久性评估

综合码头外观劣化度分析结果,该码头工程结构构件劣化度评定分级为 B 级,没有因钢筋锈胀作用导致的混凝土剥落或剥离以及顺筋裂缝。依据《港口水工建筑物检测与评估技术规范》(JTJ 302—2006),混凝土碳化尚未发展到钢筋表面,目前码头主要结构构件尚处于开始锈蚀前期阶段。依据寿命预测结果,码头各构件剩余使用寿命普遍超过 50 年。

该码头工程目前存在部分露筋构件,如不及时对这些构件采取措施,钢筋锈蚀将导致截面损失率增大,将影响结构构件承载能力和耐久性能。因此综合考虑判定该工程钢筋锈蚀劣化耐久性综合评估等级为 B 级。

2. 建议

加固改造时考虑对以下构件进行修补。

(1) 对码头部分 PHC 管桩桩头存在的轻微破损、露筋现象进行修复。

(2) 对码头个别区域现浇横梁存在的局部破损、麻面进行修补。

(3) 对码头面层存在的多处裂缝、裂纹进行修复。

6.5.3 加固改造方案

1. 码头平面改造方案

码头总长度 521 m,通过码头结构加固改造后,码头总平面布置保持不变。拓宽码头前沿停泊水域和回旋水域,停泊水域拓宽至 86 m,回旋水域长轴拓宽至 750 m,短轴拓宽至 500 m。

2. 码头结构改造方案

码头采用结合式改造方式。在前方平台每个结构段排架增加桩基提高码头整体刚度,码头每个结构段增加 2 根直径 800 mm PHC 桩,均为直桩。每根 PHC 桩上浇筑桩帽与邻近 1 根横梁连接。保留原结构 2 套 SA-A800H×2.0 m+2.4 m 型橡胶护舷和每榀前边梁上设 2 套 SA-A300H×1.5 m+1.65 m 型橡胶护舷以及 2 000 kN 系船柱。

改造时将改造点面板凿除,桩顶浇筑桩帽并与邻近横梁浇成整体,面板结构按原设计恢复。码头前沿泥面根据航道条件适时进行浚深。对码头损坏部位应同步进行修复加固处理,保持结构的整体性(图6-44、图6-45)。

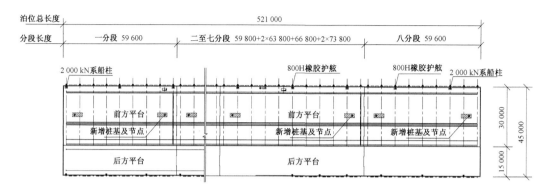

图6-44 申夏港区件杂货码头2#泊位加固改造结构平面图

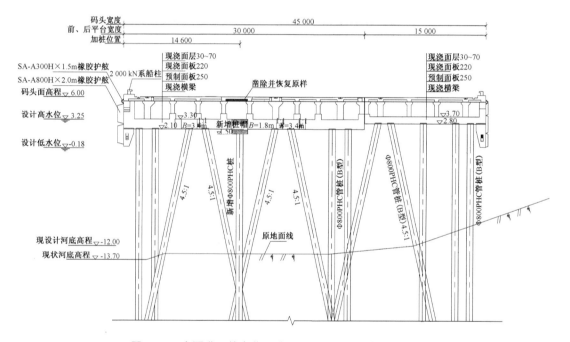

图6-45 申夏港区件杂货码头2#泊位加固改造结构断面图

3. 码头结构修复方案

原结构的破损位置及范围依据《无锡(江阴)港申夏港区件杂货码头工程检测评估报告》(江苏省交通规划设计院股份有限公司工程质量检测中心,2012年4月)确定。

针对横梁、纵梁构件表层或浅层缺陷的混凝土,应予以凿除。凿除部位的浮渣、石屑等应全部清除干净,不留任何残余物,原有混凝土表面先用淡水冲洗干净。该类型修复保护技术措施须清除已被氯离子污染的混凝土。在压抹聚合物砂浆前,应在新老混凝土接触面上涂刷混凝土专用界面剂(如WT-Ⅲ型),然后分层压抹聚合物水泥砂浆,恢复至原断面形状。

针对桩头混凝土表层或浅层缺陷的混凝土,凿除表层的浮渣、石屑、锈皮等且全部清除干净,不留任何残余物,原有混凝土表面先用淡水冲洗干净。该类型修复保护技术措施须清除已被氯离子污染的混凝土与钢筋锈蚀产物,必要时须凿除至主筋背后10～20 mm处。单根钢筋截面损失大于15%则须搭焊钢筋补强。凿除混凝土后的所有外露钢筋均应清理与除锈,外露钢筋表面薄涂一层环氧浆液或阻锈剂,在压抹聚合物砂浆前应在新老混凝土接触面上涂刷混凝土专用界面剂(如WT-Ⅲ型),然后分层压抹聚合物水泥砂浆,恢复至原断面形状。

桩头部位恢复到原断面形状后,采用高性能黏合剂将碳纤维布粘贴在修补位置处的构件表面,粘贴范围为破损修复部位四周各500 mm。

针对裂缝修复方法:

对于裂缝<0.2 mm的构件,采用水泥基裂缝修补材料修补;对于裂缝≥0.2 mm的构件,凿除疏松混凝土,压力灌浆,拟在裂缝两侧各500 mm的范围内进行粘贴碳纤维加固处理。

6.5.4 结构计算

1. 设计荷载

(1) 均布荷载

码头前方平台堆载标准值30 kPa,后方平台堆载标准值50 kPa。

(2) 装卸机械荷载

25 t-40 m门座式起重机,共5台,轮数24个,轨距×基距为16 m×12 m,最大轮压为350 kN。

未来考虑40 t-40 m多用途门座式起重机,轮数32个,轨距×基距为16 m×12 m,最大轮压为350 kN。

(3) 流动机械荷载

40 t集装箱牵引半挂车、40 t牵引平板半挂车、30 t汽车、25 t轮胎式起重机满负荷作业(只能在码头平台范围作业,作业时支腿下加垫块)。

(4) 船舶荷载(加固改造后)

升级后设计船型为10万吨级散货船,船舶荷载按10万吨级散货船考虑。

系缆力:靠泊船型作用在船舶上的风荷载按9级风力($V=22.6$ m/s)考虑,作用在船舶上的水流力按水流速度$V=2.2$ m/s计算,设计代表船型根据规范计算,最大系缆力标准值为1 292 kN。现有码头面上层系船柱2 000 kN。

撞击力:按设计代表船型满载排水量及法向靠泊速度$V=0.10$ m/s(满载)计算,最大船舶有效撞击能量为476 kJ。码头现有护舷为SA-A800H拱型护舷(标准反力),设计吸能为833 kJ,反力1 100 kN。

2. 主要结构计算结果

码头桩内力及码头横梁内力计算结果见表6-24。

表6-24 码头桩内力及码头横梁内力计算结果表

部位		项目	计算结果	备注
前方平台	桩基	最大桩力设计值(kN)	3 705	加固改造后
		单桩垂直承载力设计值(kN)	4 276	
		PHC管桩最大弯矩设计值(kN·m)	442	
		直径800 mm PHC管桩抗裂弯矩(kN·m)	637.6	

续表 6-24

部位		项目	计算结果	备注
前方平台	横梁	最大正弯矩设计值(承载能力极限状态)(kN·m)	7 965	加固改造后
		根据实配钢筋和混凝土强度,横梁抵抗正弯矩能力(kN·m)	9 226	
		正常使用极限状态持久状况准永久组合跨中处弯矩设计值(kN·m)	3 685	
		梁底裂缝开展宽度(mm)	0.13	
		最大负弯矩设计值(承载能力极限状态)(kN·m)	10 073	
		根据实配钢筋和混凝土强度,横梁抵抗负弯矩能力(kN·m)	10 700	
		正常使用极限状态持久状况支座处弯矩设计值(kN·m)	5 372	
		梁顶裂缝开展宽度(mm)	0.23	
		最大剪力设计值(kN)	3 590	
		根据实配钢筋和混凝土强度,横梁抗剪能力(kN)	5 123	
		码头平台横向最大位移(mm)	12.7	

6.6 实践案例六

实践案例六:苏州港张家港越洋实业有限公司码头结构加固改造工程,采用结合式改造法。

原 A 码头设计船型为 2 万吨级化学品船(兼靠 3.5 万吨级海轮),原 B 码头设计船型为 5 000 吨级化学品船。A 码头结构加固改造后可安全靠泊 3 万吨级化学品船,B 码头结构加固改造后可安全靠泊 1 万吨级化学品船(利用 C 码头部分岸线)。

6.6.1 码头现状

苏州港张家港越洋实业有限公司码头位于长江澄通河段浏海沙水道南岸,十二圩河口下游侧岸段。张家港越洋实业有限公司 A 码头原设计停靠 2 万吨级化学品船(兼靠 3.5 万吨级海轮),B 码头原设计停靠 5000 吨级化学品船(兼靠 1 万吨级海轮)。

A 码头长为 231 m,由靠船码头(兼工作平台)和(2♯～5♯)4 座系缆墩组成。靠船码头长 90 m,宽 20 m。2♯系缆墩长 16 m,宽 14 m;3♯～5♯系缆墩长均为 6 m。A 码头面高程 5.00 m,码头前沿原设计泥面标高−12.0 m,码头前沿实际泥面标高−11.5～−13.8 m。

B 码头长 159 m,码头由靠船码头(兼工作平台)和 2 座系缆墩组成(其中 2♯系缆墩与 A 码头共用)。靠船码头长 90 m,宽 25 m。1♯系缆墩长为 6.5 m,宽为 6 m。C 码头长 50 m,宽 8 m。B 码头面高程 5.00 m,码头前沿原设计泥面标高−10.0 m,码头前沿实际泥面标高−9.0～−10.3 m。

A 码头靠船码头为高桩梁板结构,排架间距为 7.0 m,上部结构为现浇横梁、预制纵向梁系、预制加现浇叠合面板结构。靠船码头每榀排架下布置 6 根 600 mm×600 mm 预应力混凝土方桩,其中两对为叉桩,桩长为 33～36 m。2♯～5♯系缆墩为高桩墩台结构。A 码头前沿的护舷系统为隔跨布置的上下2个直径1 400/700 mm,长1 000 mm圆筒型橡胶护舷;艏艉缆系船柱为750 kN系船柱,横缆系船柱为550 kN系船柱。

B码头靠船码头为高桩梁板结构,排架间距为7.0 m,上部结构为现浇横梁、预制纵向梁系、预制加现浇叠合面板结构。靠船码头每榀排架下布置6根600 mm×600 mm预应力混凝土方桩,其中一对为叉桩。1♯、2♯系缆墩均为高桩墩台结构。B码头前沿的护舷系统为每个直接受力排架布置2个400H超级拱型护舷($L=2.5$ m);B码头艏艉缆系船柱为550 kN,倒缆系船柱450 kN系船柱。

原码头结构平面及断面见图6-46~图6-48。

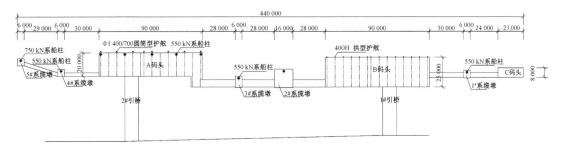

图6-46　张家港越洋实业有限公司码头结构平面图

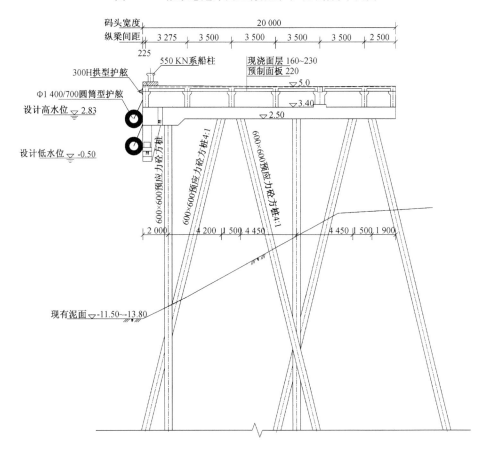

图6-47　张家港越洋实业有限公司码头A平台结构断面图

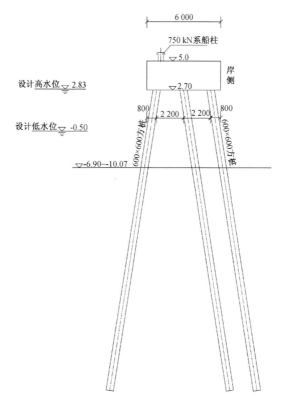

图 6-48　张家港越洋实业有限公司码头 5♯系缆墩断面图

6.6.2　码头结构检测评估

根据上海港湾工程质量检测有限公司 2012 年 3 月编制的《张家港越洋实业有限公司码头检测评估》，码头主要构件满足结构安全使用，码头主要构件结构安全性及使用性评估等级均为 A 级。以下为这次码头检测的主要结论。

码头外观基本良好，主要外观缺陷表现为：

（1）桩基部分：B 码头及 C 码头少部分桩基上部有纵向及横向裂缝；基桩水位下的桩身完整性总体良好。测试 55 根桩基中，Ⅰ类桩 51 根，Ⅱ类桩为 4 根。

（2）上部结构：A 码头及 B 码头面层多处出现表层裂缝，引桥接岸处及接码头处出现混凝土破损，码头及系缆墩边角处出现不同程度的混凝土破损或出现露筋，A 码头及 B 码头上横梁和下横梁表面多处出现石子外漏及麻面等。

（3）附属设施：A 码头及 B 码头底部管道多处出现锈蚀。

6.6.3　加固改造方案

1. A 码头加固改造方案

A 码头按停靠 3 万吨级化学品船设计，主要加固改造内容如下：

（1）将现有 A 码头工作平台上 550 kN 系船柱全部更换为 750 kN 系船柱。

（2）3♯、4♯系缆墩现有 550 kN 系船柱全部更换为 1 000 kN 系船柱，5♯系缆墩现有 750 kN 系船柱更换为 2×1 000 kN 快速脱缆钩，并对墩台进行改造，各增加 3 根直径 1 000 mm

钢管桩(桩长为 40 m)。

(3) 码头前沿部分须浚深至设计标高 −13.70 m。

2. B 码头加固改造方案

B 码头按停靠 1 万吨级化学品船设计,主要加固改造内容如下。

(1) 对 B 码头靠船码头上游的 2#墩台进行改造,增加 5 根直径 1 000 mm 钢管桩(桩长为 40 m),并将现有 550 kN、750 kN 系船柱作废,增设 1 套 2×1 000 kN 快速脱缆钩、1 个 750 kN 系船柱和 1 套 2×750 kN 快速脱缆钩。

(2) 在 B 码头靠船码头下游新建 B1#墩台,设置 1 套 2×750 kN 快速脱缆钩,新建墩台尺度为 8 m×4 m,墩台采用 4 根直径 1 000 mm 钢管桩(桩长为 40 m)。

(3) 码头下游前沿局部须浚深至设计标高 −10.1 m。

码头加固改造结构平面及断面见图 6-49～图 6-51。

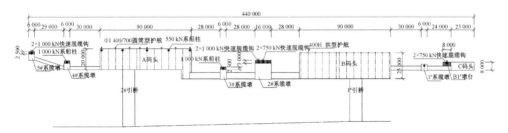

图 6-49　张家港越洋实业有限公司码头加固改造结构平面图

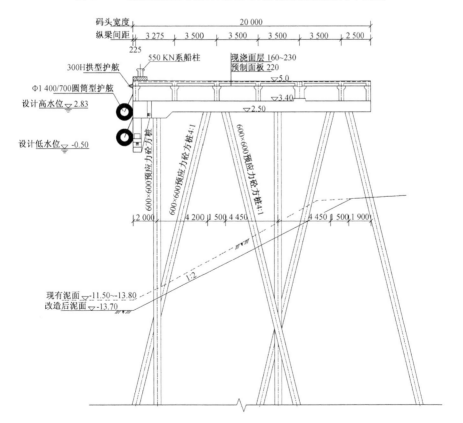

图 6-50　张家港越洋实业有限公司码头 A 平台加固改造结构断面图

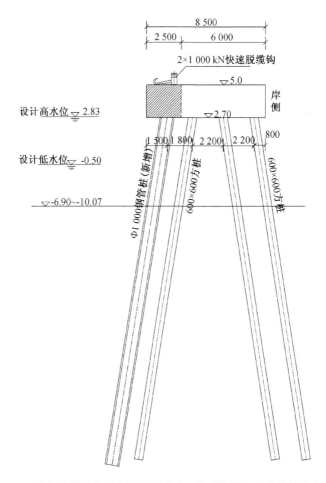

图 6-51　张家港越洋实业有限公司码头 5♯系缆墩加固改造结构断面图

3. 码头结构修复方案

根据上海港湾工程质量检测有限公司《张家港越洋实业有限公司码头检测评估》(2012年3月),对码头受损部位进行修复设计。

(1) 对码头桩基上部的裂缝进行修复

桩顶处出现的纵向和横向裂缝,采用压力灌浆,在裂缝范围内(上、下留 30 mm 富裕)包覆 2 层碳纤维布,并在碳纤维布表面涂刷厚 300 μm 混凝土色的环氧类涂料。

(2) 对码头上部结构出现的裂缝及混凝土破损等进行处理

对较大裂缝修复先沿缝凿出槽深和槽宽不小于 20 mm 的 U 形槽,再采用环氧砂浆进行修补,并在裂缝处外贴 2 层碳纤维布,裂缝两边需要 300 mm 宽度。

对混凝土剥落或钢筋锈蚀的构件,施工时应对原构件混凝土存在的缺陷清理至密实部位,并将表面凿毛或打成沟槽。浇注混凝土前,原混凝土表面应以水泥浆等界面剂进行处理,并对原有钢筋进行除锈处理。

(3) 对码头附属设施进行修复

对锈蚀的管道及护边角钢等先去除铁锈、涂层和附着物等,采用聚氨酯漆防腐,平均涂层厚度 220 μm。其他新设铁件均采用热镀锌处理。

6.6.4 结构计算

1. 设计荷载

（1）A 码头

① 均布荷载：10 kN/m²。

② 流动机械荷载：汽—20,消防车。

③ 油管支架荷载。

④ 船舶荷载（加固改造后）：升级后设计船型为 3 万吨级化学品船,船舶荷载按 3 万吨级化学品船考虑。

系缆力：靠泊船型作用在船舶上的风荷载按 9 级风力（$V=22$ m/s）考虑,作用在船舶上的水流力按水流速度 $V=2.0$ m/s 计算,A 码头现有艏艉缆 750 kN 系船柱、横缆 550 kN 系船柱不能满足 3 万吨级化学品船系泊要求,须把艏艉缆 750 kN 系船柱更换为 1 000 kN 系船柱,横缆 550 kN 系船柱更换为 750 kN 系船柱。

撞击力：按设计代表船型满载排水量及法向靠泊速度 $V=0.10$ m/s（满载）计算,码头现有护舷能够满足设计要求。码头护舷系统为隔跨布置的上下 2 个直径 1 400/700 mm、长 1 000 mm 圆筒型橡胶护舷,设计吸能量为 260.6 kJ,设计反力为 868 kN。

（2）B 码头

① 均布荷载：15 kN/m²。

② 流动机械荷载：16 t 轮胎吊,汽—20,消防车。

③ 油管支架荷载。

④ 船舶荷载（加固改造后）：升级后设计船型为 1 万吨级化学品船,船舶荷载按 1 万吨级化学品船考虑。

系缆力：靠泊船型作用在船舶上的风荷载按 9 级风力（$V=22$ m/s）考虑,作用在船舶上的水流力按水流速度 $V=2.0$ m/s 时计算,B 码头现有艏艉缆 550 kN、倒缆 450 kN,系船柱能满足 1 万吨级化学品船系泊要求,故不对原有系船柱进行改造。

撞击力：按设计代表船型满载排水量及法向靠泊速度 $V=0.12$ m/s（满载）计算,码头现有护舷能够满足设计要求。码头护舷系统为每个直接受力排架布置 2 个 400H 超级拱型护舷（$L=2.5$ m）,设计吸能量为 115 kJ（按 $L=2.5$ m 计）,设计反力按 688 kN 设计。

2. 主要结构计算结果

主要结构计算结果见表 6-25～表 6-28。

表 6-25 A 码头改造后排架主要计算结果

	计算项目	计算结果	承载能力	复核结论
承载能力极限状态	最大压桩力(kN)	2 036.10	2 388.60	满足
	最大拉桩力(kN)	53.29	1 063.70	满足
	横梁底最大弯矩(kN·m)	1 190.50	1 934.06	满足
	横梁顶最大弯矩(kN·m)	1 170.30	2 852.45	满足
	横梁最大剪力(kN)	931.20	1 637.53	满足

续表 2-25

计算项目		计算结果	承载能力	复核结论
正常使用极限状态	横梁底最大弯矩(kN·m)	643.10	裂缝宽度 0.2 mm	满足
	横梁顶最大弯矩(kN·m)	568.90	裂缝宽度 0.13 mm	满足
	水平位移(mm)	2	—	—

表 6-26 2♯～5♯系缆墩改造后计算结果

计算项目		计算结果
承载能力极限状态	原 600 mm×600 mm 方桩	最大压桩力(kN) 2 082.40
		最大拉桩力(kN) 1 208.60
	新增直径 1 000 mm 钢管桩(Q235B)	最大压桩力(kN) 1 280.80
		最大拉桩力(kN) 239.80
正常使用极限状态	原 600 mm×600 mm 方桩	最大压应力(MPa) 9.75
		最大拉应力(MPa) −6.67
	新增直径 1 000 mm 钢管桩(Q235B)	最大压应力(MPa) 58.69
		最大拉应力(MPa) −49.34

注:原 600 mm×600 mm 方桩有效预压应力为 6.8 MPa。

表 6-27 新建 B1 墩台复核结果(直径 1 000 mm 钢管桩)

计算项目		计算结果
承载能力极限状态	最大压桩力(kN)	2 890
	最大拉桩力(kN)	1 708
正常使用极限状态	最大压应力(MPa)	54.1
	最大拉应力(MPa)	−97.5

表 6-28 桩基极限承载力复核表

位置		桩型	单桩抗压极限承载力设计值(kN)	单桩抗拉极限承载力设计值(kN)	结论
A 码头	ZK2	600 mm×600 mm 方桩	2 388.6	1 063.7	桩基承载力满足设计要求
系缆墩	ZK1	600 mm×600 mm 方桩	2 612.9	1 240.8	
		直径 1 000 mm 钢管桩	4 178.6	1 897.9	
	ZK3	600 mm×600 mm 方桩	2 589.1	1 224.1	
		直径 1 000 mm 钢管桩	4 147.4	1 876.2	

3. 岸坡整体稳定计算

(1) A 码头前沿泥面须浚深至 −13.7 m,根据地质钻孔资料及业主提供的水下地形图,浚深之后码头岸坡整体稳定最小抗力分项系数为 1.38,岸坡整体稳定满足要求(图 6-52)。

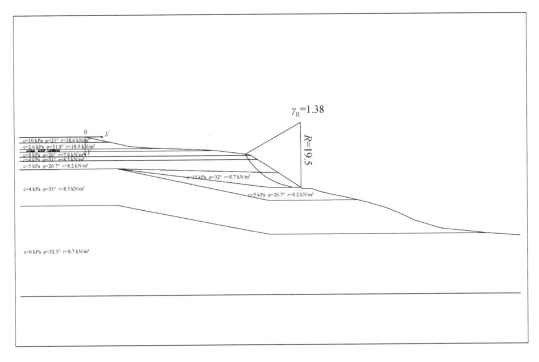

图 6-52　A 码头岸坡整体稳定计算图示(浚深后)

（2）B 码头前沿局部浚深至设计标高 -10.1 m，根据地质钻孔资料及业主提供的水下地形图，浚深之后码头岸坡整体稳定最小抗力分项系数为 2.329，岸坡整体稳定满足要求（图 6-53）。

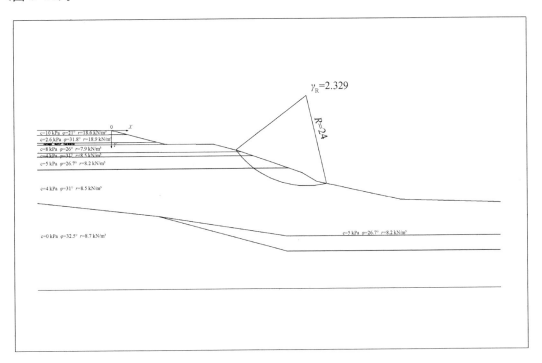

图 6-53　B 码头岸坡整体稳定计算图示(浚深后)

6.7 实践案例七

实践案例七：中油江阴油库码头结构加固改造工程，采用分离式改造法。原码头设计船型为2.5万吨级油船，码头结构加固改造后可安全靠泊5万吨级油船。

6.7.1 码头现状

中油江阴油库码头位于长江下游澄通河段福姜沙进口段，介于大河港与石牌港之间，距离江阴市区约10 km。该码头建于1994年，码头装卸平台长度200 m，宽度15 m，上下游两侧各设一座系缆墩，泊位总长度242 m。2002年在码头上游侧进行了扩建（将一期码头上游侧系缆墩拆除），扩建段装卸平台长度84 m，宽度15 m。扩建完成后，码头装卸平台总长度为284 m，泊位全长为304.5 m，设计规模为1个2.5吨级油船泊位。

现状码头由1座装卸平台、1座系缆墩和2座引桥组成。装卸平台长度284 m，宽度15 m；在码头平台的下游侧布置有550 kN系缆墩一座，系缆墩平面尺度为5 m×5 m，泊位总长度304.5 m。系缆墩和码头之间采用15.5 m长的钢便桥连接。码头平台通过2座钢筋混凝土固定引桥与后方陆域连接，其中下游侧为1994年建成的一期码头引桥，长347 m，宽6.0 m，上游侧为2005年扩建引桥，长347 m，宽7.0 m，2座引桥的间距为1.5 m。码头面设计高程7.0 m（吴淞高程系，下同），码头前沿设计底高程-9.30 m。

码头平台采用高桩梁板结构，由6个结构段组成，排架间距6 m，共设置51榀排架。每榀排架下设5根600 mm×600 mm预应力混凝土空心方桩基础，其中直桩3根，斜桩2根，斜度4∶1（部分斜度为3.5∶1）。上部结构由靠船构件、剪刀撑、横梁、面板和面层组成。

下游侧系缆墩采用高桩墩式结构。桩基采用6根600 mm×600 mm预应力混凝土空心方桩基础，其中直桩3根，斜桩3根，斜度3.5∶1。上部结构为钢筋混凝土墩台，厚1.5 m。

码头面外档安装有18个450 kN系船柱，系缆墩安装有1个550 kN系船柱。码头外档每排架间隔布置直径1 000/500 mm筒型橡胶护舷和GD型橡胶护舷，筒型橡胶护舷每排架设置2个，GD型橡胶护舷每排架设置3个（高300 mm，长1 500 mm、1 000 mm、1 500 mm），水平向安装一排GD300H型水平橡胶护舷。原码头结构平面及断面见图6-54、图6-55。

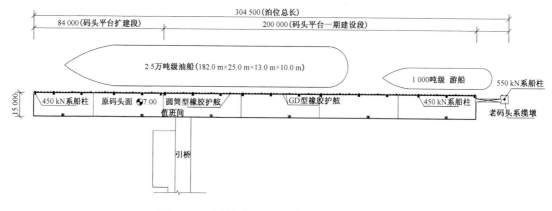

图6-54 中油江阴油库码头原码头结构平面图

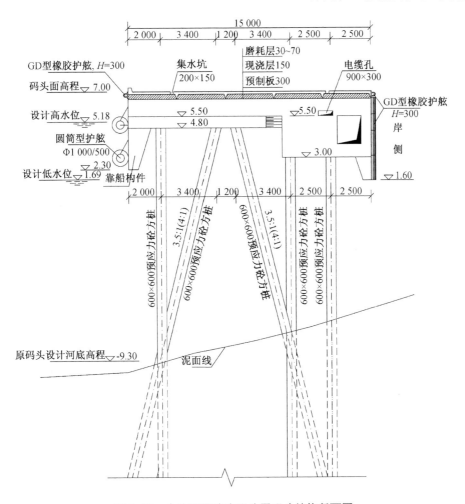

图 6-55 中油江阴油库码头原码头结构断面图

6.7.2 码头结构检测评估

中油江阴油库一期码头于 1994 年建成投产,2002 年在一期码头上游进行了扩建并投入使用至今,运行状况良好。根据南京水利科学研究院实验中心 2011 年 1 月 10 日编制的《中油江阴油库码头检测评估报告》,主要有以下结论。

1. 码头结构安全性评估

码头、引桥和系缆墩主要构件检测结果表明,码头上部结构主要构件混凝土现有强度达到设计强度值,钢筋混凝土保护层厚度基本达到设计值,混凝土碳化深度小于钢筋混凝土保护层厚度,码头基桩实测桩身斜度与设计斜度接近,码头、引桥桩基本完好。

码头、引桥和系缆墩主要构件调查结果表明,码头、引桥和系缆墩上部结构整体基本完好,构件存在一些局部性的破损或缺陷。码头桩台相对位移与差异沉降调查结果表明,码头结构段间未出现明显的相对位移和差异沉降。

根据以上码头调查检测及承载力复核结果,按照《港口水工建筑物检测与评估技术规范》(JTJ 302—2006),码头安全性评估等级为 A。

2. 码头结构使用性评估

由码头调查结果可知,码头的桩、横梁、剪刀撑和面板未发现受力引起的结构性裂缝,满足最大裂缝宽度限值的要求。

根据码头调查检测及复核计算结果,按照《港口水工建筑物检测与评估技术规范》(JTJ 302—2006),码头使用性评估等级为A。

3. 码头结构耐久性评估

码头、引桥和系缆墩主要构件检测结果表明,钢筋混凝土保护层厚度达到设计值,混凝土碳化深度小于钢筋混凝土保护层厚度,基桩桩身结构基本完整。

码头、引桥和系缆墩主要构件调查结果表明,码头、引桥和系缆墩上部结构整体基本完好,构件存在一些局部性的破损或缺陷,构件未见钢筋锈蚀现象,码头主要构件外观劣化度等级为A。

综合调查检测结果,码头结构耐久性评估等级为A。

6.7.3 加固改造方案

1. 码头平面改造方案

码头采用分离式墩台加固改造方式(图6-56～图6-58)。拆除原码头平台部分结构,在原码头装卸平台前沿新建8座系靠船墩,除最上游系靠船墩外,其余7座系靠船墩均为嵌入式结构,各系靠船墩之间的距离从13.18 m到25.18 m不等。改造后码头由新建系靠船墩、系缆墩和现有码头平台组成。

在3#、4#、6#系靠船墩上各布置了3座输油臂基础以满足装卸作业需要。为满足环保对码头面污水收集的要求,在这三座系靠船墩上都布置了围油坎和集污池,装卸区内的油污水通过排水沟送至集污池,再泵送至后方处理。

为满足码头供电、消防等需要,在引桥上游侧布置综合用房作为前方变电所、消防泵房和消防控制室以及办公室。综合用房布置在距码头平台后沿50 m处引桥上游侧的水工平台上。根据综合用房布置需要,水工平台长20 m,宽10 m。

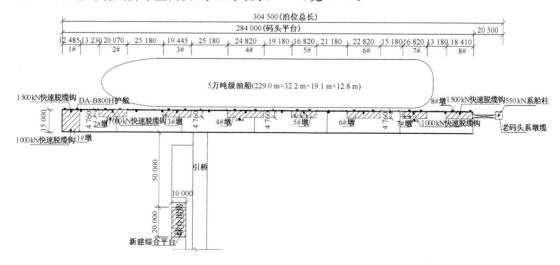

图6-56 中油江阴油库码头加固改造结构平面图

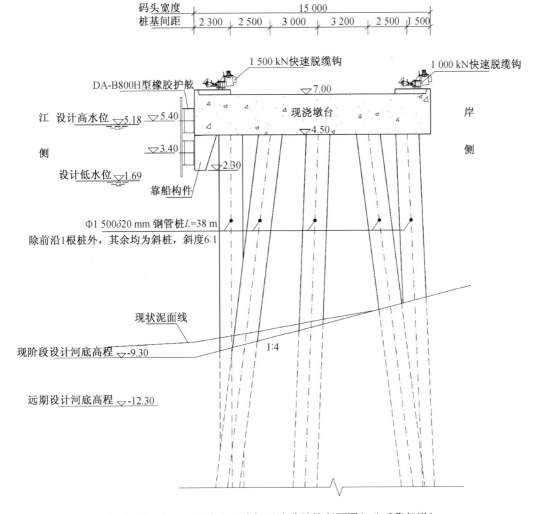

图 6-57 中油江阴油库码头加固改造结构断面图(1#系靠船墩)

码头面设计高程 7.0 m,码头前沿设计底高程近期保持 −9.30 m(远期 −12.30 m)。

2. 码头结构改造方案

码头采用分离式墩台加固改造方式。在原码头装卸平台前沿布置 8 个改造点,在每个改造点拆除原码头部分排架及上部梁、板等相关结构,并在每个改造点新建一个系靠船墩。

码头排架拆除宽度为 4.8 m(上游端部拆除宽度 15 m),在这 8 处位置新建 8 座系靠船墩(编号从上游至下游分别为 1#~8#),分别为 1# 墩台 12.485 m×15 m(纵向×横向)、2# 墩台 20.07 m×4.76 m(纵向×横向)、3# 墩台 19.445 m×4.76 m(纵向×横向)、4# 墩台 24.82 m×4.76 m(纵向×横向)、5# 墩台 16.82 m×4.76 m(纵向×横向)、6# 墩台 22.82 m×4.76 m(纵向×横向)、7# 墩台 16.82 m×4.76 m(纵向×横向)、8# 墩台 18.41 m×4.76 m(纵向×横向)。每座墩台下部桩基采用 6~8 根直径 1 500 mm 钢管桩,其中部分为斜桩,桩内灌填 C20 混凝土。墩台高 2.5 m,墩台顶高程 7.0 m。

新建系靠船墩与原码头结构间完全独立,在结构交界处设置 40 mm 伸缩缝,满足墩台在荷载作用时的最大水平变位要求。

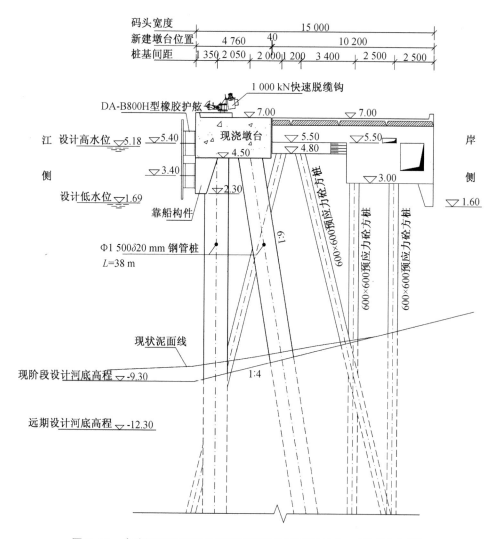

图 6-58 中油江阴油库码头加固改造结构断面图（2#～8#系靠船墩）

(2) 综合用房水工平台

在引桥上游侧新建水工平台一座，作为码头综合用房的基础，水工平台为高桩墩式结构，平面尺寸为 20 m×10 m，基础采用直径 800 mm PHC 管桩，上部结构为现浇钢筋混凝土实体墩。

(3) 系靠附属设施

在新建系靠船墩前沿竖向每处布置 2 根 DA-B800、长 1 500 mm 低反力型橡胶护舷。DA-B800、长 1500L 低反力型橡胶护舷的设计吸能量为 213 kJ，反力不超过 708 kN。

1#和8#系靠船墩上选用 1 500 kN 快速脱缆钩，2#～7#系靠船墩选用 1 000 kN 快速脱缆钩。

3. 码头结构修复方案

(1) 裂缝修补

① 对于宽度为 0.2～0.3 mm 的裂缝，采用封闭方法对裂缝进行修补：沿裂缝走向骑缝

凿深度不小于 30 mm 和宽度不小于 20 mm 的 U 形凹槽;清除槽内松散层、油污、浮灰和其他不牢附着物;将封缝材料一次或分次压入 U 形槽内,使其略高出槽面并抹平。

② 对于宽度大于 0.3 mm 的裂缝,采用化学灌浆法对裂缝进行修补:清除混凝土裂缝表面松散物和缝内异物;按 300~1 000 mm 间距设置灌浆嘴,裂缝的端部、裂缝交叉处及贯穿裂缝的两个侧面均埋设灌浆嘴;埋设灌浆嘴使用钻孔法沿缝的两侧斜向成孔,孔深交叉穿过裂缝,并使灌浆嘴密封胶垫有足够的埋置深度,确保密封效果;对裂缝进行封缝处理后,压气检查灌浆嘴的连通和封闭效果;按试验的配比准确称量配置灌浆液,根据灌浆液的固化时间和灌浆速度随配随用;按竖向缝自下而上,水平缝自一端向另一端的顺序进行压力灌浆,灌浆压力为 0.2~0.8 MPa;待浆液固化后,拆除灌浆嘴,并对混凝土表面进行修整。

(2) 对小面积缺损(未露筋)的构件

① 凿除破损部位松散混凝土至露出坚硬部分,用压力不小于 20 MPa 的高压淡水清洗混凝土表面浮灰、松散物和其他不牢附着物;

② 准确配制和称量混凝土界面黏结材料,按规定用量施涂于待修补的混凝土表面;

③ 准确配制和称量聚合物水泥砂浆,在界面黏结材料未固化前一次或分次刮抹于混凝土表面,至恢复缺损处断面或达到规定的保护层厚度,并抹平修整。

(3) 对锈胀或露筋的构件

① 凿除出现锈胀裂缝处的混凝土保护层,对钢筋已腐蚀处混凝土要求凿至主筋背后 2~3 cm,并沿钢筋方向凿除至钢筋不锈处 5 cm 止;

② 对钢筋表面除锈至 St2 级,并用高压淡水清洗钢筋及混凝土表面;

③ 当钢筋截面损失大于 10% 时,钢筋即须通过加焊钢筋补强,补强钢筋搭接长度应从钢筋未锈蚀处向外扩展 50 mm 起始再向外延伸 10d 计;

④ 在上述措施之后,采用措施(2)。

6.7.4 结构计算

1. 设计荷载

(1) 均布荷载

码头面均载维持原设计不变,为 15 kN/m²。

(2) 装卸机械荷载

DN300 输油臂 4 台:竖向荷载 100 kN,倾覆力矩 280 kN·m;

DN200 输油臂 2 台:竖向荷载 62 kN,倾覆力矩 140 kN·m。

(3) 流动机械荷载

流动机械荷载为 10 t 消防车。

(4) 船舶荷载(加固改造后)

升级后设计船型为 5 万吨级油船,船舶荷载按 5 万吨级油船考虑。

系缆力:船舶系缆力标准值按 5 万吨级油船在风荷载和水流力共同作用下进行计算,系缆力标准值为 848 kN。根据计算结果,系靠船墩选用 1 000 kN 快速脱缆钩,艏艉系靠船墩上考虑风暴系缆要求,选用 1 500 kN 快速脱缆钩。

撞击力:船舶撞击力按 5 万吨级油船满载排水量及法向靠船速度计算船舶撞击能量。

经计算,5万吨级油船满载靠泊的撞击能量为354 kJ。根据计算结果,每个系靠船墩前沿竖向选用2根DA-B800、长1 500 mm低反力型橡胶护舷,吸能量$E=426$ kJ,满足码头结构加固改造设计船型满载靠泊撞击的吸能要求,反力$R=1\ 416$ kN(2×708 kN)。

2. 主要结构计算结果

新建系靠船墩的结构计算结果见表6-29,原码头排架结构计算结果见表6-30。

表6-29 1#～8#系靠船墩主要计算结果表

位置	计算项目	计算结果	备注
1#系靠船墩	最大桩力设计值N(kN)	5 019	单桩垂直极限承载力 $Q_d=5\ 813$ kN
	最大桩身弯矩设计值M(kN·m)	4 534	$\sigma=195$ MPa
	最大位移Δ(mm)	26.1	
2#系靠船墩	最大桩力设计值N(kN)	4 575	单桩垂直极限承载力 $Q_d=5\ 796$ kN
	最大桩身弯矩设计值M(kN·m)	4 779	$\sigma=201$ MPa
	最大位移Δ(mm)	24.3	
3#系靠船墩	最大桩力设计值N(kN)	4 649	单桩垂直极限承载力 $Q_d=5\ 422$ kN
	最大桩身弯矩设计值M(kN·m)	4 735	$\sigma=201$ MPa
	最大位移Δ(mm)	30.5	
4#系靠船墩	最大桩力设计值N(kN)	3 420	单桩垂直极限承载力 $Q_d=5\ 796$ kN
	最大桩身弯矩设计值M(kN·m)	3 611	$\sigma=151$ MPa
	最大位移Δ(mm)	17.6	
5#系靠船墩	最大桩力设计值N(kN)	4 359	单桩垂直极限承载力 $Q_d=5\ 422$ kN
	最大桩身弯矩设计值M(kN·m)	4 858	$\sigma=201$ MPa
	最大位移Δ(mm)	31.6	
6#系靠船墩	最大桩力设计值N(kN)	3 749	单桩垂直极限承载力 $Q_d=5\ 422$ kN
	最大桩身弯矩设计值M(kN·m)	3 559	$\sigma=151$ MPa
	最大位移Δ(mm)	25.6	
7#系靠船墩	最大桩力设计值N(kN)	4 162	单桩垂直极限承载力 $Q_d=5\ 796$ kN
	最大桩身弯矩设计值M(kN·m)	4 428	$\sigma=187$ MPa
	最大位移Δ(mm)	27.6	

续表 6-29

位置	计算项目	计算结果	备注
8#系靠船墩	最大桩力设计值 N(kN)	4 970	单桩垂直极限承载力 Q_d=5 422 kN
	最大桩身弯矩设计值 M(kN·m)	6 016	σ=249 MPa
	最大位移 Δ(mm)	22.4	

表 6-30 原有结构改造后主要计算结果表

计算项目			15 m 排架（原排架）	10 m 排架（拆除布局前沿）	备注
桩基	最大轴力(kN)		1 417	1 553	Q_d=2 017 kN
	最大弯矩(kN·m)		133	127	
横梁	弯矩(kN·m)	M_+	512	392	梁底受拉
		M_-	−1 589	−1 043	梁顶受拉
	配筋	跨中	5φ25	5φ25	实配 6φ25
		支座	6φ25	5φ25	实配 7φ25
	最大剪力(kN)		869	657	抗剪 V_u=2 730 kN

6.8 实践案例八

实践案例八：南通东海石化公司江海油库码头加固改造工程,采用分离式改造法。原码头设计船型为 2.5 万吨级油船,码头结构加固改造后可安全靠泊 5 万吨级化学品船,并可同时满足 2 艘 3 000 吨级化学品船靠泊要求。

6.8.1 码头现状

南通东海石化公司江海油库码头位于长江下游通州沙东水道的新开沙夹槽下段,工程距上游的千红嘉民码头系缆墩约 52 m,距离下游的中化南通石化储运有限公司码头约 150 m,距离南通市区 24 km。该码头建于 1993 年,码头采用蝶形布置,泊位全长为 258 m,码头前沿可停靠一艘 2.5 万吨级油船,码头后沿下游侧内档布置 100 吨级小船泊位 1 个。

现状码头采用蝶形布置,由 1 座靠船装卸平台和 4 座系缆墩(上下游各 2 座)组成。平台长 102.6 m,宽度 16 m。在码头主体结构的上、下游分别布置有 750 kN 系缆墩、550 kN 系缆墩和钢引桥搁墩各 1 座。系缆墩和码头之间用钢便桥连接,泊位总长度 258 m。系缆墩之间采用 1 座 30 m 钢便桥连接,系缆墩和码头之间采用 2 座 24 m 钢便桥连接。码头面设计高程 6.50 m(吴淞高程系,下同),码头前沿设计底高程−10.50 m。

原码头主体采用高桩梁板结构,排架间距 7 m,共 16 榀排架,有 2 个分段,每个分段端部的 2 榀排架布置有 6 根 600 mm×600 mm 预应力混凝土方桩(3 对叉桩);中部的排架布置 5 根 600 mm×600 mm 预应力混凝土方桩(1 根直桩,2 对叉桩);码头平台下游端的 4 榀排架因泥面较低采用直径 800 mm、壁厚 14 mm 的钢管桩。

在靠船平台的上游布置有两个 6 m×6 m 的系缆墩和一个 2.5 m×4 m 钢引桥搁墩。系缆墩为高桩墩式结构,桩基采用 600 mm×600 mm 预应力混凝土方桩。其中 1♯ 系缆墩设有 10 根斜桩,2♯ 系缆墩设有 8 根斜桩,桩长均为 30 m,下游设有 2 个 8 m×7 m 的系缆墩,桩基采用 9 根直径 900 mm、壁厚 14 的钢管桩,3♯、4♯ 系缆墩的桩长分别为 42 m 和 46 m。系缆墩之间采用一座 30 m 钢便桥连接,系缆墩和码头之间采用 2 座 24 m 钢便桥连接。

码头上、下游端部系缆墩上各设有 750 kN 系船柱 1 个,供不同靠泊船型艏、艉缆使用;中间 2 个系缆墩上各设有 550 kN 系船柱 1 个;码头平台上设有 550 kN 系船柱 4 个,250 kN、150 kN 系船柱各 4 个。码头江侧每榀排架竖向设有 DA-A400H(标准型)拱型橡胶护舷,横向满布 D 型 300H 型橡胶护舷;码头内侧每榀排架竖向设有 GD280H 型橡胶护舷,横向满布 D 型 H300 橡胶护舷。原码头结构平面及断面见图 6-59、图 6-60。

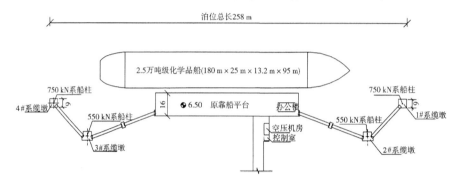

图 6-59 东海石化公司江海油库码头原码头结构平面图

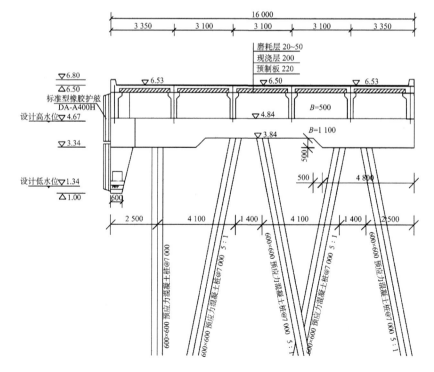

图 6-60 东海石化公司江海油库码头原码头结构断面图

6.8.2 码头结构检测评估

根据南京水利科学研究院实验中心 2010 年 12 月所编制的《南通江海油库码头结构检测报告》,码头技术状态评价如下。

1. 主要结构及构件

码头、引桥和系缆墩主要构件检测结果表明,码头上部结构主要构件混凝土现有强度基本达到设计强度值,钢筋混凝土保护层厚度基本达到设计值,混凝土碳化深度小于钢筋混凝土保护层厚度,钢筋整体尚未发生锈蚀,码头、引桥桩基本完好。

码头、引桥和系缆墩主要构件调查结果表明,码头、引桥和系缆墩上部结构整体基本完好,构件存在一些局部性的破损或缺陷。码头桩台相对位移与差异沉降调查结果表明,码头结构段间未出现明显的相对位移和差异沉降。

2. 系靠设施

护舷:码头外档共计 1 件 DA-A400H 型橡胶护舷有螺栓缺失,螺栓缺失共计 1 个;码头内档共计 8 件 GD280H 型橡胶护舷有螺栓缺失,螺栓缺失共计 9 个。

系船柱:码头外档 7 排架系船柱存在沥青缺失,螺帽锈蚀现象。除此之外,码头其他系船柱未见破损、缺角、裂缝、螺栓松动等现象,处于完好状态。

3. 整体技术状态评价

综合以上调查检测结果,参照《港口水工建筑物检测与评估技术规范》(JTJ 302—2006)和《港口设施维护技术规程》(JTJ/T 289—1997),码头技术状态属于Ⅰ类,即技术状态良好,但是码头和引桥构件存在一些局部性的破损或缺陷,需要尽早采取维修。

6.8.3 加固改造方案

1. 码头平面改造方案

根据规范,对于开敞式码头,码头直线段靠泊所需要的直线段长度为 0.30~0.45 倍的船长,当同时停靠 2 艘 3 000 吨级化学品船时(船长 $L=99$ m),船舶间的安全间距 d 取 25 m,则靠船装卸平台长度$=L+d+(0.3\sim0.45)L=153.70\sim168.55$ m。而原码头靠船平台长度为 102.6 m,不能满足设计船型装卸作业需要。因此,本工程在原码头平台上下游两侧各新增 1 座长 35.5 m 的靠船装卸平台,平面尺寸为 35.5 m×16 m,使码头靠船装卸平台总长度达到 173.6 m,以满足设计船型靠泊作业需要。

同时,在码头泊位长度方向设置 2 个系靠船墩,2 个系靠船墩的间距为 32.5 m,每墩长 12.9 m,沿横向排架方向宽度为 6.1 m。将原 1♯和 4♯系缆墩尺度适当加大,平面尺度由原来的 6 m×6 m 扩大为 6 m×8.5 m。

为满足码头装卸设备、照明供电以及消防需要,码头区布置有综合用房作为前方变电所、消防泵房和消防控制室,总建筑面积为 180 m²。综合用房布置在距码头平台后沿 32 m 处。

现有码头面的高程为 6.50 m,考虑到各种管道敷设安装,将现有码头面凿毛后浇筑 10 cm 厚的混凝土。因此本次改造工程码头面高程为 6.60 m,码头前沿设计底高程-12.55 m。

2. 码头结构改造方案

(1) 系靠船墩

在原装卸平台前沿布置 2 个改造点,在每个改造点拆除原码头面板、梁、桩等构件,并在每个改造点新建一个系靠船墩。系靠船墩与原码头结构间完全独立,在结构交界处设置30 mm伸缩缝,满足墩台在荷载作用时的最大水平变位要求。新建系靠船墩采用高桩墩式结构,平面尺寸12.9 m×6.1 m,桩基采用直径1 200 mm钢管桩(桩内灌混凝土),每座系靠船墩下设7根桩,均为斜桩,上部为现浇钢筋混凝土实体墩。系靠船墩前沿竖向布置TD-BB800H低反力型橡胶护舷,顶部设750 kN系船柱。

(2) 新增靠船装卸平台

新增靠船装卸平台2座,长度均为35.5 m,宽度均为16 m,分别位于老码头装卸平台上下游两侧,与老码头装卸平台连片布置。平台排架间距8.0 m,桩基采用直径1 000 mm PHC桩,每榀排架布置5根桩,包括1根直桩和2对叉桩。平台上部为预制、现浇叠合式面板,预制纵梁和现浇横梁组成的梁板式结构。平台排架前沿竖向间隔布置TD-BB800H低反力型橡胶护舷和DA-A400H标准反力型橡胶护舷,顶部设置750 kN系船柱。

(3) 原系缆墩改造

原1#、4#系缆墩的平面尺寸和桩基布置相应增加,系缆墩的平面尺寸由6 m×6 m改为6 m×8.5 m,在原1#、4#系缆墩前沿各加设2根直径1 000 mm钢管桩,上部现浇混凝土墩体与原系缆墩相连。

(4) 新建综合用房水工平台

在引桥上游侧新建水工平台一座,作为码头综合用房的基础,水工平台为高桩墩式结构,平面尺寸为13 m×9 m,基础采用直径800 mm钻孔灌注桩,上部结构为现浇钢筋混凝土实体墩。

江海油库码头加固改造结构平面及断面图见图6-61、图6-62。

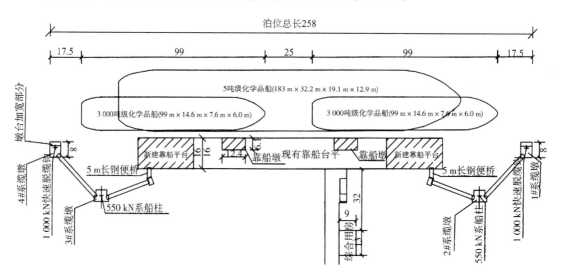

图6-61 东海石化公司江海油库码头加固改造结构平面图

3. 码头结构修复方案

根据南京水利科学研究院实验中心2010年12月所编制的《南通江海油库码头结构检测报告》,对不同的损坏类型采取不同的修补方案:

(1) 构件局部破损露筋:混凝土破损处应凿除松散部位,进行除锈处理,待表面湿润后,

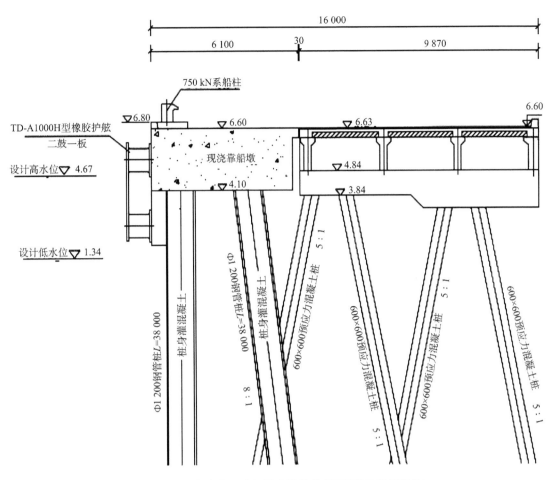

图 6-62 江海油库码头加固改造结构断面图(系靠船墩处)

喷涂界面处理剂确保新旧混凝土的结合,采用聚合物细石混凝土修复;

(2) 码头横梁箍筋外露:已出现空鼓和露筋的用丙乳砂浆修补,然后对横梁侧面采用混凝土防腐涂层保护;

(3) 系缆墩局部破损露筋:剔除表层混凝土,增加钢筋网片,浇筑混凝土;

(4) 引桥磨耗层破损:表面处理、清洗,浇筑混凝土;

(5) 对此次不需更换的橡胶护舷上已松动的螺栓:加固;

(6) 此次不需更换的系船柱的螺帽锈蚀,防腐沥青缺失:去除螺帽锈皮,填筑丙乳砂浆;

(7) 引桥灌注桩出现的环向裂缝:灌结构胶修补。

6.8.4 结构计算

1. 设计荷载

(1) 均布荷载:码头面均载维持原设计不变,为 10 kN/m²。

(2) 流动机械荷载:4 t 汽车。

(3) 船舶荷载(加固改造后):升级后设计船型为 5 万吨级化学品船,船舶荷载按 5 万吨级化学品船考虑。

船舶系缆力:按 5 万吨级船舶以九级风 $V=22$ m/s 作为设计风速、以水流速度 $V=1.8$ m/s 作为设计流速,经计算新增靠船平台及系靠船墩选用 750 kN 系船柱,同时将现有艏艉系缆墩上的 750 kN 系船柱改造为 1 000 kN 快速脱缆钩。

船舶撞击力:根据水工结构设计船型 5 万吨级船舶有效撞击能量的计算结果,新增靠船平台排架前沿竖向间隔布置 TD-BB800H 低反力型橡胶护舷和 DA-A400H 标准反力型橡胶护舷,经计算船舶撞击力为 1 410 kN。

2. 主要结构计算结果

码头结构主要计算结果见表 6-31。

表 6-31 码头结构主要计算结果表

位置	计算项目	计算结果	备注
新建系靠船墩	最大桩力设计值 N(kN)	3 450	单桩垂直极限承载力 $Q_d=4\,035$ kN
	最大桩身弯矩设计值 M(kN·m)	3 168	$\sigma=228$ MPa
	最大位移 Δ(mm)	25.7	
新增靠船平台	最大桩力设计值 N(kN)	2 418	单桩垂直极限承载力 $Q_d=2\,920$ kN
	最大桩身弯矩设计值 M(kN·m)	609	正常使用极限状态
	横梁最大弯矩设计值 M_+(kN·m)	721	梁底受拉
	横梁最大弯矩设计值 M_-(kN·m)	−2 157	梁顶受拉
	横梁最大剪力设计值 Q(kN)	1 397	
	码头平台最大位移 Δ(mm)	8.1	
改造后系缆墩	最大桩力设计值 N(kN)	2 605	单桩垂直极限承载力 $Q_d=3\,798$ kN
	最大桩身弯矩设计值 M(kN·m)	643	
	最大位移 Δ(mm)	24.3	

6.9 实践案例九

实践案例九:泰州港泰兴港区过船作业区泰州市过船港务有限公司万吨级通用码头结构加固改造工程,采用分离式改造法。原码头设计船型为万吨级件杂船、散货船,码头结构加固改造后可安全靠泊 3.5 万吨级散货船。

6.9.1 码头现状

泰州市过船港务有限公司万吨级通用码头工程位于长江下游扬中河段太平洲左汊的左岸,如泰运河河口下游侧,于 1997 年 12 月建成,码头平台长 183 m、宽 22 m。万吨级通用码头扩建工程向下游扩建长度 144 m,于 2005 年建成。

万吨级通用码头总长183 m,当3.5万吨级散货船靠泊时所需泊位长度为219 m,现有万吨级通用码头长度不能满足3.5万吨级散货船停泊的要求,须借用相邻的扩建段长度36 m。

(1) 万吨级通用码头现状

万吨级通用码头建于1997年,设计船型为万吨级件杂船、散货船。码头长183 m,宽22,其中前方桩台宽15 m,后方桩台宽7 m,码头面高程5.50 m(黄海高程,下同),码头前沿设计泥面-10.18 m,通过2座引桥与陆域相连,上游侧长148 m、宽9 m,下游侧长164 m、宽9 m。

万吨级通用码头采用高桩板梁式结构,前桩台排架间距6 m,每榀排架设基桩5根,为预应力钢筋混凝土空心桩(600 mm×600 mm)。其上现浇钢筋混凝土横梁、纵梁,均为T型钢筋混凝土预制梁。面板采用叠合板,预制板厚25 cm,现浇板厚15 cm,磨耗层为2~8 cm。

码头面两侧端部设置650 kN系船柱,码头面中部设置550 kN系船柱。码头前沿竖向采用DA-A500H型橡胶护舷,横向采用GD300H型橡胶护舷。

(2) 借用的万吨级通用码头扩建工程现状

万吨级通用码头扩建工程建于2005年,设计船型为万吨级散、杂货船,兼顾集装箱船。码头构件设计考虑远期靠泊5万吨级海轮的可能。在万吨级通用泊位向下游方向延伸扩建144 m,宽30。其中前方桩台宽21 m,后方桩台宽9 m,码头面高程5.50 m,码头前沿设计泥面-10.18 m(远期-14.68 m),通过1座引桥与陆域相连,引桥长175 m、宽9 m。

万吨级通用码头扩建工程采用高桩板梁式结构,前桩台排架间距6 m,桩基采用直径700 mm(B型)PHC管桩,上部构造采用现浇横梁、预制纵梁和预应力混凝土轨道梁,面板采用叠合板。后桩台排架间距6 m,,桩基采用直径700 mm(B型)PHC管桩,上部构造由现浇横梁、面板组成。

码头面设置1 000 kN系船柱,码头竖向间隔布置DA-A500H型橡胶护舷(考虑远期5万吨级海轮的靠泊要求,预埋有SUC1000H型橡胶护舷的螺栓)和GD300H型橡胶护舷,横向采用GD300H型橡胶护舷。

原码头结构平面及断面见图6-63~图6-65。

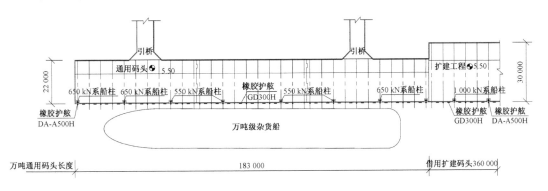

图6-63 泰州市过船港务有限公司万吨级通用码头结构平面图

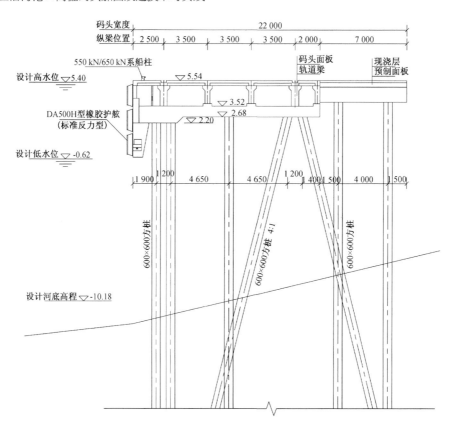

图 6-64 泰州市过船港务有限公司万吨级通用码头结构断面图

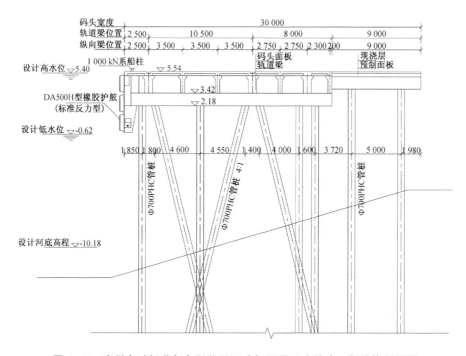

图 6-65 泰州市过船港务有限公司万吨级通用码头扩建工程结构断面图

6.9.2 码头结构检测评估

根据江苏省交通规划设计院股份有限公司工程质量检测中心2012年5月《泰州港泰兴港区过船作业区通用码头工程检测评估报告》，原工程结构安全性综合评估等级为B级，使用性综合评估等级为B级，耐久性综合评估等级为B级，符合有关文件对结构加固改造的等级要求。

根据江苏省交通规划设计院股份有限公司工程质量检测中心2011年8月《泰州港泰兴港区过船作业区通用码头扩建工程检测评估报告》，码头目前总体变形稳定，现场外观调查中梁系未发现明显裂缝，现浇横梁经正常使用极限状态下裂缝宽度验算满足规范要求；桩身抗裂性能满足设计要求。依据《港口水工建筑物检测与评估技术规范》(JTJ 302—2006)，结合码头工程现状检测结果及初步验算成果，判定该工程安全性综合评估等级为A级，使用性综合评估等级为A级，耐久性综合评估等级为B级，符合有关文件对结构加固改造的等级要求。

6.9.3 加固改造方案

1. 码头平面改造方案

本工程原万吨级通用码头工程长183 m，靠泊3.5万吨级散货船时所需泊位长度为219 m，须占用下游泊位36 m，该36 m段属于万吨级通用码头扩建工程。码头前沿设计底标高为−13.10 m，目前码头前沿水深满足要求。

2. 码头结构改造方案

经计算复核，万吨级通用码头工程水工结构的基桩拉应力、横梁抗剪、系船柱及橡胶护舷不满足改造后的使用要求，须要进行结构加固改造。万吨级通用码头扩建工程的橡胶护舷不满足改造后的使用要求，须进行更换。

万吨级通用码头采用分离式墩台加固改造方式。

(1) 码头平台结构改造设计

原万吨级通用码头结构共32榀排架，从上游至下游分别编号为1#～32#。改造方案为拆除原码头结构的部分排架及上部梁、板等相关构件，选择5处共6榀排架进行拆除，拆除的排架编号分别为1#、2#、8#、14#、20#、27#。在拆除结构位置新建5个靠系船作业墩台，其中1#系靠船墩尺寸为7 m×12 m（纵向×横向），其余4个靠船墩尺寸为7 m×10 m（纵向×横向），每个墩台下部桩基均采用7根直径1 200 mm钢管桩（灌注C30混凝土）。墩台施工的同时，原码头面层应相应恢复，恢复面板由于跨度的增加须加强配筋，新建墩台与两侧的老码头恢复面板间设置伸缩缝，船舶系靠时两侧老码头排架不承受船舶荷载。

(2) 系靠船附属设施改造设计

新建系靠船墩台前沿竖、横向分别设置SUC1000H两鼓一板标准反力型橡胶护舷和DA-A300H的标准反力型橡胶护舷。每个系靠船墩台上部设置1 000 kN系船柱。下游36 m段，原码头竖向间隔布置DA-A500H型橡胶护舷排架，可利用原有SUC1000H型橡胶护舷的预埋螺栓，将护舷更换为SUC1000H两鼓一板标准反力型橡胶护舷。

泰州市过船港务有限公司万吨级通用码头加固改造结构平面及断面见图6-66～图6-68。

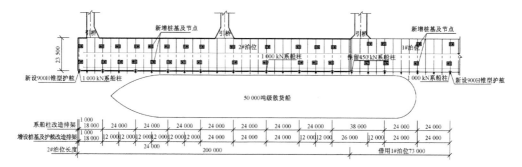

图 6-66　泰州市过船港务有限公司万吨级通用码头加固改造结构平面图

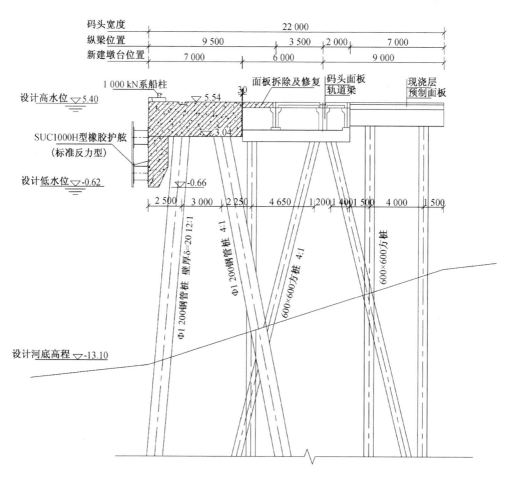

图 6-67　泰州市过船港务有限公司万吨级通用码头加固改造结构断面图

3. 码头结构修复方案

（1）对于混凝土表面有破损、露筋、蜂窝、麻面等缺陷的部位，人工清除缺陷区域内松散混凝土，用淡水冲洗干净，最后用 K-801 结构胶泥或 JVS 聚合物水泥砂浆抹平，并用粘贴碳纤维布（300 g/m²）的方法进行加固。对于宽度 $\omega \leqslant 0.2$ mm 的裂缝，应采用表面封闭法，采用结构胶水泥浆液封闭处理。对于宽度 $\omega > 0.2$ mm 的浅表裂缝采用开槽修补法，开槽尺寸

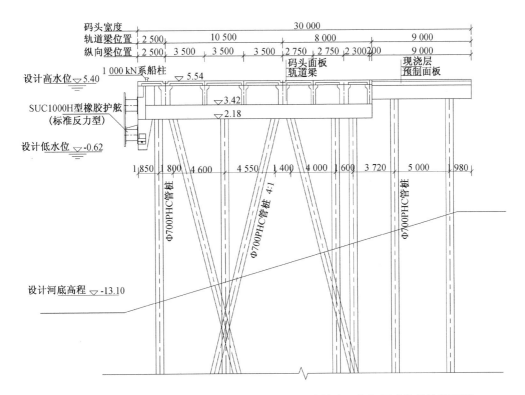

图 6-68 泰州市过船港务有限公司万吨级通用码头扩建工程加固改造结构断面图

至少为 10 mm 宽,10~30 mm 深,开槽的深度、宽度比控制在 2∶1 以内,开槽后再采用胶泥封闭处理。对于宽 $\omega>0.2$ mm 的较深裂缝采用灌浆法处理。

万吨级通用码头工程需要修补的部位共 36 处,其中 32♯横梁端部须重新支模浇筑修复,31♯、32♯排架后沿面板应抽除夹缝木板调整变形。万吨级通用码头扩建工程 36 m 段需要修补的部位共 4 处。

(2) 通过混凝土碳化深度的检测发现各受检构件有一定的碳化现象,采取在表面涂层涂防腐涂层的措施,涂层厚度大于 300 μm。

(3) 对于码头损坏的构件及受力不满足的构件应进行更换。

(4) 对破损的橡胶护舷进行更换,补齐缺失的橡胶护舷。

6.9.4 结构计算

1. 设计荷载

(1) 万吨级通用码头

① 均布荷载:码头 20 kN/m²,平台 40 kN/m²。

② 装卸机械荷载:10 t 门机,起重量 10 t,轨距 10.5 m,腿距 10.5 m,单腿轮数 4 个,最大轮压力 250 kN;5 t 门机,起重量 5 t,轨距 10.5 m,腿距 10.5 m,单腿轮数 2 个,最大轮压力 250 kN。

③ 流动机械荷载:20 t 汽车,10 t 平板车,10 t 叉车。

④ 船舶荷载:系缆力 1 000 kN,撞击力 890 kN。

(2) 万吨级通用码头扩建工程

① 堆货荷载:30 kN/m²(码头前沿 4 m 范围内为 10 kN/m²)。

② 装卸机械荷载:25 t-35 m 门机 5 台,并机作业距离不小于 1.5 m;25 t-35 m 门机荷载:轨距 10.5 m,基距 10.5 m,最大轮压标准值 250 kN/个,总轮数 32 个,轮距 0.765 m。

③ 流动机械荷载:30 t 自卸机,25 t 平板挂车。

④ 船舶荷载:系缆力 1 000 kN,撞击力 890 kN。

2. 主要结构计算结果

(1) 原有结构计算结果见表 6-32、表 6-33。

表 6-32 码头桩基计算结果汇总表

工程	桩力复核值		备注
万吨级通用码头工程	最大压桩力设计值(kN)	2 384	允许承载力为 2 533 kN,预压应力允许值为 5.72 MPa,计算值为 6.86 MPa,桩基限制开裂应力不满足
	最大拉桩力设计值(kN)	677	
	最大弯矩设计(kN·m)	282	
万吨级通用码头改扩建工程(利用 36 m)	最大压桩力设计值(kN)	3 087	允许承载力为 3 164 kN,预压应力允许值为 8.0 MPa,计算值为 3.74 MPa,满足使用要求
	最大拉桩力设计值(kN)	210	
	最大弯矩设计(kN·m)	234	

表 6-33 平台构件计算结果汇总表

工程	计算构件	内力复核		配筋复核计算结果		复核结论
				施工图配筋	复核配筋	
万吨级通用码头工程	横梁	正弯矩设计值(kN·m)	1 961	6φ25	6φ25	满足
		负弯矩设计值(kN·m)	2 520	9φ25	9φ25	满足
		剪力设计值(kN)	1 996	2φ10@200+2φ25	2φ10@100+2φ25	不满足
万吨级通用码头改扩建工程(利用 36 m)	横梁	正弯矩设计值(kN·m)	3 476	15φ25	12φ25	满足
		负弯矩设计值(kN·m)	2 323	18φ25	10φ25	满足
		剪力设计值(kN)	2 918	2φ25@150	2φ25@150	满足

(2) 改造结构计算结果见表 6-34。

表 6-34 改建结构计算结果汇总表

部位	计算项目	计算结果	备注
系靠船墩	最大压力设计值(kN)	4 997	直径 1 200 mm 钢管桩桩身最大应力为 235.7 MPa,允许应力为 290 MPa,桩基允许承载力为 5 264 kN
	相应弯矩设计值(kN·m)	3 801	
	最大拉力设计值(kN)	1 525	
	相应弯矩设计值(kN·m)	2 790	
	最大水平位移(mm)	27	

6.10 实践案例十

实践案例十：中化南通石化储运有限公司码头结构加固改造工程，采用分离式改造法。

原码头设计船型为2.5万吨级油船，水工结构按外档可停靠5万吨级（减载1万吨）油船，内档靠泊2 000吨级油驳设计。码头结构加固改造后可安全靠泊5万吨级油船。

6.10.1 码头现状

中化南通石化储运有限公司码头位于于长江下游通州沙东水道的新开沙夹槽下段，距南通市区约24 km，沿江上溯至南京港约276 km，顺流而下至上海吴淞口约74 km。

中化南通石化储运有限公司码头于1994年建成并投入生产，码头采用蝶形布置，码头全长为270 m，其中平台长度为120 m，宽16 m，平台两侧各布置两只系缆墩，引桥长108 m，宽6 m，码头设计靠泊等级为2.5万吨级。2006年，公司对原码头进行了改扩建，扩建后的泊位总长度310 m。拆除了位于原码头工作平台下游的3#系缆墩，接长了下游端工作平台75.6 m，并将4#系缆墩纳入新增的工作平台中。下游再新建1座系缆墩。同时在原引桥下游侧新建管架廊道桥1座，引桥长131.5 m，宽5 m。码头面高程为6.52 m（理论深度基面，下同），码头前沿设计河底高程为－10.0 m（图6-69）。

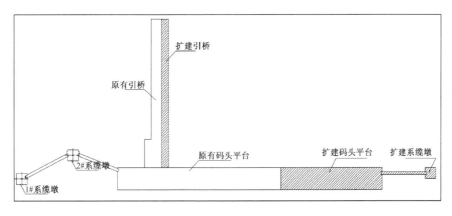

图6-69 中化南通石化储运有限公司码头2006年扩建平面示意图

1994年建成码头为高桩梁板结构，码头排架间距7 m，基桩采用600 mm×600 mm预应力混凝土方桩，每榀排架布置1对叉桩和2对半叉桩。上部结构为现浇横梁、预制边梁、预制纵梁、预制面板和现浇面层。系缆墩为高桩墩式结构，基桩采用直径1 000 mm钢管桩。

2006年扩建码头平台排架间距7 m，每榀排架一般布置5根直径800 mm钢管桩，其中1对叉桩、3根直桩。端部斜桩布置受已有结构的限制，每榀排架布置6根桩。上部结构采用梁板结构，桩顶现浇横梁，纵向梁系均为预制加现浇的叠合梁，码头面板为预制加现浇钢筋混凝土叠合板。下游14.6 m长度范围内为现浇墩式结构，墩台厚2.2～3.14 m。桩基为直径1 000 mm钢管桩，原码头4#系缆墩自标高4.30 m以上的混凝土凿除，钢筋保留，剩下部分包嵌在现浇结构中。扩建系缆墩为现浇空心墩结构，平面尺寸为8.0 m×8.0 m，墩台共布置8根斜桩，基桩采用直径1 000 mm钢管桩。

1#系缆墩现有1座2×750 kN快速脱缆钩,2#系缆墩现有1座1 000 kN快速脱缆钩。1994年建成的工作平台前沿上现有4座550 kN系船柱、4座250 kN系船柱、6座150 kN系船柱。2006年建成的工作平台前沿现有5座1 000 kN系船柱,并在下游改造墩台上现有1座1 000 kN快速脱缆钩,在新建系缆墩上现有1座2×750 kN快速脱缆钩。

码头竖向护舷现有500H型橡胶护舷(标准反力型)、横向护舷现有300H改良D型橡胶护舷。

原码头结构平面及断面见图6-70~图6-72。

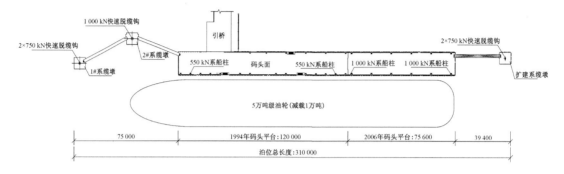

图6-70 中化南通石化储运有限公司码头原码头结构平面图

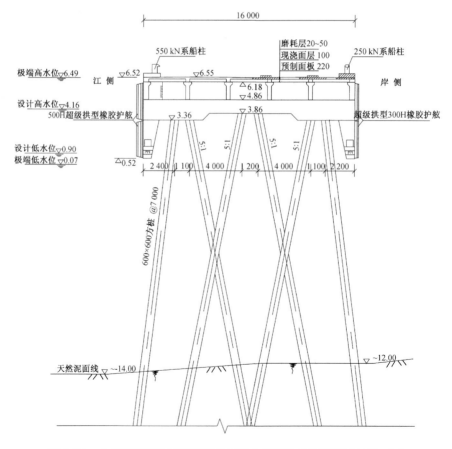

图6-71 中化南通石化储运有限公司码头原码头结构断面图(1994年)

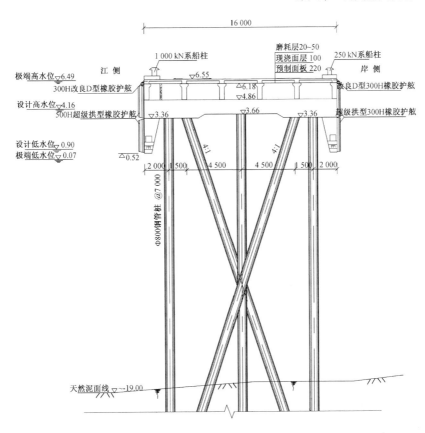

图 6-72 中化南通石化储运有限公司码头原码头结构断面图(2006 年)

6.10.2 码头结构检测评估

根据南京水利科学研究院实验中心 2012 年 1 月所编制的《中化南通石化储运有限公司码头检测评估报告》,码头综合检测评估结论如下:

1. 安全性评估

码头桩基、纵梁和横梁的安全性符合国家有关标准要求,具有足够的承载能力,码头结构安全性评估等级为 A。

2. 使用性评估

根据码头调查检测及复核计算结果,码头结构使用性评估等级为 A。

3. 耐久性评估

码头主要构件检测结果表明,混凝土碳化深度远小于钢筋保护层厚度;钢筋周围混凝土中氯离子含量平均值小于引起钢筋腐蚀的临界值,钢筋未进入活化状态,混凝土构件中钢筋尚未发生锈蚀;钢管桩腐蚀较轻。

码头结构及主要构件调查结果表明,码头平台部分桩水上部分、横梁、纵梁、面板和引桥桩水上部分存在混凝土局部破损或裂缝;码头 2 个靠船构件和 1 件水平撑损毁,1 个靠船构件存在横向贯穿裂缝。码头主要构件外观劣化度等级为 B。

综合调查检测结果,码头耐久性评估等级为 B。

6.10.3 加固改造方案

1. 码头平面改造方案

现有码头泊位长度 310 m，经复核，可以满足 1 艘 5 万吨级油船停靠要求，并可满足 2 艘 5 000 吨级油船同时停靠。为满足设计船型靠泊要求，在码头前沿增设 10 座靠船墩，靠船墩平面尺寸均为 5 m×4.5 m；将上游侧 2 座系缆墩进行改造，改造后系缆墩平面尺寸为 8 m×10 m。码头前沿泥面高程浚深至 −13.70 m。

2. 码头结构改造方案

码头前沿改建 10 座靠船墩，受码头现有结构的限制，改建靠船墩位于码头两榀排架之间，墩顶高程略低于纵梁顶标高。在须改建靠船墩的位置拆除横梁间的部分面层结构、前边梁、海侧第一根纵梁和水平撑，在两榀排架之间打设新增靠船墩基桩和浇注墩台，然后恢复纵梁和面层结构。靠船墩平面尺寸 5 m×4.5 m，基桩采用 4 根直径 1 000 mm 的钢管桩，桩长 48 m，壁厚 16 mm。靠船墩前沿布置 1 套 1250H 鼓型橡胶护舷（一鼓一板，标准反力型）。新建的靠船墩与原有结构完全脱离，互不相连，大型船舶靠泊时，靠船墩产生的较大位移不会传递至码头结构，使码头保持稳定状态。

对 1#、2# 系缆墩进行改造，在每个系缆墩江侧新增 2 根直径 1 000 mm 钢管桩，再现浇墩台混凝土将新增钢管桩与原系缆墩浇成整体，改造后系缆墩的平面尺寸为 8 m×10 m。

对码头平台大部分区域进行抛石护底，护底厚度不小于 1.0 m，护底范围为码头前沿线至江侧 20 m。码头扩建平台中部至下游系缆墩处水深由 −14 m 降至 −23 m 左右，对该区域抛石护底加厚至高程 −17 m。

中化南通石化储运有限公司码头加固改造结构平面及断面见图 6-73、图 6-74。

图 6-73 中化南通石化储运有限公司码头加固改造结构平面图

3. 码头结构修复方案

根据南京水利科学研究院实验中心 2012 年 1 月所编制的《中化南通石化储运有限公司码头检测评估报告》，对不同的损坏类型采取不同的修补方案：

（1）对于有裂缝的构件，以一定的压力将低黏度、高强度的裂缝修补胶注入裂缝腔内，注射前应按产品说明书的规定对裂缝周边进行密封。对开裂严重的混凝土构件除灌浆封闭外，进行钢板包覆。

（2）对于破损、露筋的构件，先对外露钢筋进行人工除锈，之后用环氧砂浆进行修补，并在所有修补位置贴一层碳纤维，碳纤维粘贴按照《混凝土结构加固设计规范》(GB 50367—2006)执行。

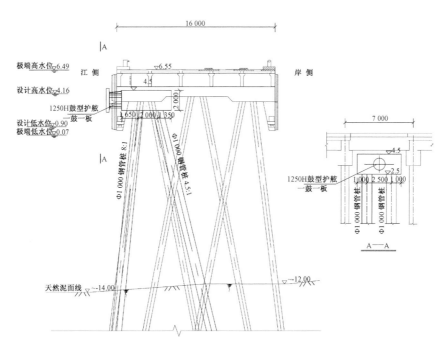

图 6-74 中化南通石化码头加固改造结构断面图

(3) 本工程老码头于 1994 年建成,通过混凝土碳化深度的检测,各受检构件有不同程度的碳化现象,采取在表层涂防腐涂层的措施,涂层厚度大于 300 μm。

(4) 对于前沿个别已处于脱落状态的混凝土构件,修复至正常状态。

(5) 为保证码头结构安全,在航道条件允许靠泊 5 万吨级油船(满载)之前,应及时将原来使用已久的 500H 拱型橡胶护舷进行更换。

6.10.4 结构计算

1. 设计荷载

(1) 均布荷载:码头面均载维持原设计不变,为 10 kN/m²。

(2) 机械荷载:10 t 汽车荷载。

(3) 管架荷载:700 kN/支腿(垂直荷载),42 kN/支腿(水平荷载)。

(4) 船舶荷载(加固改造后):升级后设计船型为 5 万吨级化学品船,船舶荷载按 5 万吨级化学品船考虑。

船舶系缆力:按 5 万吨级油船以九级风 $V=22.6$ m/s 作为设计风速、以水流速度 $V=2$ m/s 作为设计流速,经计算最大系缆力标准值 989 kN,可利用现有码头面的 2×750 kN 快速脱缆钩、1 000 kN 快速脱缆钩和 1 000 kN 系船柱。

船舶撞击力:根据 5 万吨级油船满载有效撞击能量的计算结果,新增靠泊点布置 1250H 鼓型橡胶护舷(一鼓一板,标准反力型),设计吸能量 $E=382$ kJ,反力 $R=696$ kN。

2. 主要结构计算结果

(1) 原码头结构复核

由于原码头结构不能满足满载 5 万吨级油船的靠泊要求,需对靠泊系统进行改造,改造方案为增设 10 组靠船墩,改造后 5 万吨级油船靠泊时,其船舶撞击力完全通过增设靠船墩承担,不作用于原结构上。

原码头结构按码头前沿泥面浚深至 -13.4 m,结构不承受撞击力进行复核计算。根据复核,码头基桩的自由长度有所增加,但仍能满足构件抗力要求(表 6-35、表 6-36)。

表 6-35　1994 年码头结构桩内力验算表

名称	承载能力极限状态		原结构抗力
码头平台 600 mm×600 mm 混凝土方桩(12 根主筋)	设计桩力(kN)	2 040	2 504
	设计桩端弯矩(kN·m)	327	350

表 6-36　2006 年码头及管架墩台结构桩内力验算表

名称	承载能力极限状态		原结构抗力
码头平台 D800 钢管桩($L=53$ m)	设计桩力(kN)	2 686	2 936
系缆墩 D1000 钢管桩($L=47$ m)	设计桩力(kN)	1 801	2 500

(2) 新建靠船墩计算结果见表 6-37。

表 6-37　新建靠船墩基桩内力计算表

名称	最大设计桩力(kN)	最大设计桩应力(MPa)	最大结构位移(mm)
靠船墩	1 818(压) -953(拉)	165	37

(3) 改建系缆墩结构计算见表 6-38。根据现有结构承载力,加固后结构可以满足要求。

表 6-38　改建系缆墩基桩内力计算表

名称	最大设计桩力(kN)	桩极限承载力(kN)	最大设计桩应力(MPa)	桩抗拉强度(MPa)
1#系缆墩	1 970	2 350	183	215
2#系缆墩	1 587	1 980	156	215

6.11　实践案例十一

实践案例十一:江苏利港电厂三期卸煤码头结构加固改造工程,采用仅配套设施改造法。原码头设计船型为 3.5 万吨级散货泊位(水工结构兼顾 5 万吨级),码头结构加固改造后可安全靠泊 7 万吨级散货船。

6.11.1　码头现状

江苏利港电厂三期卸煤码头位于江苏省江阴市利港乡境内,利港河口上游,一、二期卸煤码头与重件码头之间岸线范围内,码头于 2006 年 8 月建成。原建设规模为 3.5 万吨级散货泊位1个,兼靠3 000~5 000吨级江驳,码头水工结构按靠泊5万吨级散货船设计,码头总长度273 m,码头宽度为28 m,引桥长314.175 m,宽14 m,根据需要局部加宽至15~16 m。

三期卸煤码头采用高桩梁板式结构,每榀排架布置10根PHC桩,其中有两对叉桩,前后轨各布置3根直桩,排架间距为7.0 m,上部结构为现浇横梁、预制纵向梁系、叠合面板结构。

码头前沿布置有1 000 kN系船柱8个,艏艉缆布置1 500 kN系船柱共4个。原码头每隔1榀排架布置1000H超级鼓型橡胶护舷(二鼓一板,标准反力型)。

原码头结构平面及断面见图6-75、图6-76。

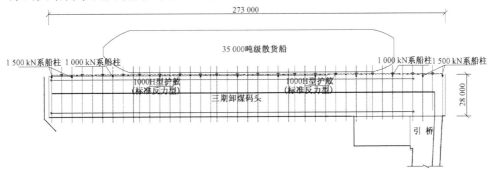

图6-75 利港电厂三期卸煤码头结构平面图

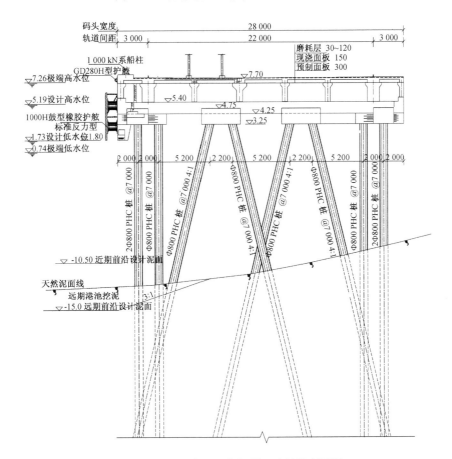

图6-76 利港电厂三期卸煤码头结构断面图

6.11.2 码头结构检测评估

根据江苏省交通规划设计院股份有限公司工程质量检测中心 2012 年 4 月提供的《江阴利港电厂三期卸煤码头工程检测评估报告》,本工程检测评估结论摘录如下:

(1) 外观调查结果显示,该码头主体结构及附属设施外观总体质量较好,主要为个别横梁、前后边梁、桩帽以及护轮坎局部区域等混凝土构件存在局部破损、露筋等。

(2) 外观调查、变形缝检测及沉降位移实测结果表明,码头目前变形相对稳定,无明显差异沉降现象。码头面实测最大相对偏差前沿为 20 mm,后沿为 35 mm,后方平台、引桥实测最大相对偏差为 27 mm、30 mm,码头各结构分段间变形缝接缝质量总体较好,实测缝宽值在设计允许范围之内,各变形缝无明显错台或错位现象,码头前沿线实测坐标与设计坐标偏差值在 1~28 mm 之间。

(3) 从混凝土构件强度抽检结果可以看出,目前各类混凝土构件的强度均能满足设计要求。

(4) 混凝土结构构件耐久性分析与评价:

① 该码头工程上横梁保护层厚度偏厚,边梁、轨道梁以及引桥盖梁保护层厚度均偏薄,且同类构件之间保护层厚度分布较为离散;

② 从碳化深度检测结果看,碳化深度普遍较低;

③ 从各构件钢筋外露抽检锈蚀情况来看,目前钢筋外露锈蚀构件钢筋发生锈蚀的概率均小于 10%。

(5) 所抽检该码头 117 根 PHC 管桩,除 3 根为 II 类桩外,其余均为 I 类桩,波速在 4 015~4 396 m/s 之间。从该码头工程基桩外观调查情况以及完整抽检结果看,该码头基桩总体完整性较好。

(6) 该码头工程接岸结构和岸坡无明显相对变形、滑移或塌陷等现象。

(7) 结合该码头工程现状检测结果及初步验算结果,安全性综合评估等级为 A 级,使用性综合评估等级为 A 级,耐久性综合评估等级为 B 级。

6.11.3 加固改造方案

1. 码头平面改造方案

三期卸煤码头总长 273 m,能满足 1 艘 7 万吨级散货船停靠。

原码头设计前沿泥面标高为 −10.5 m,原设计远期设计泥面标高为 −12.5 m(5 万吨级散货船停靠),最新码头实测泥面高程 −12.0~−13.0 m 左右,疏浚至 −15.0 m 后可满足 7 万吨级船舶满载停靠要求。根据交通运输部码头结构加固改造相关会议精神,码头前沿设计水深可维持原有设计水深不变,本工程考虑提高安全储备,设计水深按照 7 万吨级散货船满载靠泊考虑。

2. 码头结构改造方案

由于原码头结构等级为兼顾 5 万吨级泊位,每榀排架布置 10 根 PHC 桩,其中有 2 对叉桩,码头整体强度较高,且码头为新建码头,结构完好,码头系船柱设置为 1 500 kN 和 1 000 kN,能满足要求。根据计算码头设置的 1000H 鼓型橡胶护舷不能满足要求,需要改造更换为 1000H 超级鼓型橡胶护舷(高反力型)。

拆除原有橡胶护舷,更换为1000H超级鼓型橡胶护舷(高反力型),考虑到原有螺栓孔的损坏,设计采用植筋的方案,新设锚固螺栓(图6-77)。

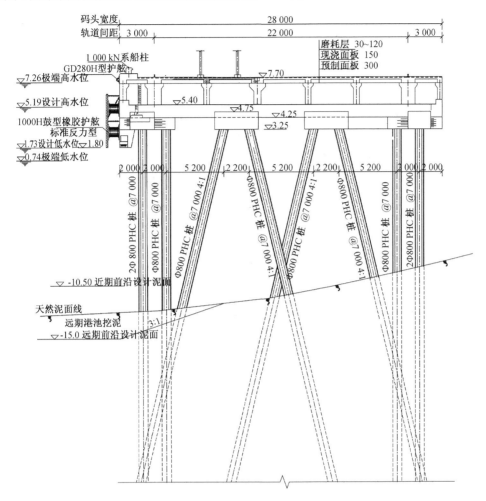

图6-77 利港电厂三期卸煤码头加固改造结构断面图

3. 码头结构修复方案

部分横梁、桩帽、前边梁存在局部破损,清理原有松散物后重新灌注混凝土进行修复。面层及护轮坎的修复,主要是对裂缝的处理,采用压力灌浆法加固。对于局部混凝土脱落、露筋,采用清理原有松散物后重新灌注混凝土进行修复。具体修复措施如下:

(1)压力灌浆法

适用于宽度大于0.2 mm的裂缝。本次码头构件裂缝大多在码头面层,采用压力灌浆法。其原理是修补材料在一定的压力下深入裂缝内部,浆液凝结硬化后强度高、黏结力强,对封闭裂缝、恢复结构的整体性和耐久性有显著作用。目前灌浆的材料主要有改性环氧树脂类、改性丙烯酸酯类、改性聚氨酯类等修补胶液(包括配套的打底胶)和修补胶和聚合物注浆料等的合成树脂类修补材料,其基本的性能指标应符合《混凝土结构加固设计规范》(GB 50367—2006)中4.6节规定。它们都具有高强度、黏结力强、收缩小、化学稳定性好等特点,广泛应用于混凝土的修复施工中。

(2) 混凝土局部损伤的修补方法

对于码头桩帽、横梁、前边梁局部的混凝土脱落、露筋等情况,首先应凿除表面松动的混凝土,如外露钢筋断裂,应采用原规格的钢筋焊接接长,对外露钢筋进行人工除锈并喷涂阻锈剂,再以快硬聚合物水泥砂浆进行修补。如表面疏松、破损未露钢筋,则将破损处或表面疏松处的混凝土铲除后,再以快硬聚合物水泥砂浆进行修补。

对于码头面层、护轮坎局部混凝土脱落的情况,首先应凿除表面松动的混凝土,对外露钢筋进行人工除锈并喷涂阻锈剂。如外露钢筋断裂,应采用原规格的钢筋焊接接长,然后采用 C35 混凝土重新浇筑至原状。

6.11.4 结构计算

1. 设计荷载

(1) 均布荷载:码头 20 kN/m²。

(2) 装卸机械荷载:1 800 t/h 桥式卸船机荷载,轨距 22 m,基距 18 m;行走机构轮数水侧每个支腿 10 只轮子,最大轮压 60 t,陆侧每个支腿 8 只,最大轮压 58 t。

(3) 流动机械荷载:16 t 轮胎吊,10 t 铲车,20 t 平板车。

(4) 船舶荷载:系缆力 1 000 kN,撞击力 1 144 kN。

2. 主要结构计算结果

(1) 码头桩力计算结果

码头桩基计算结果见表 6-39。

表 6-39 码头桩基计算结果汇总表

桩号	N1	N2	N3	N4	N5	N6	N7	N8	N9	N10
设计桩力(kN)	3 183	3 183	2 948	1 979	3 556	2 116	3 471	2 629	2 906	2 906
桩基极限承载力设计值(已考虑浚深)(kN)	3 848	3 848	3 848	3 848	3 900	3 900	3 900	3 900	3 900	3 900

码头前沿疏浚至 -15.0 m,码头前沿桩基入土长度减少,须重新核算桩基承载能力。经最不利荷载组合计算,码头结构最大设计桩力为 3 556 kN。根据码头钻孔土质资料,疏浚表层土质为淤泥质粉质黏土,对桩基承载力影响较小。经计算,相对应单桩垂直极限承载力设计值为 3 900 kN,因此码头前沿挖深后,桩基承载力能满足要求。

(2) 码头横梁内力计算结果

码头横梁内力计算结果见表 6-40、表 6-41。

表 6-40 横梁复核结果表(承载能力极限状态持久状况)

构件	内力	结构构件抗力	本次复核内力	备注
码头横梁	正弯矩(kN·m)	9 542	6 885	满足要求
	负弯矩(kN·m)	−9 743	−9 087	
	剪力(kN)	3 754	2 510	

表 6-41 横梁复核结果表(正常使用极限状态持久状况)

构件	内力	结构构件抗力(kN·m)	裂缝宽度(mm)	备注
码头横梁	正弯矩	3 165	0.17	满足要求
	负弯矩	−3 707	0.19	

3. 岸坡稳定计算

本工程考虑前沿浚深挖泥后的岸坡稳定,计算采用圆弧滑动法,计算结果使用期 $\gamma_R=5.027$,地震期 $\gamma_R=3.36$,满足稳定要求(图 6-78、图 6-79)。

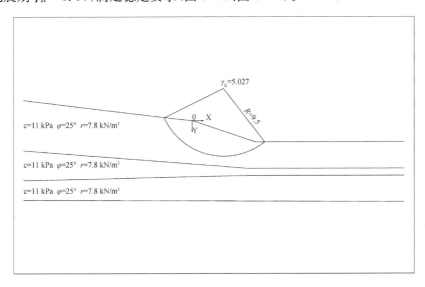

图 6-78 岸坡稳定计算图示(使用期)

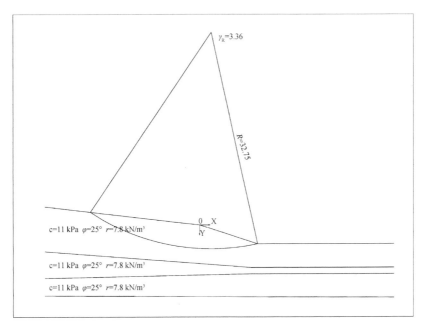

图 6-79 岸坡稳定计算图示(地震期)

6.12 实践案例十二

实践案例十二：苏州港张家港港区永恒专用码头结构加固改造工程，采用仅配套设施改造法。

原码头设计船型为5 000吨级、1万吨级船舶（水工结构均兼顾3.5万吨级），码头结构加固改造后可安全靠泊5万吨级散货船。

6.12.1 码头现状

苏州港张家港港区永恒专用码头位于张家港市大新镇，长江澄通河段浏海沙水道右岸渡泾港东侧，码头于2003年6月建成投产。原建设规模为5 000吨级和1万吨级废钢进口泊位各1个（码头水工结构按靠泊3.5万吨级），码头平台长349.60 m，宽度为25 m，码头下游侧设750 kN系缆墩1个，泊位总长度369.45 m。码头通过4座固定引桥与后方陆域连接，引桥宽度自上而下依次为30 m、9 m、12 m、9 m。码头面高程5.60 m（黄海基面，下同），码头前沿设计河底高程−10.30 m。

码头平台采用高桩梁板结构，上游7榀排架间距6.0 m，其余48榀排架间距6.5 m，每榀排架设7根600 mm×600 mm预应力混凝土方桩，由4根斜桩和3根直桩组成；上部结构由横梁、靠船构件、前边梁、预应力混凝土轨道梁、纵梁、后边梁及叠合面板等组成。

码头面设置750 kN系船柱，每榀排架前沿竖向设置4套DA-A600H、长1 000 mm低反力型橡胶护舷。

原码头结构平面及断面见图6-80、图6-81。

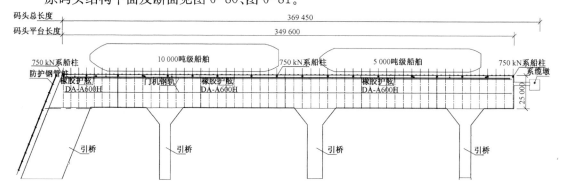

图6-80 永恒专用码头结构平面图

6.12.2 码头结构检测评估

根据武汉港湾工程质量检测有限公司2011年1月提供的《张家港永恒码头工程检测评估报告》，本工程检测评估结论摘录如下：

1. 码头沉降与位移测量

对比本次测量值与竣工历史资料，码头平台沉降与变位较小，码头最大沉降为10 mm，最大水平变位为9 mm，均不影响码头的正常使用。

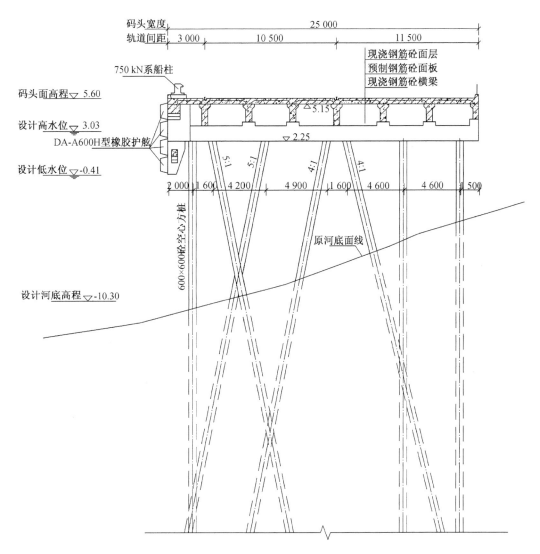

图 6-81 永恒专用码头结构断面图

2. 结构构件普查

码头整体外观较完好,个别构件局部存在轻微缺陷。

3. 混凝土强度

码头各混凝土构件混凝土强度推定值均大于设计强度,表明各构件强度满足混凝土强度设计等级要求。

4. 钢筋保护层厚度

码头混凝土构件保护层厚度满足设计要求。

5. 碳化深度

码头混凝土构件碳化深度小于混凝土保护层厚度,表明碳化对该码头混凝土结构耐久性影响较小。

6. 钢筋腐蚀情况

从外观检测及混凝土内钢筋锈蚀状况测试结果来看,码头构件内钢筋基本无锈蚀。

7. 基桩完整性

所检测桩均属于完整性合格桩。

8. 码头附属设施

码头附属设施中护轮坎、橡胶护舷外观基本完好,系船柱基本完好无锈蚀。

9. 接岸结构的检查

接岸结构与岸坡基本完好,岸坡无地表裂缝和坍塌现象,接岸结构外观完好,基础正常、无冲刷淘空现象。

10. 混凝土结构耐久性评估

根据码头结构各检测指标及外观劣化度检测结果,该码头综合评定结构耐久性等级为A级,能满足设计年限使用要求。

11. 混凝土结构使用性评估

综合评价,该码头结构使用性评定为A级,能够满足使用性要求。

12. 混凝土结构安全性评估

综合评价,该码头结构安全性评定为A级,能够满足安全性要求。

综上所述,码头整体情况较好,基本能满足现有条件下的正常使用要求,但码头构件局部缺陷会对结构耐久性产生不利影响,建议对码头缺陷位置进行修复处理。

6.12.3 加固改造方案

1. 码头平面改造方案

现有永恒专用码头泊位总长度为369.45 m,其中码头平台长349.60 m,码头平台长度可满足一艘7万吨级船舶的靠泊要求。7万吨级船舶靠泊码头平台时,不考虑其他小船型同时靠泊作业。经与业主协商,本设计仅对码头平台进行改造,码头平台下游侧系缆墩不考虑7万吨级船舶的靠泊作业(原设计兼顾船型3.5万吨级及以下吨级船舶可以使用),故不须进行改造。

本工程码头前沿设计河底高程仍维持原设计高程-10.30 m不变,港池不浚深。码头结构在设计河底高程不变的条件下进行7万吨级散货船满载靠泊的复核验算(核算底高程-15.815 m)。

2. 码头结构改造方案

为满足7万吨级散货船满载靠泊的要求,拟对原码头平台结构进行加固改造。在码头排架前沿竖向布置两鼓一板SUC1000H高反力型橡胶护舷,隔跨设置,相应排架原DA-A600H型橡胶护舷须拆除;码头平台面750 kN系船柱须更换为1 000 kN系船柱。码头平台下游侧系缆墩未考虑7万吨级散货船的靠泊,故无须进行系缆墩改造(图6-82、图6-83)。

3. 码头结构修复方案

对码头损坏构件(混凝土表面破损、脱落、露筋和裂缝)进行加固修复,根据不同的损坏类型采取不同的修补方案。

(1)混凝土构件破损、露筋处理

① 混凝土破损处应凿除松散部位,表面湿润后喷涂界面处理剂确保新旧混凝土的结合,采用聚合物细石混凝土或聚合物砂浆修复;

② 对混凝土破损处露筋且锈蚀部位进行物理除锈后采用聚合物砂浆喷涂及聚合物砂

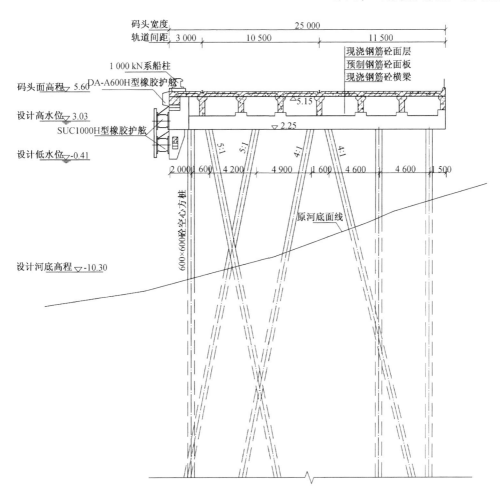

图 6-82 永恒专用码头加固改造结构断面图

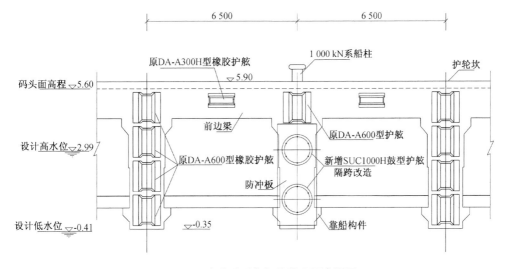

图 6-83 改造后系靠船设施立面布置图

浆修复,对主筋锈蚀的构件视锈蚀程度确定是否需进行加固处理。

(2) 混凝土构件裂缝处理

① 裂缝缝宽小于 0.2 mm,采用结构胶水泥浆液封闭处理;

② 裂缝缝宽超过 0.2 mm 的浅表裂缝采用开槽修补法,开槽尺寸至少为 10 mm 宽,10~30 mm 深,开槽的深度、宽度比控制在 2∶1 以内,开槽后再采用胶泥封闭处理;

③ 缝宽超过 0.20 mm 的较深裂缝采用灌浆法处理。

6.12.4 结构计算

1. 设计荷载

(1) 均布荷载:码头 30 kN/m²。

(2) 装卸机械荷载:

16 t-33 m 门机:轨距 10.5 m,基距 10.5 m,每个支腿 6 个轮子,轮距 0.765—0.765—1.18—0.765—0.765 m,最大工作轮压 250 kN;

25 t-33 m 门机:轨距 10.5 m,基距 10.5 m,每个支腿 7 个轮子,轮距 0.765—0.765—0.765—1.1325—0.765—0.765 m,最大工作轮压 250 kN;

40 t-33 m 门机:轨距 10.5 m,基距 10.5 m,每个支腿 8 个轮子,轮距 0.765—0.85—0.765—1.0—0.765—0.85—0.765 m,最大工作轮压 250 kN。

(3) 流动机械荷载:30 t 汽车荷载和 40 t 平板挂车荷载。

(4) 船舶荷载:升级后设计船型为 7 万吨级散货船,船舶荷载按 7 万吨级散货船考虑。

船舶系缆力:按 7 万吨级散货船以九级风 $V=22$ m/s 作为设计风速,以水流速度 $V=1.25$ m/s 作为设计流速,经计算最大系缆力标准值 869 kN,码头平台面 750 kN 系船柱须更换为 1 000 kN 系船柱。

船舶撞击力:根据 7 万吨级散货船满载有效撞击能量的计算结果,码头前沿排架间隔更换 SUC1000H 两鼓一板高反力型橡胶护舷,设计吸能量 $E=508$ kJ,反力 $R=1\ 158$ kN。

2. 主要结构计算结果

改造前原码头平台桩内力、码头横梁内力及排架横向位移计算结果见表 6-42。

表 6-42 改造前原码头平台排架计算结果表

部位	计算项目	计算结果
码头平台排架	最大桩力设计值(kN)	2 745
	相应桩身弯矩设计值(kN·m)	11
	最大桩身弯矩设计值(kN·m)	201
	相应桩力设计值(kN)	697
	横梁最大弯矩设计值(kN·m)	4 020
		−4 277
	横梁最大剪力设计值(kN)	2 402
	平台最大位移(mm)	11

按本工程地质资料计算单桩垂直极限承载力设计值,计算结果见表 6-43。

表 6-43 单桩垂直极限承载力复核计算结果表

孔号	KS1	KS3	KS5	KS7	KS9	KS11
单桩垂直极限承载力设计值(kN)	2 855	2 874	2 913	2 850	2 840	2 845

改造后(更换系船柱及部分橡胶护舷后)桩内力、码头横梁内力及排架横向位移计算结果见表 6-44。

表 6-44 码头平台排架复核计算结果表

部位	计算项目	计算结果	备注
码头平台排架	最大桩力设计值(kN)	2 831	最小单桩垂直极限承载力设计值 Q_d = 2 840 kN
	相应桩身弯矩设计值(kN·m)	15	
	最大桩身弯矩设计值(kN·m)	205	单桩抗弯承载能力设计值为 305 kN·m
	相应桩力设计值(kN)	698	—
	横梁最大弯矩设计值(kN·m)	4 010	梁底受拉,承载能力设计值为 4 338 kN·m
		−4 432	梁顶受拉,承载能力设计值为 4 450 kN·m
	横梁最大剪力设计值(kN)	2 662	横梁抗剪承载能力设计值为 3 372 kN
	平台最大位移(mm)	12	—

3. 岸坡稳定计算

按本工程地质勘查报告所提供的岸坡稳定验算指标推荐值对本码头岸坡稳定进行分析验算,稳定最小抗力分项系数为 1.87,码头自然岸坡处于稳定状态。

参考文献

[1] 李辉.江苏沿江港口老码头结构加固改造方法和途径[J].中国水运,2013(5):42-43.
[2] 胡家顺,任增金,吴哲丰.海港码头结构升级改造技术[J].水运工程,2016(10):90-94.
[3] 刘永绣.板桩码头向深水化发展的方案构思和实践——遮帘式板桩码头新结构的开发[J].港工技术,2005,42(S17):12-15.
[4] 宁波—舟山港北仑港区多用途码头改造工程施工图设计[R].北京:中交水运规划设计院有限公司,2015.
[5] 南通港狼山港区南通港口集团405#泊位码头加固改造工程方案[R].上海:中交第三航务工程勘察设计院有限公司,2011.
[6] 顾宽海,李增光,程泽坤,等.码头结构加固改造方法和施工技术[J].水运工程,2016(6):174-182.
[7] 刘学勇,杨林虎.港口工程结构全寿命设计方法理论分析[J].中国港湾建设,2015,35(3):37-40.
[8] 杨荣君,秦武,沈斌,等.高桩码头结构新型加固改造方案设计[J].水运工程,2013(10):122-127.
[9] 邢彤,付文璟,姚璐璐.碳纤维复合材料在结构加固中的应用[J].中国包装科技博览,2010(30):282.
[10] 王蕴华.在连续箱梁桥加固中应用碳纤维布的工程实践[J].港工技术,2012(3):39-40.
[11] 陈现荣.广州港洪圣沙码头碳纤维加固修复工程[J].水运工程,2006(7):73-74.
[12] 王笑难,杨丽琴,岳建文,等.已建码头升级改造工程的几种实用类型[J].水道港口,2005(2):122-125.
[13] 吴波,苏群,李元音.碳纤维加固技术在港口码头改造工程中的应用[J].港工技术,2012,49(4):34-37.
[14] 李森林,卢青法,徐宁,等.电沉积修复混凝土裂缝技术研究进展及研究方向[J].混凝土,2013(2):139-142.
[15] 吴鸾锋.高桩码头的病害分析及防治措施[J].城市建设理论研究,2012(7):1-4.
[16] 许英,孙振海.打桩作用下高桩码头岸坡稳定可靠度分析[J].水运工程,2009(5):51-55.
[17] 高飞,姜卫方.在役结构基桩完整性检测新技术[J].水运工程,2010(5):37-40.
[18] 黄大治,陈龙珠.旁孔透射波法检测既有建筑物桩基的三维有限元分析[J].岩土力学,2008,29(6):1569-1574.
[19] 胡钧,高倚山,张建龙.既有钢管塔桩基检测实例与分析[C]//中国土木工程学会土力学及基础工程学会桩基础学术委员会.第五届联合年会论文集.北京:中国建材工业出版社,2001.
[20] 黄进国.基桩非破损检测与桩长增量逼近法之应用研究[D].新竹:中华大学,2003.
[21] 张智山,孙建军,朱子平.天津港老码头等级提升改造难点与关键技术分析[J].港工技术,2016,53(S1):81-84.
[22] 李越松,焉振,张强.高桩码头岸坡变形加固技术研究及方案优化[J].水道港口,2018,39(2):181-187.
[23] 江苏沿江码头加固改造关键技术研究报告[R].南京:江苏省交通规划设计院股份有限公司,2015.
[24] 中高第三航务工程勘察设计院有限公司.高桩码头结构加固改造设计标准:DG/TJ 08—2259—2018 J 14154—2018[S].上海:同济大学出版社,2018.

[25] 陈秀瑛,范平易.长江石化码头结构的升级改造设计[J].水运工程,2011(11):129-132.
[26] 储洪强,王培铭,蒋林华.电化学沉积法修复混凝土裂缝的研究进展[J].材料导报,2010(11):120-123.
[27] 蒋正武,孙振平,王培铭.电化学沉积法修复钢筋混凝土裂缝的愈合效果[J].东南大学学报(自然科学版),2006(S2):129-134.
[28] 李勇,胡少伟,范卫国.北仑电厂码头大管桩裂缝调查检测及修复加固方案设计[J].水运工程,2007(5):46-49.
[29] 苗胜坤.大体积混凝土部分拆除方法综述[J].人民长江,2000(5):18-19.
[30] 董进和.绳锯切割静力拆除法在钢筋混凝土拆除工程中的应用[J].港口科技,2014(9):29-31.
[31] 马洪新,张树森,王艳涛,等.水下桩基清除方法研究[J].港工技术,2014(6):57-60.
[32] 尹景燕,李永涛,张桐景.高桩码头前方承台的拆除施工工艺[J].科技风,2011(24):138-141.
[33] 陈宝心,邓牧.建(构)筑物机械拆除方法综述[J].施工技术,2004(6):50-51.
[34] 黄天荣,赵渊,刘炜.上海国际航运服务中心高桩码头拆除施工工艺[J].施工技术,2015(S1):836-838.
[35] 杨志君.350 t码头系缆墩新颖快捷的拆除施工工艺[J].港口科技,2009(3):7-10.
[36] 曹završ滨.水下爆破技术在厦门东渡19#泊位桩基拆除工程中的应用[J].水运工程,2007(10):32-35.
[37] 郭喜柱,叶跃平,佟冠中.高桩码头改建沉桩施工工艺[J].水运工程,2015(8):74-77.
[38] 重庆市建设工程质量监督总站,重庆市建筑科学研究院.重庆市混凝土结构加固施工及验收规程:DBJ 50—049—2006[S].重庆:重庆市建设委员会,2006.
[39] 镇江港大港港区6#、8#、9#泊位结构加固改造工程方案设计[R].上海:中交第三航务工程勘察设计院有限公司,2012.
[40] 连云港墟沟港区一期工程1号~6号(61#~66#)码头结构加固改造工程方案[R].上海:中交第三航务工程勘察设计院有限公司,2012.
[41] 江苏镇江发电有限公司2#泊位码头结构加固改造工程方案设计[R].上海:中交第三航务工程勘察设计院有限公司,2011.
[42] 扬州港扬州港区万吨级多用途码头(2#泊位)码头结构加固改造工程方案设计[R].上海:中交第三航务工程勘察设计院有限公司,2012.
[43] 无锡(江阴)港申夏港区件杂货码头工程结构加固改造工程方案[R].南京:江苏省交通规划设计院股份有限公司,2013.
[44] 张家港越洋实业有限公司码头加固改造工程方案设计[R].上海:中交第三航务工程勘察设计院有限公司,2012.
[45] 中油江阴油库码头结构加固改造工程设计方案[R].武汉:中交第二航务工程勘察设计院有限公司,2012.
[46] 南通东海石化公司江海油库码头加固改造工程设计方案[R].南京:南京瑞迪建设科技有限公司,2011.
[47] 泰州港泰兴港区过船作业区泰州市过船港务有限公司通用码头结构加固改造工程方案[R].南京:江苏省交通规划设计院股份有限公司,2012.
[48] 中化南通石化储运有限公司码头工程码头结构加固改造方案[R].上海:中交第三航务工程勘察设计院有限公司,2011.
[49] 江苏利港电厂三期卸煤码头结构加固改造工程方案[R].上海:中交第三航务工程勘察设计院有限公司,2012.
[50] 张家港永恒专用码头结构加固改造设计方案[R].武汉:中交第二航务工程勘察设计院有限公司,2011.